ZHONGGUO XIAOXUESHENG
XUEYE CHENGJIU CEPING BAOGAO
YU CESHI GONGJU

中国小学生学业成就测评报告与测试工具

——以小学六年级四门学科为例

田慧生　孙智昌　主编

教育科学出版社

·北京·

出　版　人　所广一

责 任 编 辑　谭文明

版 式 设 计　杨玲玲

责 任 校 对　贾静芳

责 任 印 制　曲凤玲

图书在版编目（CIP）数据

中国小学生学业成就测评报告与测试工具：以小学六年级四门学科为例／田慧生，孙智昌主编．—北京：教育科学出版社，2012.6

ISBN 978 - 7 - 5041 - 6618 - 0

Ⅰ．①中…　Ⅱ．①田…②孙…　Ⅲ．①小学生—学业评定—研究　Ⅳ．①G622.47

中国版本图书馆 CIP 数据核字（2012）第 124505 号

中国小学生学业成就测评报告与测试工具
ZHONGGUO XIAOXUESHENG XUEYE CHENGJIU CEPING BAOGAO YU CESHI GONGJU

出版发行	教育科学出版社		
社　址	北京·朝阳区安慧北里安园甲9号	市场部电话	010 - 64989009
邮　编	100101	编辑部电话	010 - 64981277
传　真	010 - 64891796	网　址	http://www.esph.com.cn
经　销	各地新华书店		
制　作	北京金奥都图文制作中心		
印　刷	北京中科印刷有限公司	版　次	2012 年 6 月第 1 版
开　本	169 毫米 × 239 毫米　16 开	印　次	2012 年 6 月第 1 次印刷
印　张	20.75	印　数	1 - 5 200 册
字　数	311 千	定　价	45.00 元

前言

　　学生学业成就是指在教师的指导下，学生在先前经验的基础上通过学习活动在知识、技能以及情感态度等方面达到的发展水平。在世界各国普遍重视并探索和进行宏观监控教育质量的背景下，在我国实现"两基"，全面推进素质教育，积极推进课程改革及已基本解决办学条件和经费投入等问题的前提下，开展学生学业成就调查研究具有非常重要的理论意义和实践价值。一方面，它可以在国家宏观监控我国学生的学业成就现状，便于我们更加全面、客观、真实地了解和把握我国基础教育质量的情况，从而真正有效地推进素质教育的落实，为教育行政部门决策和管理提供切实可靠的依据，促进教育公平和教育均衡发展目标的实现。另一方面，它也可以为课程政策的调整、课程标准的制定以及课程实施等提供科学依据，从而发挥评价促进学生发展、教师提高和改进教学实践的功能，切实推动基础教育改革的深入和教育质量的提高。

　　本调查的对象为小学六年级学生，调查科目是语文、数学、科学、品德与社会四个学科，主要目的是了解学生在语文阅读、数学、科学、品德与社会方面的学业成就，并配合学生问卷和学校问卷来了解影响学生学业成就的相关因素。

本调查采用标准参照评价模式，以全日制义务教育课程标准（实验稿）（以下简称课程标准）为研究依据，从学科内容和学科能力两个维度确定各学科评价的基本框架，形成双向细目表，并根据 SOLO（Structure of the Ob-served Learning Outcome）分类理论关于学习结果的分类编制各学科测试工具。测试工具的开发经历了准备、编制、修改、预试、再修改及最后定稿的过程。整个测试过程建立了严密的培训、组织和管理体系，保证了测试结果的科学性。

本调查采用分层随机抽样的方法从全国东中西部 8 个省共 31 个区县抽取 18000 多名小学六年级学生，对其在语文阅读、数学、科学、品德与社会四门学科的学业成就状况进行了调查，考查其学业质量达到课程标准的情况，并深入分析影响学生学业质量的原因，以期为教育行政部门的决策提供科学依据，为学科教学和学生学习提供反馈信息，进而改进和提高学科教学质量，促进学生进行自我导向、自我监控的学习。

本研究是课题团结合作的成果。课题主持人田慧生研究员自始至终组织和领导了课题的研究，课题组副组长兼秘书长孙智昌协助课题主持人开展研究，课题组核心成员有陈琴、刘芳、蔡永红、任春荣、胡军、陈晓东、杨莉娟、张鹏举、马晓强、马延伟、杨宝山、江明、冯新瑞、王晓霞、李嘉骏等。本报告撰写者分工如下：前言、学生学业成就测评总报告由田慧生、陈琴撰写；语文阅读测评报告由张鹏举、王晓霞撰写；数学测评报告由陈晓东撰写；科学测评报告由胡军、杨宝山撰写；品德与社会测评报告由杨莉娟撰写；学业成就影响因素调查报告由任春荣撰写；测试工具由各学科组和总课题组反复研究完成。报告整体由田慧生、孙智昌、陈琴负责统稿。尽管我们做了很大努力，但错漏和不足之处在所难免，敬请各位方家批评指正。

本报告的出版得到教育科学出版社的大力支持，编校工作者的严谨认真使本报告生色不少，在此一并表示感谢！

Contents 目 录

中国小学生学业成就测评报告与测试工具

第一部分

学生学业成就测评总报告

一、学业成就测评——深化基础教育改革，提高教育质量的客观需要

近年来，随着各国政府教育质量意识的提升，以科学的研究和测评体系获得教育质量及学生发展状况真实、全面的评价信息，更好地为教育改革提供决策基础，为学生个性化发展、可持续发展提供依据已成为当今世界教育改革发展的一大趋势。对教育质量即教育水平高低和效果优劣的程度的考查主要集中在学习者的发展水平层面，而学业成就是反映其发展水平的核心指标。

学业成就是指学生在教师指导下，在先前经验的基础上，通过学习活动在知识、技能以及情感态度等方面达到的发展水平。

有关学生学业成就的调查与测评，国内外都进行了大量的理论研究和实践探索。目前在国际上比较有影响的学生学业成就调查研究主要是国际教育成就评价协会（The International Association for the Evaluation of Educational Achievement，简称 IEA）和经济合作与发展组织（Organization for Economic Cooperation and Development，简称 OECD）这两个国际组织开展的国际比较研究。IEA 主持进行的国际数学与科学教育成就趋势调查（Trends in International Mathematics and Science Study，简称 TIMSS）及其重复研究（又称录像研究、后续调查或再研究，简称 TIMSS-R）项目主要考查的是学生在科学和

数学学科方面的学业能力。测评的对象包括三类，第一类是 9 岁的学生（三年级或四年级），第二类是 13 岁的学生（七年级或八年级），第三类是中学最后一个年级的学生。其中，TIMSS-R 主要研究第二类学生群体。而 OECD 主持进行的国际学生评价项目（Programmer for International Student Assessment，简称 PISA）则主要侧重于学生成年后的实际生活能力，包括阅读素养、数学素养和科学素养。测评的对象是 15 岁的学生。这两项研究因其评价维度、指标和工具的科学与严密以及评价程序的规范等，在国际上产生了很大的影响。除此之外，还有不少国家自己定期组织进行各学科的学生学业成就调查，建立国家常模，开展纵向和横向的比较研究，如美国的全国教育进展评价调查（The National Assessment of Educational Progress，简称 NAEP），英国的学生成绩评估（The Assessment of Performance Unit，简称 APU）调查，日本的国研调查，澳大利亚、新西兰、瑞士等国周期性国家常模修订等。这些研究在了解学生学业成就状况，通过评价来引导学生学习方面积累了丰富的经验。

我国由于种种原因一直没有整体参与 IEA 和 OECD 等国际评价组织开展的学生学业成就调查研究。国家和地区层面尽管有高考和中考，但它们发挥的功能主要是甄别和选拔。从 20 世纪 90 年代开始，我国开始在学生学业成就的调查方面有了一些进展。原国家教委基础教育司与联合国儿童基金会、教科文组织联合开展的 8 省市抽样调查，涉及四年级和六年级小学生共 2.4 万名、近 1300 所小学和 6000 多名教师，是我国第一次对小学教学质量进行的宏观监测[1]。近年来，北京市教育科学研究院承担的教育部"十五"重点课题"小学生学业成就评价改革研究"以及北京市教育委员会委托的"北京市义务教育教学质量监控与评价系统"项目，上海市黄浦区教育局承担的教育部"十五"重点课题"中小学实施素质教育中的学业管理和评价研究"，教育部基础教育司承担的联合国儿基会项目"东亚太平洋地区学生学业评价研究"以及北京师范大学的教育部基础教育监测中心进行"基础教育质量监测"项目等都在学生学业成就评价方面进行了探索和研究，但这些研究或缺失后续延伸，或侧重微观层面，或正在进行之中，距离建立反映义务教育学

---

① 沈白愉，孟鸿伟. 我国小学生学习质量现状 [J]. 云南教育，1996（5）：20.

生学业成就状况的国家常模和数据库，还有很大距离。

综上所述，目前我国缺乏国家层面对学业成就的调查研究和监测；现有的学业成就评价还主要是"为考而学，为考而教"；心理与教育测量理论在学生学业评价中的运用不充分，评价工具的编制多凭经验，理论性、规范性欠缺[①]；评价多停留于现状调查，对如何促进教学改进和学生发展关注少。因此，在世界各国普遍重视并探索和进行宏观教育质量监控的背景下，在我国实现"两基"，全面推进素质教育，积极推进课程改革及已基本解决办学条件和经费投入等问题的前提下，开展学生学业成就的调查研究，研制出体现本土学生发展状况的相对完善的测评工具，进行全国基础教育阶段学生学业成就调查，分析影响学生学业发展的因素，具有非常重要的理论意义和实践价值。

一方面，学生学业成就测评可以填补我国在国家宏观层面学业成就调查数据的空白。基础教育质量作为提升国家竞争力的决定性因素，是一个国家综合国力的重要标志之一。全面、客观、真实地了解和把握我国基础教育的质量，可以真正有效地推进素质教育的落实，为教育行政与管理部门决策和管理提供切实可靠的依据，促进教育公平和教育均衡发展目标的实现。另一方面，它可以促进教育教学的改进和学生的发展。通过大规模的学生学业成就调查可以对学生的发展水平、课程目标的达成度、课程教学等作出评估，从而为课程政策的调整、课程标准的制定以及课程实施等提供科学依据，真正发挥评价促进学生发展、教师提高和改进教学实践的功能，切实地推动基础教育改革的深入，提高教育质量。

二、本学业成就测评的研究依据与主要内容

对于学生学业成就水平的评价主要有两种模式：常模参照评价和标准参照评价。常模参照评价是联系先前其他学生在该测验上的表现来解释现在学生的成绩，先前的那些学生被叫做常模组，其对分数的解释是相对的；标准

---

① 辛涛. 新课程背景下的学业评价：测量理论的价值 [J]. 北京师范大学学报：社会科学版，2006（1）：56.

参照评价依赖测验内容对某一评价领域的代表程度作出分数解释，评价不涉及他人，因此又称为绝对评价。本学业成就调查研究主要采用标准参照评价模式，以课程标准为研究依据，对全国范围内不同地域、城乡、性别的小学生的学业成就状况进行调查，考查其学业质量达到课程标准的情况，并深入分析影响学生学业质量的原因，以期为教育行政部门的决策提供科学依据，为学科教学和学生学习提供反馈信息，进而改进和提高学科教学质量，促进学生进行自我导向、自我监控的学习。

本学业成就调查研究的主要内容是：（1）研制适合我国国情的小学六年级学生语文阅读、数学、科学、品德与社会四个学科学业成就评价的指标体系和测评工具；（2）在全国范围内进行小学六年级学生语文阅读、数学、科学、品德与社会学科学业成就水平的调查研究，建立小学生学业成就的数据库，为最终形成小学生学业成就评价的国家常模奠定基础；（3）对影响小学六年级学生学业成就的相关因素进行分析，为学科教学和学生学习提供反馈，促进教学改进和学生学习的提高。

三、研究方法与工具

（一）各学科评价框架的确定

本学业成就调查以各学科课程标准中对学生在学科内容和学科能力两个维度的发展要求作为依据来确定评价的基本框架。其中，学科内容是指课程标准中明确规定学生应掌握的各学科的基本内容，学科能力是课程标准中要求学生达到的掌握水平。各学科在内容和能力领域的评价框架见表1-1。

表1-1　小学六年级各学科评价的基本框架

学　　科	内容维度	能力维度
语文	字词	认读
	句段	理解
	篇章	运用

续表

学　　科	内容维度	能力维度
数学	数与代数 空间与图形 统计与概率 综合运用	知识技能 数学思考 解决问题
科学	生命世界 物质世界 地球宇宙世界	呈现 应用 探究
品德	公民与社会 健康与安全 历史与文化 地理与环境	认知 理解 运用

（二）测评的技术路线——SOLO 分类理论和方法

本学业成就调查采用 SOLO 分类理论作为各学科测评的基本技术路线，以此研制和开发各学科测评的指标体系和测试题。

SOLO 分类理论依据学生对于某一学科问题的回答所表现出的思维结构的复杂程度不同，将学生的表现由低到高划分为前结构水平、单一结构水平、多元结构水平、关联结构水平和拓展抽象结构水平五个结构层次。

1. 前结构水平（Pre-structural Level，P）

学生错误地理解问题，缺乏回答问题所需的简单知识，为以前所学的无关知识所困扰，关注问题中某些偶然的不相关的信息，回答问题逻辑混乱或同义重复。

2. 单一结构水平（Uni-structural Level，U）

学生关注主题或问题，但只使用一个相关的线索或资料，找到一个线索就立即跳到结论上。

3. 多元结构水平（Multi-structural Level，M）

学生使用两个或多个线索或资料，却不能觉察到这些线索或资料之间的联系，不能对线索或资料进行整合。表现为回答问题时能联系多个孤立事件，但却缺乏有机整合的能力，常常给出一些支离破碎的信息。

4. 关联结构水平（Relational Level，R）

学生能够使用所有可获得的线索或资料，并将它们编入总体的联系框架中，总体成为在已知系统中内在一致的结构。表现为能够联想多个事件，并将多个事件联系起来回答或解决较为复杂的具体问题。

5. 拓展抽象结构水平（Extended Abstract Level，EA）

学生超越资料进入一种新的推理方式，并能概括一些抽象特征。表现为会归纳问题，在归纳中概括考虑了新的和更抽象的特征；结论具有开放性且更抽象。

处于小学阶段的学生的思维结构主要表现为单一、多元和关联三种结构水平。各个学科设计和编制反映这三种结构水平的测试题对学生的学习结果进行检测，从而了解和获得学生在该学科上的学业成就状况。

（三）双向细目表的编制

根据评估框架，各学科从本学科课程标准的内容领域中，筛选出重点的内容目标，结合课程标准中的能力要求将内容目标转化为学生学习的表现期望，并根据 SOLO 分类法标出其所属的能力类别，形成双向细目表（见各学科报告），编制测试题目。依据 SOLO 分类法的要求，各学科双向细目表中单一（U）、多元（M）、相关（R）结构水平题目的比例是 2：2：1。

（四）测试工具的开发

本学业成就调查测试工具的开发经历了准备、编制、修改、预试、再修改及最后定稿的过程。

明确研究目的和研究方法，学习 SOLO 分类法，查阅 IEA、PISA 等国内外相关项目的研究成果，研究新课程改革的理念和各学科课程标准，开展前期讨论交流。

依据课程标准的内容要求和 SOLO 分类法，编制小学六年级学生在各学科的能力结构框架，包括涉及的内容领域，课程标准的要求，对学生的能力要求，以及按一定比例设计相应的单一、多元和关联结构水平题目。

组织专家进行讨论，对认知结构框架中的内容和估计难度结构设计进行调整和修改，对一些较难把握的题目，根据学生试测的结果进行修改完善，并对题目的顺序、题目中选择答案的排序进行调整。

在北京市朝阳区选取若干所小学进行预试，根据预试结果，对认知结构框架中的内容进行再次修改、筛选，删掉学生不易理解和难度过大的题目；将1.3倍的题量减至适量，题目结构水平作相应调整。正确答案的排列顺序调整合理，完善评分标准。

定稿

形成最终小学六年级学生四门学科测试的认知结构框架，测试题目，评分标准，订正排版印制中的问题，并作好正式测验前的一切准备。

本学业成就调查测试工具的开发遵循以下原则：

1. 遵循学生的认知规律和年龄特点；

2. 全面考虑课程标准中各个领域的内容，选择各领域中的重点要求；

3. 题干陈述的语言简洁、明了，附图清晰，尽量使所有水平的学生能够读懂题目要求，选项答案文字精准且数量相当；

4. 合理设计题目的结构水平、比例、题量、用时、评分标准。

（五）测试工具的内容

本学业成就调查的工具主要包括语文、数学、科学、品德与社会四门学科试卷、学生问卷和学校问卷。其中，语文试卷 22 题，数学试卷 37 题，科学试卷 42 题，品德与社会试卷 42 题。学生问卷 27 大题共 132 小题，学校问卷共 30 题。语文和数学的测试时间为 60 分钟，科学和品德为 50 分钟。学生问卷和学校问卷的填写时间分别为 40 分钟和 20 分钟。

四、学生学业成就测评研究的实施过程

（一）研究对象的选取

本学业成就调查采用分层随机抽样的方法，从全国东中西部 8 个省共 31 个区县中抽取了 18600 名小学六年级学生，最终参与测试的学生为 18226 人。其中，城市学生占 68.5%，农村学生占 31.5%；男生占 46.6%，女生占 53.4%。每名学生都参加语文、数学、科学、品德与社会四个学科的测试。学生问卷的测试对象为所有参与学科测试的学生，学校问卷的测试对象为所有参与学科测试的学校，共 372 所。本学业成就调查的施测时间为 2009 年 5 月。

（二）施测程序

本学业成就调查的测试建立了严密的培训、组织和管理体系。

1. 两级测试培训体系

首先，由项目组专家进行项目测试实施的全国培训。培训的具体内容包括：语文、数学、科学、品德与社会的测试目的，出题思路与测试框架；测试组织工作要求；测试样本的构成及学生编码的形成；测试实施过程中的操作细节与问题处理；测试问卷的回收与寄送；个别地区测试问题答疑。其次，由各区县级组织对参与测试学校及参与者的测试组织工作进行培训，培训内容包括：测试组织工作的要求、学生编码方案、监考安排及要求等内容。

2. 严密的组织和管理体系

制定了包括工作准备、正式测试、测试后的核查、整理和汇总等一系列工作的组织和要求，以保证试卷的有效回收，确保测试的真实、科学。

（三）数据统计与分析

本学业成就调查运用项目反应理论（Item Response Theory，简称 IRT）计算试卷参数和学生能力参数。在项目反应理论指导下的整卷层面的质量分析以单维单参数计分模型（简称 Rasch 模型）为基础，对测试的质量进行分析。试卷分析的指标主要包括信度和效度、题目难度、区分度、题目特征参数等。学生学业成就的分析主要是根据学生的能力参数对学生的总体能力水平、不同学科的学业成就状况、不同地域、城乡和性别学生的学业成就差异等。

五、本学业成就测评的科学性分析

（一）测试问卷的回收率

本次调查共发放语文、数学、科学、品德与社会四科试卷以及学生问卷各18226 份，学校问卷372 份。四科试卷的回收率分别为92.2%、98.2%、89.9%和98.9%，学生问卷的回收率为94.6%，学校问卷的回收率为83.3%。

表 1-2 测试问卷的回收率（%）

	语　文	数　学	科　学	品　德	学生问卷	学校问卷
回收数	16799	17898	16378	18024	17244	310
回收率	92.2	98.2	89.9	98.9	94.6	83.3

（二）各科试卷的信效度、题目难度、区分度和题目特征参数分析

本次调查结果表明，语文、数学、科学、品德与社会四门学科试卷都具有较好的信度和效度。其中，四门学科的信度均在 0.80 以上；拟合指数的平均值均为 0.99 或 1.00，表明试卷的内容结构效度都很高，符合 Rasch 模型能力单维性的假设；各学科之间的相关系数也达到了非常显著的水平（见表 1-4），表明各科试卷的测试结果反映的是学生的同一种能力。

表1-3 各科试卷的参数分析

	语　文		数　学		科　学		品　德	
	平均值	标准差	平均值	标准差	平均值	标准差	平均值	标准差
拟合指数	0.99	0.07	0.99	0.07	1.00	0.07	0.99	0.17
难度值	0.00	2.38	0.00	1.07	0.00	1.01	0.00	1.03
点二列相关系数	0.16	0.13	0.39	0.08	0.35	0.07	0.27	0.09
区分度	1.00	0.11	0.99	0.10	0.98	0.19	1.00	0.06

表1-4 各学科间的相关系数分析

	语　文	数　学	科　学	品德与社会
语文	1.000	0.503**	0.429**	0.473**
数学	0.503**	1.000	0.601**	0.611**
科学	0.429**	0.601**	1.000	0.707**
品德与社会	0.473**	0.611**	0.707**	1.000

注: ** 表示达到 0.01 的显著性水平

从题目难度来看, 在语文、数学、科学、品德与社会四个学科中, 数学、科学、品德与社会这三个学科的题目难度的平均值均为 0.00, 标准差都接近 1.00, 表明题目的难度分布比较理想, 难度分布较广; 语文学科题目的难度平均值为 0.00, 标准差为 2.38, 表明题目的难度分布跨度略偏大。

从题目的区分度来看, 除语文学科的点二列相关系数略低外, 数学、科学、品德与社会三门学科测试题目的点二列相关系数都较高, 表明题目的区分度较好。同时, 四个学科的项目区分度 (Discrimination) 的平均值也均在 0.98 以上, 非常接近 1.00, 表明题目的区分度比较理想, 与 Rasch 模型关于题目难度的预期一致。

从题目特征参数来看 (见各学科报告), 语文、数学、科学、品德与社会四个学科除个别题目外, 几乎所有题目的特征曲线形态都符合 IRT 模型, 表现出能力越高的学生, 越能答对难度大的题目, 也就是答对难度大的题目的概率越高。

六、学生各科学业成就状况的分析

（一）学生各科学业成就的总体状况

1. 学生在语文、数学、科学、品德与社会四个学科的学习都基本达到了课程标准的要求

本次调查依据学生对课程标准的掌握情况将学生分为优秀、良好、合格、基本合格和不合格五种水平。不合格水平是指学生未达到课程标准所规定的基本要求；基本合格水平是指学生基本掌握学科所要求的基础知识和基本技能，但在某些知识和技能方面仍有待提高；合格水平是指学生比较全面地掌握学科基本知识和基本技能，具有基本的学科能力；良好水平是指学生能综合运用所学知识和技能来分析和解决问题；优秀水平是指学生在良好水平的基础上能够创造性地思考和解决问题。

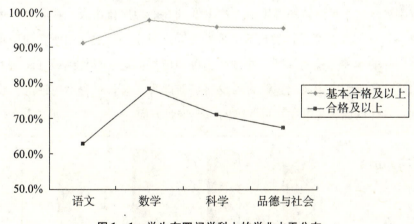

图1-1　学生在四门学科上的学业水平分布

调查结果表明，学生在语文、数学、科学、品德与社会四门学科的学习达到合格及以上水平的都超过了60%，而达到基本合格及以上水平的学生则都超过了90%，其中，数学、科学、品德与社会三门学科更是有95%以上的学生达到了基本合格及以上水平，不合格学生所占比例均不到10%。这表明，小学六年级学生在语文、数学、科学、品德与社会四门学科的学习都基

本达到了课程标准的要求。

2. 学生的数学合格率最高，语文最低

本次调查发现，在四门学科中，学生的数学合格率最高，科学、品德与社会居中，语文最低。从图1-1中可以看到，数学达到合格及以上水平的学生最多，占78.3%，其次是科学、品德与社会，分别为71%和67.3%，语文最少，仅为62.8%。有近30%学生的语文成绩是处于基本合格水平，即对一些基本知识和技能的掌握不足。因此，关注学生的母语学习，提高学生的语文素养应当引起全社会的普遍重视。

3. 具有较高综合解决问题能力的学生不到三分之一

学生灵活地运用学科知识解决现实生活问题的能力是新课标中非常强调的一个重要方面。本次调查发现，达到良好及以上水平即能够综合运用学科基本知识和技能来分析和解决问题的学生所占比例在四门学科上均不到30%（见图1-2）。以科学学科为例，只有约三分之一的学生能够准确读出用温度计分别测到的4种液体的温度，并按由低到高的顺序排列出来。在品德与社会学科，只有31%的学生能够灵活地依据图示上呈现的早晨太阳所在的位置来进行实际的学校方位的判断，并进而正确地解决问题，寻找到最佳路线。因此，关注学生综合解决问题能力的发展是新课程在修订过程中应该进一步强调并在具体的课程标准中加以明确的一个重要方面。

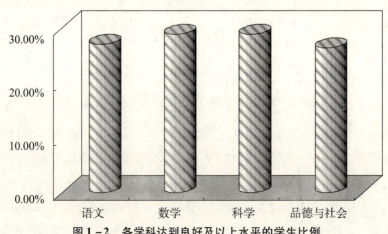

图1-2　各学科达到良好及以上水平的学生比例

4. 东部地区学生的学业成就水平明显高于中西部地区，城市高于农村

本次调查表明，东部地区学生的学业成就水平明显高于中西部地区，两者间的差异非常显著（F = 113.014，P < 0.05），而西部和中部地区学生间的差异则并不明显。从图 1 - 3 中可以很清楚地看到，虽然东中西部在基本合格和合格这两级水平上的学生比例基本相当，但东部地区学业成就达到良好和优秀水平的学生所占比例都明显高于中西部地区，特别是达到优秀水平的学生比例东部地区比中西部地区均高了约 10 个百分点，而不合格学生所占比例则东部明显低于中西部地区近 15 个百分点。这表明，东部地区学生在综合运用能力方面的发展明显高于中西部地区。

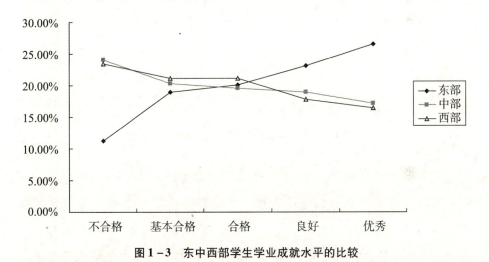

图 1 - 3　东中西部学生学业成就水平的比较

另外，城市学生的学业成就水平明显高于农村，两者间的差异非常显著（Z = - 6.663，P < 0.01）。从图 1 - 4 中可以看到，城市学生的学业成就达到良好和优秀水平的比例均高于农村学生近 3 个百分点，基本合格和不合格水平的学生比例则均低于农村，特别是在不合格水平上城市学生的比例要低于农村近 4 个百分点。

为了降低抽样偏差的影响，我们将地区变量和城乡变量同时放入多水平模型中检验，模型中仅包含常数和地区、城乡变量，数据层次设为样本区县、学校和学生三个水平。检验结果表明，东部地区学生的学业成就水平显著高于中部和西部地区1.755个标准分（标准误=0.718，P<0.05）和2.134个标准分（标准误=1.024，P<0.05），中部和西部地区学生间的差异不显著，差异系数为0.379个标准分（标准误=0.96，P>0.05）。在相同地区，农村学生的学业成就水平比城市学生低0.735个标准分（标准误=0.335，P<0.05）。

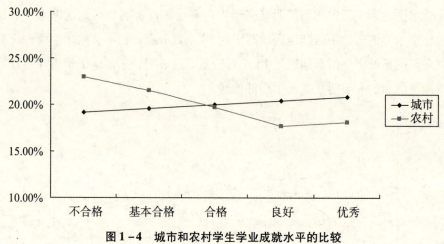

图1-4 城市和农村学生学业成就水平的比较

5. 男女学生的学业成就水平无明显差异

本次调查采用非参数检验发现，男女学生在数学学科上无显著的性别差异（Z=-0.10，P>0.05），在科学学科上男生的成绩高于女生（Z=-3.86，P<0.05），而在阅读、品德与社会学科上女生的成绩则显著高于男生（Z=-11.48，P<0.05；Z=-2.19，P<0.05）。但进一步通过统计效力检验（effect size）我们发现，男生和女生在语文、数学、科学、品德与社会四门学科上的学业成就水平均无显著差异。从图1-5中我们可以很清晰地看到，在数学、科学、品德与社会三门学科上达到合格及以上水平的男生和女生比例基本相当，在语文学科上虽然达到合格及以上水平的女生略多于男生，表明女生的语文阅读能力略高于男生，但两者间的差异并不显著。

中国小学生学业成就测评报告与测试工具

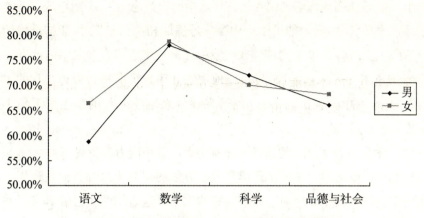

图1-5　达到合格及以上水平学生的性别差异比较

（二）学生各学科的学业成就状况具体分析

依据课程标准和各学科的测试框架，在对学生学业成就的总体状况进行分析的基础上，我们进一步从内容和能力两个维度对学生在各个学科的学业成就状况进行了分析，主要是通过对学生在不同领域的得分率进行比较以及在一些典型测试题上的表现来了解学生各个学科的学习状况。

1. 语文学科

语文学科学业成就测试框架的内容领域主要包括"字词"、"句段"和"篇章"三个部分，能力领域主要包括"认读"、"理解"和"运用"三个方面。学生在不同领域的得分率见表1-5。

表1-5　学生语文学科各领域的得分率（％）

	内容领域			能力领域		
	字词	句段	篇章	认读	理解	运用
得分率	81	59	63	82	76	27

（1）学生对字词内容的掌握明显好于句段和篇章。

从内容领域来看，学生得分率最高的是字词，句段和篇章的得分率相对较低。这表明学生对于字词内容的掌握要明显好于句段与篇章。如，绝大多数学生"能够准确地理解词语在语言环境中的恰当意义"、"能够准确地理解成语特定含义",但是"能够从文中准确地提取相关信息"、"能够准确地理解诗歌的主要内容"以及"能够在语境中准确地辨析多音多义字的读音"的学生为三分之二左右,而"能够准确地理解并用自己的语言概述文章的主要内容"以及"能够体会并用自己的语言评价表达效果"的学生则不到十分之一。

(2)学生具备了基本的认读和理解能力,运用能力有待提高。

从能力领域来看,学生在认读和理解方面的得分率最高,而在运用方面的得分率较低,其差异达到了非常显著的水平。这表明学生已经具备了基本的认读和理解能力,但在感知和理解的基础上进行判断、推理和运用的能力还有待提高。这一特点也体现在不同能力组学生所能完成的任务上。基本合格组的学生能够进行词句的理解和运用以及在篇章中根据需要搜集信息,如"准确地理解关联词"、"准确理解词语在语言环境中的恰当意义"等;合格组学生能够在篇章语境下提取并整合信息以及理解文章的主要内容,如"从说明文中准确提取并整合相关信息"、"准确理解诗歌的主要内容"等;而在篇章语境下的理解和运用,如"能够准确判断、推理并用自己的语言表达"则是优秀组学生才能完成的任务。

2. 数学学科

数学学科学业成就测试框架的内容领域主要包括"数与代数"、"空间与图形"、"统计与概率"和"综合运用"四个部分,能力领域主要包括"知识技能"、"数学思考"和"解决问题"三个部分。学生在不同领域的得分率见表1-6。

表1-6　学生数学学科各领域的得分率（%）

	内容领域				能力领域		
	数与代数	空间与图形	统计与概率	综合应用	知识技能	数学思考	解决问题
得分率	81	74	66	65	80	78	64

(1)学生对数与代数、空间与图形内容的掌握要好于统计与概率以及综合运用。

从内容领域来看，学生得分率最高的是"数与代数"和"空间与图形"领域，而"统计与概率"、"综合应用"方面的得分相对低一些。这表明学生对"数与代数"、"空间与图形"的掌握好于"统计与概率"以及"综合运用"。这一特点也反映在不同能力组学生所能完成的具体任务上。如，"从时间—路程图中间接获得关于速度的信息"、"从时间—路程图中获得正确的隐藏信息"、"根据统计图中的数量关系进行计算等任务"要在良好及以上组的学生才能完成，"计算一个半圆的周长"也是合格及以上组学生才能完成。

（2）学生具备了基本的知识技能和数学思考能力，但运用数学规律解决问题的能力仍有待提高。

从能力领域来看，学生在"知识技能"和"数学思考"能力方面的得分率要明显高于"解决问题"能力，学生发现数学规律，进行数学推理的能力仍有待提高。表现在"根据发现的规律进行推断"要到合格及以上水平的学生才能够完成，而"用分数大小的比较进行推理"要到良好及以上水平的学生才能够完成。又如，有92%的学生可以根据等量关系求出未知的数，但只有61%的学生能够运用方程解决问题；有82%的学生可以判断"满分不为100的考试中的及格情况"这样的计算问题，但只有66%的学生能够很好地解决与小数有关的实际问题。

3. 科学学科

科学学科学业成就测试框架的内容领域主要包括"生命世界"、"物质世界"、"地球宇宙"三个部分，能力领域主要包括"呈现"、"应用"和"探究"三个部分。学生在不同领域的得分率见表1-7。

表1-7 学生科学学科各领域的得分率（%）

	内容领域			能力领域		
	生命世界	物质世界	地球宇宙	呈现	应用	探究
得分率	69	63	68	68	71	60

（1）学生对生命、物质、地球和宇宙三大领域内容的掌握水平基本相当。

从内容领域来看，学生在"生命世界"、"地球宇宙"领域的得分率略高于"物质世界"，但三者间的差异并不显著。这表明学生对于生命世界、物质世界和地球宇宙三个领域内容的掌握水平基本相当。但同时，相比较而言，学生对生命健康的关注程度和卫生常识的掌握比较理想。有超过80%的学生都能识别出大量吸烟最可能增加人患支气管炎的风险；80%的学生能意识到饮用了被污染的水最有可能引起腹泻；超过70%的学生能正确辨别出子女从父母那里得到的遗传特征。由此可见，开展科学教育有利于儿童从小养成良好的卫生和生活习惯，注重健康生活，尊重生命，热爱生命，从而实现人的全面发展。

（2）学生具备了一定的观察、分析和解决问题的能力，但在综合运用多种技能解决较复杂的现实问题的能力仍有待提高。

从能力领域来看，学生在"呈现"和"应用"方面的得分率要明显高于探究，这表明学生已经具有了一定的观察事物、识读图表、分析数据、利用科学知识和原理解决简单的科学问题的能力，但在综合运用多种知识、技能来分析和解决较复杂的现实问题的能力仍有待提高。如，有86%的学生能通过观察图例，找出完全变态和不完全变态的生物之间的主要区别；70%的学生能观察地图，判断出甲乙丙之间的位置关系；近60%的学生能识读折线图找出某种金属熔化的时间与温度的关系；75%的学生能正确使用温度计进行测量和读数；等等。但是，在识别哪种常见蔬菜食用部分为植物的根时，只有56%的学生回答正确，虽然学生会识别课堂上展示的典型植物六大器官特征和功能，但在联系生活实际时却不能充分利用所学的有关根、茎的关系特征去识别；只有半数学生能正确选择使汽水尽快变凉的最有效办法；近半数学生不能辨别出生活实际中帮助减少摩擦的做法，其中近20%的学生误认为用干布盖住饮料瓶来拧开是减少摩擦的做法；有34%的学生选择了金属而不是塑料用做电源开关盒的材料，不能利用所学的金属适合作导电材料、塑料等非金属适合作绝缘材料作出正确选择。只有35%的学生能准确读出用温度计分别测到的4种液体的温度，并能按由低到高的顺序排出来；近半数的学生不能通过分析几组实验数据作出相对复杂的推论，不能分析食物链中3种以上生物之间的数量变化关系。

4．品德与社会学科

品德与社会学科学业成就测试框架的内容领域主要包括"公民与健康"、"健康与安全"、"历史与文化"和"地理与环境"四个部分，能力领域主要包括"认知"、"理解"和"运用"三个部分。学生在不同领域的得分率见表1－8。

表1－8　学生品德与社会学科各领域的得分率（%）

	内容领域				能力领域		
	公民与社会	健康与安全	历史与文化	地理与环境	认知	理解	运用
得分率	64	65	64	59	76	57	59

（1）学生对公民与社会、健康与安全、历史与文化内容的掌握要好于地理与环境部分。

从内容领域来看，学生在四个领域上的得分率均未达到70%，说明学生的学业表现水平整体偏低；其中在公民与社会（64%）、健康与安全（65%）、历史与文化（65%）三个领域的平均得分情况较为接近，说明学生在以下这些内容上能力表现较好且较为均衡：如国家意识、全球化意识、社会规则意识、民主参与意识，了解相关的法律知识，掌握维护自身健康与安全的知识，了解具代表性的世界历史文化，理解历史知识，了解和理解重要的历史事件及其所产生的影响，对历史事物及事件进行分析与判断等。在四个领域中，地理与环境领域的能力达成度最低（59%），说明学生在以下这些内容的学习上，能力表现相对较弱：如掌握基本的一些地理知识与技能，理解中国和世界一些基本的地理概况，以及自然环境与人们生活的关系，理解人类面临的一些环境、资源等问题。

（2）学生对于社会性基本知识和常识、基本技能的了解和掌握较好，具有初步的分析和思考问题的能力，但在思维的广度和深度上有待拓展，灵活、综合运用所学知识解决问题的能力仍有待加强。

从能力领域来看，学生在认知能力方面的得分率要明显高于理解和运用能力，其差异达到了非常显著的水平。这表明，绝大多数学生对基本的社会性知识和基本技能如国际知识、法律知识、历史史实、地理常识、生活技能等方面的了解与掌握较为理想。而在理解能力（57%）、运用能力（59%）方面的得分率则较低，解答正确率均未达到60%，说明此两种能力表现较弱且较为平均。在解答这两部分试题中，发现学生普遍对于与自己生活经验切近的试题（如班级中的民主规则、保质期问题、安全技能、气候变暖的后果），或事物间关系较为直接且单一的试题（如海拔与气温的关系、气候与农作物的关系等），或呈现有图和表的试题（如从统计图获取电话发展的相关信息，从统计图获取吸烟与健康关系的相关信息），解答的正确率高（均在60%以上）；而对那些略为超越了自己现实生活或目前经验的试题（如地震与逃生方式、居住方式与环境的关系），凸显事物间内在逻辑关系较为复杂、多元、抽象的试题（如公元前后的概念理解、人类与自然的关系、价格变化与供求间的关系、气候与人类活动关系），需要灵活地、综合地、运用多种知识和多种能力来解决问题的试题（如结合现实情境进行的方位辨别、两难情境中的自护选择、从信息中提取有效信息进行未来预测等），得分率则不高（均在60%以下）。这说明学生具有利用生活经验和借助图表信息对事物及其现象进行初步分析和思考的能力，但在思维的广度和深度上有待提升，灵活运用所学知识，综合解决问题方面的能力和意识有待加强。

七、影响学生学业成就的因素分析

关于影响学生学业成就水平的因素，我们首先对各方面影响因素的基本状况进行了分析，在此基础上再对这些因素进行多水平回归模型的分析。

（一）影响学生学业成就因素的基本状况分析

影响学生学业成就的因素是多方面的，本研究主要对学生的家庭社会经济条件、学生的学习、学校教学和管理等四方面的基本情况进行了分析。

1. 家庭社会经济因素

在家庭社会经济地位方面，我们主要考察和分析了家庭物质文化条件、父母教育程度、流动人口、家校距离和亲子互动等五个方面。

（1）学生的家庭物质文化条件普遍良好，东部地区的家庭物质条件明显高于中西部地区，城市高于农村。

本次调查发现，绝大部分家庭都能为学生的学习提供良好的学习环境和条件。家庭藏书在25册以上的家庭达到了近70%，藏书不到10册的则不到10%。拥有专门用于学习的书桌、安静的学习地方、学习参考书、字典、文学书籍、诗词作品、杂志或报纸、计算机、录音机或MP3系列播放机的家庭都达到70%左右，有的甚至达到90%以上。拥有能够上网的计算机的家庭也达到了近50%。

表1-9　学生家庭藏书情况（%）

数　　量	总　体	城　乡		地　区		
		城市	农村	东部	中部	西部
0~10册	9.78	4.90	14.40	5.40	12.10	11.90
11~25册	22.69	16.10	28.40	17.60	25.60	24.70
26~100册	40.47	41.50	40.50	43.10	38.60	40.90
101~200册	15.55	20.70	10.90	19.70	13.20	13.80
多于200册	11.50	16.70	5.90	14.20	10.50	8.80

表1-10　学生家庭物质文化条件（%）

文件条件	总　体	城　乡		地　区		
		城市	农村	东部	中部	西部
学习书桌	87.54	93.30	81.60	91.90	85.80	82.90
学习地方	88.26	91.80	85.40	93.20	85.60	86.00
参考书	85.22	88.70	81.80	87.50	84.60	81.90
字典	99.06	99.50	98.60	99.40	99.00	98.50
古典文学书籍	76.15	86.50	65.90	82.60	75.20	63.40
艺术作品	56.79	64.90	49.20	66.50	51.10	53.70
诗词作品	69.78	77.80	61.90	76.70	68.30	58.20
杂志或报纸	61.77	74.10	49.00	71.60	59.70	44.80

文件条件	总 体	城 乡		地 区		
		城市	农村	东部	中部	西部
计算机	72.91	82.50	62.70	79.60	70.60	65.00
能上网	46.80	64.20	30.90	61.20	40.30	35.10
录音机、MP3 等	75.67	84.65	67.16	80.27	74.81	67.44
家用汽车	31.05	39.36	22.78	40.27	25.10	30.07

但同时，本次调查发现，东部地区家庭为学生提供的学习环境和条件明显高于中西部地区。其中，在家庭藏书方面，东部地区家庭藏书达到 25 册以上的家庭达到了 77%，分别高于中部和西部 15 和 13 个百分点。在家庭中拥有专门用于学习的书桌、安静的学习地方、学习参考书、字典、文学书籍、诗词作品、杂志或报纸、计算机、能上网、录音机或 MP3 系列播放机等方面，东部地区高于中部和西部 3 到 27 个百分点不等，特别是在杂志或报纸、能上网的计算机两个方面，东部和中西部之间的差异非常大。城市家庭在物质文化条件方面虽然也高于农村家庭，但两者间的差异不如地区差异明显。在报纸或杂志、计算机、能上网三个方面，城市家庭与农村家庭间的差异则非常显著。

（2）父母受教育程度普遍偏低，东部地区家长受教育程度高于中西部地区，城市高于农村。

本次调查表明，目前小学生的父母受教育程度主要以初中、高中或中专为主，两者相加所占比例达到近 2/3（占 64.3%），学历在大专及以上的家长所占比例不到 30%，父母受教育程度普遍偏低。

从地区来看，东部地区学生家长的学历以初中以及高中或中专学历为主，两者比例基本相当，而中西部地区学生家长则初中学历比例高于高中或中专学历。同时，东部地区学生家长达到大专及以上学历的比例为 33.4%，高于中部和西部 8 到 9 个百分点，特别是大学本科和研究生学历的家长东部地区明显高于中西部地区。从城乡来看，城市家长的学历明显高于农村家长。城市家长主要以高中及以上学历为主，其所占比例超过 70%，而农村有超过一半的家长则是初中及以下学历，城乡差异非常明显。

表1-11　父母受教育程度的分析（％）

学　历	总　体	城　乡		地　区		
		城市	农村	东部	中部	西部
小学以下	0.93	0.37	1.36	0.32	1.04	2.08
小学	6.37	3.30	8.73	3.45	7.08	11.19
初中	34.23	21.38	46.70	30.25	35.97	37.95
高中或中专	30.07	32.39	29.45	32.60	30.05	23.73
大专、职业专科	11.19	15.67	6.73	11.90	10.27	12.77
大学本科	13.37	20.37	6.28	16.78	11.93	10.01
研究生	3.83	6.52	0.76	4.70	3.66	2.26

（3）农民工随迁子女日益增多，这一现象在东中西部都普遍存在。

近年来，随着进城务工人员的不断增多，留守儿童和农民工随迁子女的受教育问题受到社会的普遍关注。在本次调查中，留守儿童所占比例为6.31％，农民工随迁子女所占比例12.28％，这些学生在城市学生中所占比例已经达到了16.4％。同时，本次调查发现，子女随父母务工而进城就学这一现象在东中西部都普遍存在。

表1-12　流动人口子女的情况（％）

	总　体	地　区		
		东部	中部	西部
留守儿童	6.31	4.40	7.40	7.00
随迁子女	12.28	13.70	11.00	13.50

（4）学生的家校距离普遍较近，西部地区学生上学路上花费时间略多于东中部地区。

在本次调查中，学生上学路上所需时间多在半小时以内，其所占比例为91.5％。这表明，学生家庭和学校之间的距离普遍较近。从地区来看，西部学生上学路上花费的时间相对多一些，上学时间在30分钟以上的学生所占比例为12.95％，高于东部和中部约5个百分点。从城乡来看，城市和农村学生上学路上花费时间基本相当。

表1-13 学生从学校到家所花的时间（%）

所用时间	总体	城乡		地区		
		城市	农村	东部	中部	西部
10分钟以下	42.47	43.37	42.91	41.55	43.99	39.13
10~30分钟左右	48.99	48.97	47.93	49.86	48.69	47.93
30分钟~1小时左右	7.45	6.96	7.67	7.71	6.38	10.71
1小时以上	1.10	0.70	1.49	0.89	0.93	2.24

（5）父母与孩子间的交流与互动较为缺乏，东部地区的亲子互动多于中西部地区，城市多于农村。

本次调查发现，父母与孩子间的交流与沟通很少。虽然有70.1%的家人能够经常鼓励孩子在学校好好表现，但是，能经常与孩子讨论学校发生的事情的家长仅为42%，能经常跟孩子讨论国内外社会发生的事的家长仅为26.8%，而能经常辅导孩子功课的家长比例更少，仅为11.22%。这表明，目前父母与孩子间的亲子交流多以简单的要求和鼓励为主，而能平等地与孩子进行讨论，给予孩子学业上的指导的家长较少。

表1-14 父母与孩子之间的交流与互动（%）

	从不	很少	有时	经常
辅导我的功课	24.47	34.75	29.56	11.22
鼓励我在学校好好表现	2.99	7.20	19.75	70.06
跟我讨论学校发生的事	8.30	18.38	31.32	42.01
跟我讨论国内外社会发生的事	18.32	27.40	27.49	26.80

从地区来看，在给予鼓励和辅导功课方面，东中西部之间的差异并不明显，但在与学生平等地进行交流与沟通方面，东部地区家长的比例明显高于中部和西部10到18个百分点。同样，城市家长能与学生平等地进行交流与沟通的比例也明显高于农村。

表1-15 不同地区和城乡的亲子互动情况（%）

	城 乡		地 区		
	城市	农村	东部	中部	西部
辅导我的功课	12.60	10.15	12.32	10.88	9.74
鼓励我在学校好好表现	69.95	70.31	73.69	67.51	70.40
跟我讨论学校发生的事	49.30	34.47	49.67	39.59	31.93
跟我讨论国内外社会发生的事	34.15	19.66	35.18	23.10	19.62

2. 学生的学习

在学生的学习方面，我们主要考察和分析了学生的学习兴趣和投入、自主学习、自我效能感以及学习负担四个方面。

（1）学生对语文和数学学科的喜欢程度明显高于科学、品德与社会，其花费的学习时间也相应最多。

本次调查发现，在语文、数学、科学、品德与社会4门学科中，最喜欢语文学科的学生为43.60%，喜欢数学学科的学生为44.40%，喜欢科学、品德与社会学科的学生则仅为7.40%和4.60%。由此可见，学生对语文和数学的喜欢程度明显高于科学、品德与社会。而从花费的学习时间来看，学生在语文和数学学科上花费的时间最多，分别为42.60%和47.70%，而在科学、品德与社会学科上花费的时间仅为6.80%和2.90%。

表1-16 学生最喜欢的学科与花费时间最多的学科（%）

最喜欢学科	总 计	花费时间最多的学科			
		语文	数学	科学	品德与社会
语文	43.60	39.80	51.00	6.70	2.60
数学	44.40	45.90	44.60	6.50	3.00
科学	7.40	42.70	45.70	9.20	2.40
品德与社会	4.60	39.50	47.90	6.20	6.40
总计	100.00	42.60	47.70	6.80	2.90

对于学生所喜欢的学科，其任课教师大多具有以下特点：对学生学习很负责，能根据学生的特点来进行教学，讲课生动有趣，能及时肯定学生的进步，关心每个学生的学习，在学生需要时能额外地给予帮助，有耐心，很少冲学生发脾气等。

表1-17 学生所喜欢的学科教师的特点（%）

	很符合	比较符合	不太符合	很不符合
我喜欢这位老师	74.90	20.30	3.50	1.30
老师对我们的学习很负责	86.10	11.80	1.60	0.60
老师能根据我们的特点来教学	58.50	30.20	9.30	2.00
老师讲课有趣，同学们上课时很活跃	56.80	28.50	11.30	3.40
在这个学科课上能学到生活中用得上的知识	75.20	20.60	3.50	0.80
老师及时肯定我的进步，增加了我的自信心	67.60	23.70	6.80	2.00
老师关心每个学生的学习	77.30	17.20	4.20	1.30
只要我们需要，老师总是额外地给我们帮助	65.00	25.30	7.30	2.40
老师有耐心，很少冲我们发脾气	53.30	31.90	10.50	4.20

但同时，本次调查发现，学生最喜欢的学科与其花费时间最多的学科之间并不完全一致。只有38.10%的学生花费时间最多的学科同时也是最喜欢的学科。

（2）学生的自主学习能力仍有待提高。

本次调查发现，总体来看，学生的自主学习能力仍有待提高。虽然近四分之三（占73.6%）的学生能够主动查找作业或试卷的错误原因并改正，但在新课程比较强调的将所学知识与生活相结合方面，如，能经常"主动在生活中寻找所学知识的例子或证明"、"在家自己动手操作一下课堂上老师讲的内容"的学生仅为43.70%和35.0%，超过20%的学生是从不或很少这样做。而进一步从地区和城乡分布来看，东部地区学生的自主学习能力明显高于中西部地区，中部地区又显著低于西部地区；城市学生的自主学习能力明显高于农村学生（T = 8.12，df = 14299，P = 0.00）。

（3）学生的自我效能感总体较好。

本次调查表明，总体来看，学生的自我效能感较好，大多数学生认为所学学科不算难，对学习有信心，并且能够很快地学会课程所要求的内容。以数学学科为例，73.87%和91.36%的学生认为"学数学并不难"、"我对学好数学充满信心"，91.26%和72.20%学生"能很快地学会数学课的内容"、"即使是最难的数学题也能理解"。同时，在四个学科中，学生品德与社会学科的自我效能感最高（其平均得分接近10分），其次是语文和数学学科，科学学科的自我效能感最低（其平均分低于9分）。

表1-18 学生在各学科的自我效能感表现（%）

		等 级				平均分
		很符合	比较符合	不太符合	很不符合	
语文	我能很快理解作者所表达的情感或思想	48.03	42.93	8.00	1.04	9.16
	我能读懂很难的课文	28.60	47.89	20.04	3.48	
	我觉得学好语文很难	6.86	13.79	29.76	49.59	
	我对学好语文充满信心	69.62	23.42	5.80	1.16	
数学	我能很快地学会数学课内容	55.46	35.80	7.92	0.82	9.01
	我觉得学数学很难	9.39	16.74	28.72	45.15	
	即使最难的数学题我也能够理解	25.51	46.69	23.80	4.01	
	我对学好数学充满信心	67.64	23.72	6.73	1.92	
科学	我能很快地学会科学课内容	44.39	39.21	12.93	3.47	8.87
	我能充分理解老师所教授的知识	44.75	38.86	13.04	3.35	
	我觉得学好科学很难	8.24	16.67	34.05	41.03	
	我对学好科学充满信心	55.57	29.54	10.59	4.30	

续表

		等级				平均分
		很符合	比较符合	不太符合	很不符合	
品德与社会	我能很快地学会所教的内容	62.53	29.37	6.21	1.88	9.76
	上了品德与社会课后，我更关心社会和周围发生的事情了	59.33	30.86	7.66	2.15	
	我觉得学好品德与社会课很难	6.14	11.24	29.96	52.66	
	我对学好品德与社会课充满信心	64.43	26.23	6.97	2.37	

注：学生自我效能感满分为12分，最低分为0分

（4）学生的学习负担过重问题普遍存在，不同地区和城乡学生的学习负担存在差异。

本次调查发现，学生的学习负担过重仍是一个普遍存在的问题。每天做作业时间不超过1小时的学生仅为32.80%，未参加任何培训班和课外辅导的学生仅为34%，能每天阅读1～2小时课外书的学生仅为44.40%，能每天运动1～2小时的学生仅为32.20%，每天的睡眠时间能达到9小时以上的学生也仅为46.60%。

表1-19 学生课外时间的分配（%）

	没有	不到1小时	1～2小时	2～4小时	4小时以上
做家务事	12.59	60.26	22.87	3.06	1.22
运动	14.20	45.75	32.19	6.03	1.82
读课外书	5.18	33.59	44.44	13.22	3.57
上网	63.70	22.39	9.80	2.67	1.45
做作业	0.61	32.78	43.77	17.57	5.27

表 1 - 20　学生参加课外辅导和培训的情况（%）

	总 体	地 区			城 乡	
		东部	中部	西部	城市	农村
参加	34.00	44.90	28.30	30.90	28.90	48.20
未参加	66.00	55.10	71.70	69.10	71.10	51.80

表 1 - 21　学生睡眠时间的分布（%）

	总 体	地 区			学校所在地	
		东部	中部	西部	城市	农村
6 小时及以下	2.40	1.20	3.25	2.13	2.14	2.77
7 小时	8.70	6.26	10.72	7.23	8.73	8.51
8 小时	42.30	38.38	45.27	41.14	41.43	42.37
9 小时及以上	46.60	54.16	40.77	49.50	47.69	46.35

　　同时，本次调查发现，在不同的地区和城乡间学生的学习负担存在着一定的差异，这主要表现为以下几个方面。

　　（1）中部地区学生的作业量最大，每日做作业时间超过 1 小时的学生比例高达 73.80%，分别高于东部、西部 18 个和近 7 个百分点；城乡学生的作业量基本相当。

　　（2）东部地区学生课外阅读时间多于中西部地区，城市高于农村。能每天阅读 1~2 小时课外书的东部学生比例高于中部、西部地区约 6 个和 3 个百分点，而未阅读课外书的学生比例则比中西部地区低 3 个百分点；能每天阅读 1~2 小时课外书的城市学生比例高于农村学生 8 个百分点，未读课外书或阅读时间低于 1 小时的学生比例则低于农村近 14 个百分点。

　　（3）东部地区学生的课外辅导时间多于中西部地区，农村高于城市。东部地区参加课外辅导和培训的学生比例将近 45%，高于中西部地区约 15 个百分点；农村参加培训班和课外辅导的学生比例为 48.20%，高于城市约 20 个百分点。

　　（4）中部地区学生的运动时间最少，每天运动时间不到 1 小时或没有运动时间的学生比例高达 62.40%，分别高于东部和中部各 4 个和 7 个百分点；农村学生的运动时间少于城市，能每天运动时间不到 1 小时或没有运动时间的城市学生比例高于农村近 14 个百分点。

（5）中西部地区学生的上网时间明显低于东部地区，城市低于农村。中西部地区每天不上网的学生比例高达 67.50% 和 70.40%，分别高于东部 12 个和 15 个百分点；城市学生每天不上网的学生比例为 57.50%，低于农村 18 个百分点。

（6）中部地区学生的睡眠时间明显低于东部和西部地区，城乡学生睡眠时间没有显著差异。中部地区睡眠时间在 9 小时及以上的学生比例低于东部、西部近 15 个和 9 个百分点，这与中部地区学生作业量过大有关。

表 1-22　城乡学生课外时间分配的比较（%）

		没有	不到 1 小时	1~2 小时	2~4 小时	4 小时以上
做家务事	城市	14.15	60.14	22.28	2.34	1.10
	农村	9.81	60.45	23.71	4.47	1.56
运动	城市	12.21	43.34	35.72	6.73	2.00
	农村	18.05	50.92	25.26	4.43	1.35
读课外书	城市	4.20	29.82	47.42	14.70	3.86
	农村	6.98	40.71	39.40	10.06	2.86
上网	城市	57.47	26.39	11.39	3.12	1.63
	农村	75.96	14.64	6.64	1.83	0.93
做作业	城市	0.58	32.42	44.13	17.42	5.44
	农村	0.64	35.87	43.19	16.10	4.20

表 1-23　东中西部学生课外时间分配的比较（%）

		没有	不到 1 小时	1~2 小时	2~4 小时	4 小时以上
做家务事	东部	8.62	64.74	22.99	2.72	0.93
	中部	15.64	57.85	22.31	2.91	1.29
	西部	11.30	57.95	24.60	4.48	1.67

		没有	不到 1 小时	1~2 小时	2~4 小时	4 小时以上
运动	东部	9.81	48.55	34.26	5.72	1.66
	中部	17.35	45.02	29.71	5.98	1.95
	西部	13.58	41.53	36.17	7.00	1.72
读课外书	东部	3.11	33.01	48.03	12.92	2.94
	中部	6.34	33.62	41.91	13.92	4.20
	西部	6.10	34.90	44.79	11.40	2.82
上网	东部	55.35	29.39	11.70	2.42	1.13
	中部	67.53	19.67	8.46	2.80	1.55
	西部	70.37	15.01	9.96	2.82	1.85
做作业	东部	0.46	43.83	41.99	11.52	2.19
	中部	0.72	25.47	44.47	21.78	7.56
	西部	0.58	32.14	45.62	17.15	4.51

3．学校教学

在学校教学方面，我们主要考察和分析了教师的教学方式、课时安排、人际关系三个方面。

（1）语文和数学学科的教学对学生自主学习的支持程度明显高于科学、品德与社会学科，中部地区教师教学对学生自主学习的支持程度低于东西部地区，城市高于农村。

本次调查发现，总体来看，在四门学科中，数学和语文学科的教学对学生自主学习的支持程度较高，而科学、品德与社会学科的教学对学生自主学习的支持程度相对低一些。以"鼓励学生提问"为例，能经常这么做的语文教师为69.10%，数学教师为60.10%，科学教师为44.90%，品德与社会教师为47.30%。又如"让学生组成小组讨论问题"，能经常这么做的语文教师为51.30%，数学教师为45.10%，科学教师为36.40%，品德与社会教师为35.00%。

从地区和城乡来看，中部地区教师的教学对学生自主学习的支持程度略低于东部和西部地区，城市高于农村。以"鼓励学生提问"为例，在四门学科中能经常这样做的中部地区教师比例低于东部和西部 3 ~ 10 个百分点；城市教师高于农村教师 6 ~ 8 个百分点。又如在"大部分时间听教师讲"方面，经常这样做的中部地区教师比例则高于东部和西部 5 ~ 12 个百分点；城市教师低于农村教师 2 ~ 4 个百分点；中部和农村地区教师满堂灌的现象相对多一些。

表 1－24　各学科教师的教学方式（％）

| | | 等　级 | | | |
		从不	很少	有时	经常
语文	老师鼓励我们提问题	2.25	6.99	21.69	69.08
	老师引导我们用多种方式朗读课文	2.71	8.57	22.34	66.39
	老师要求我们独立默读课文	1.97	8.44	28.09	61.50
	老师引导我们抓住关键词句领会文章内容	0.75	2.30	10.85	86.10
	老师让我们组成小组讨论问题	4.81	13.65	30.26	51.28
	老师允许我们对课文有不同的理解	4.59	9.41	26.29	59.71
	老师指导我们阅读课外读物	2.71	8.03	22.44	66.82
	课堂上，大部分时间听老师讲	6.83	17.23	33.47	42.47
数学	老师鼓励我们提问题	2.26	8.90	28.80	60.05
	老师鼓励我们采用多种方法解决问题	0.99	4.21	18.89	75.91
	老师喜欢我们大胆说出自己的想法	1.56	3.55	9.67	85.22
	老师能从我们熟悉的生活和学习中提出问题	1.99	8.24	27.68	62.09
	老师让我们组成小组讨论问题	6.86	17.21	30.86	45.07
	老师总是急着把答案告诉我们	65.09	25.87	5.32	3.72
	老师讲新知识的时候，让我们从生活中找例子	2.20	7.73	27.71	62.37
	课堂上，大部分时间听老师讲	5.54	19.20	34.97	40.29

续表

		等　级			
		从不	很少	有时	经常
科学	老师鼓励我们提问题	10.27	19.31	25.48	44.94
	看老师演示的科学实验	13.69	21.59	27.85	36.87
	在老师指导下开展科学实验或调查计划	15.01	20.86	26.85	37.28
	自我独立进行科学实验或调查	18.32	27.29	28.36	26.03
	与同学组成小组做科学实验或调查	17.35	20.68	25.62	36.35
	自己记录实验调查过程和结果	17.09	23.62	26.66	32.64
	课上汇报并与同学分享自己的成果	15.91	20.35	24.55	39.19
	课堂上，大部分时间听老师讲	7.73	17.82	31.86	42.60
品德与社会	老师鼓励我们提问题	10.49	17.61	24.65	47.25
	我们看书自学	23.42	29.53	27.46	19.58
	一般是上自习，做其他科作业	44.73	25.40	16.34	13.54
	老师让我们自己查资料，然后在课上汇报交流	13.87	18.29	31.21	36.63
	与同学组成小组讨论问题、做各种社会调查	18.65	21.66	24.68	35.02
	全班同学一起外出参观或开展社会实践活动	38.51	24.11	18.50	18.88
	根据学习内容，老师组织同学表演或演练	30.16	24.52	22.27	23.05
	课堂上，大部分时间听老师讲	9.32	18.17	30.86	41.66

表 1-25 不同地区和城乡教师的教学方式（%）

			地 区			城 乡	
			东部	中部	西部	城市	农村
老师鼓励我们提问题	数学	从不	1.86	2.69	1.62	2.16	2.30
		很少	8.16	9.18	9.69	8.14	10.27
		有时	27.45	29.89	28.12	27.76	31.21
		经常	62.53	58.24	60.57	61.94	56.22
	语文	从不	1.46	2.93	1.70	2.29	2.10
		很少	5.96	7.69	6.94	6.48	7.87
		有时	19.80	23.57	19.48	19.96	24.97
		经常	72.78	65.81	71.89	71.28	65.06
	科学	从不	7.14	12.98	8.07	10.06	10.57
		很少	17.62	20.47	19.26	17.52	22.60
		有时	24.57	25.77	26.71	24.51	27.60
		经常	50.68	40.78	45.97	47.91	39.24
	品德与社会	从不	7.56	13.05	8.34	10.64	9.79
		很少	15.98	19.21	15.73	16.53	19.43
		有时	23.87	24.86	25.82	23.06	27.74
		经常	52.59	42.87	50.10	49.78	43.03
课堂上大部分时间听老师讲	数学	从不	6.64	4.64	6.13	6.29	3.90
		很少	22.16	15.75	24.55	19.89	18.37
		有时	35.77	34.32	35.39	35.13	35.51
		经常	35.43	45.30	33.93	38.69	42.22
	语文	从不	7.27	5.64	10.13	7.95	4.81
		很少	20.46	14.49	19.25	17.40	17.63
		有时	34.33	33.21	32.30	33.51	34.35
		经常	37.93	46.66	38.33	41.14	43.22

续表

			地　区			城　乡	
			东部	中部	西部	城市	农村
课堂上大部分时间听老师讲	科学	从不	7.97	7.83	6.79	8.46	5.30
		很少	19.88	14.96	23.20	18.64	17.23
		有时	32.72	31.24	31.99	31.45	33.11
		经常	39.44	45.97	38.03	41.44	44.36
	品德与社会	从不	9.36	9.53	8.42	10.27	7.21
		很少	19.72	15.48	24.22	18.88	16.94
		有时	31.24	30.29	31.98	30.20	32.75
		经常	39.68	44.70	35.37	40.65	43.10

（2）挪用或挤占课时的现象仍普遍存在。

本次调查发现，在语文、数学、科学、品德与社会四门学科上能够遵守课时规定进行教学的教师都仅为60%左右，挪用或挤占课时的现象仍普遍存在（见图1-6）。其中，语文和数学学科主要以增加课时为主，所占比例分别为41%和36%，科学、品德与社会学科则主要是减少课时，所占比例分别为40%和42%。

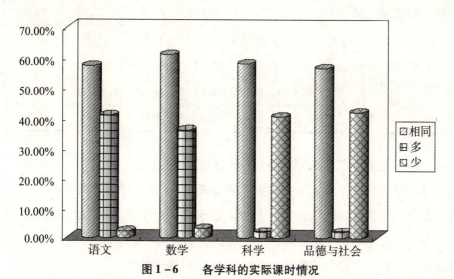

图1-6　各学科的实际课时情况

从地区和城乡来看，中部地区教师对课时计划的遵守情况最差，语文和数学增加课时比例均高于东部和西部约 10 个百分点，科学、品德与社会减少课时的情况严重，科学减少课时比例分别高于东部、西部 16 个和 14 个百分点，品德与社会减少课时比例分别高于东部、西部 18 个和 11 个百分点。农村学校语文和数学增加课时，科学、品德与社会减少课时的情况多于城市学校。

表 1 – 26　不同地区和城乡实际课时情况比较（％）

		地　区			城　乡	
		东部	中部	西部	城市	农村
语文课实际数比课表	少	1.75	2.95	1.34	1.76	3.47
	相同	68.36	49.04	58.29	59.21	54.76
	多	29.89	48.01	40.38	39.03	41.77
数学课实际数比课表	少	1.90	3.64	4.77	2.28	4.60
	相同	71.50	52.38	66.21	63.85	58.86
	多	26.60	43.98	29.03	33.86	36.53
科学课实际数比课表	少	31.47	47.56	34.76	36.37	44.82
	相同	67.30	49.91	64.32	62.04	52.81
	多	1.23	2.53	0.92	1.58	2.37
品德与社会课实际数比课表	少	31.62	49.48	38.55	40.21	42.75
	相同	66.98	48.33	59.57	58.11	54.94
	多	1.40	2.19	1.88	1.68	2.30

（3）学生在学校中人际关系良好，富有安全感。

本次调查发现，绝大部分学生在学校里有安全感，人际关系良好。90% 左右的学生反映在学校里感觉很安全，能很容易交到朋友，同学们很喜欢自己，能得到公平对待；老师很关心学生，能平等地跟学生谈心，在学生有困难时能及时给予帮助，能给予学生适当的表扬和鼓励等。

但同时，我们也发现，约10%的学生觉得在学校不安全，12%的学生认为自己在学校没有得到公平对待，更有超过三分之一（占36.35%）的学生认为同学间存在相互欺侮的现象。这些负面的感受在那些成绩较低的学生中表现得尤为突出。因此，加强学校的校风建设，为学生创造良好的人际环境是学校发展中应注意的一个重要问题。

表1-27 学生在学校的人际关系（%）

	非常同意	同意	不同意	完全不同意
在学校我很容易交朋友	61.90	30.92	5.68	1.49
同学似乎都很喜欢我	36.64	47.47	13.30	2.59
同学中没有相互欺侮的现象	33.07	30.57	26.63	9.72
在学校里我能够得到公平对待	53.67	34.19	8.99	3.15
在学校我感觉很安全	58.60	30.90	7.86	2.64
我感觉自己在学校像个局外人	5.29	6.11	24.34	64.26
我喜欢我们的学校	64.51	32.26	2.31	0.93
老师们很关心学生	65.21	31.66	2.33	0.80
老师们能平等地跟学生谈心	51.56	37.51	8.96	1.97
我有困难的时候，老师能及时给我帮助	60.09	33.87	4.96	1.08
老师给予我适当的表扬和鼓励	62.27	33.23	3.62	0.88

4. 学校管理

在学校管理方面，我们主要考察和分析了校长队伍素质、教师队伍素质、学校办学条件以及教研活动与家校交流等四个方面。

（1）校长队伍中女性占相当比重，年龄趋年轻化，学历普遍较高。

本次调查发现，当前小学校长中女性所占的比例逐渐增多，年龄趋年轻化，学历普遍较高。在本次调查的303所学校中，女性校长所占比例为37.10%，平均年龄为43.8岁，平均教龄为23.8年，59.60%的校长为本科及以上学历。

中国小学生学业成就测评报告与测试工具

（2）城市教师的学历明显高于农村，农村科学教师学历偏低。

本次调查表明，当前无论是在农村还是城市，小学教师的学历合格率均达到了 99%，拥有本科或以上学历教师的学校比例也达到了 45.50%。但是，城市拥有本科或以上学历教师的学校比例为 50.40%，农村为 32.40%。同时，进一步对城市和农村不同学科教师的学历进行比较，拥有本科及以上学历的教师，语文总体为 40.80%，城市和农村分别为 42.60% 和 35.90%；数学总体为 33.80%，城市和农村分别为 36% 和 27.90%；科学总体为 31.70%，城市和农村分别为 37.60% 和 23%；品德与社会总体为 37.30%，城市和农村分别为 43%、27.20%。由此可见，语文教师的学历不论农村还是城市都比较高，而农村科学教师的学历明显偏低。

（3）小学教师队伍主要以中青年为主，西部地区教师队伍的平均年龄明显高于东中部地区。

本次调查表明，目前小学各学科教师均以中青年为主体，尤其是语文教师 40 岁及以下教师占到总体的 76.40%，高于其他三门学科 12 个百分点左右。从地区来看，西部地区 51 岁及以上教师所占比例较高，各学科均达到 15% 以上，都高于各科的平均数 5 到 8 个百分点不等。城市与农村教师的年龄差异不大。

（4）教师参与培训的机会少；农村少于城市。

本次调查发现，六年级语文、数学、科学、品德与社会四个学科教师每年参加培训的次数平均为 1 次。其中，品德与社会学科教师参与培训的机会最少。农村学校各学科教师参与培训的机会都明显少于城市教师，尤其是科学、品德与社会两个学科教师参与培训机会比城市少了近一半左右。

（5）东部地区小学的办学条件明显优于中西部地区。

本次调查发现，东部地区小学的办学条件明显优于中西部地区。这主要表现在以下几个方面。

第一，从计算机的数量来看，在本次调查的 303 所小学中，平均每 11 名学生拥有 1 台计算机。其中，东部地区平均为 8 人，中部地区平均为 13.7 人，西部地区平均为 15.8 人；城市平均为 10.8 人，农村平均为

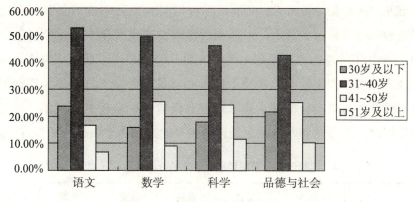

图1-7　分学科教师年龄分布

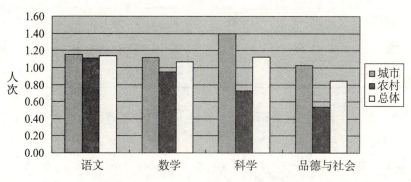

图1-8　各学科教师参与培训的机会

11.9人。

　　第二，从教师的备课电脑来看，平均每2.3名教师拥有1台备课电脑。其中，东部为1.4人，中部为3.8人，西部为5人；城市为2.2人，农村为2.8人。

　　第三，从生均功能教室面积来看，总体平均数为1.31平方米，75%的学校生均功能教室面积在1.36平方米以下。其中，东部地区平均为1.94平方米，中部为0.89平方米，西部为1.04平方米；城市平均1.35平方米，农村平均1.27平方米。

　　第四，从生均图书册数来看，总体平均数为15.89册。其中，东部地区平均为21.03册，中部为11.32册，西部为19.62册；城市为17.64册，农村为13.55册。

第五，从实验设备来看，46%的学校的实验设备不能满足教材规定的分组实验和教学要求，其中，东部和西部学校达到"基本满足及以上"水平的比例为50%左右，而西部地区则达到了75%以上，其原因是否是因为西部地区学校在国家的大力扶持下使得办学条件大幅上升，还是西部教师对教材规定的分组实验的教学要求理解有误或者标准较低造成的，还需要进一步探讨。城市达到基本满足及以上水平的比例高于农村约7个百分点。

表1-28　实验设备是否满足教材规定的分组实验教学要求（%）

	总体	城市	农村	东部	中部	西部
完全不能满足	20.62	16.87	25.00	7.62	30.26	17.65
不太能满足	25.43	25.90	25.00	21.90	32.24	5.88
基本能满足	41.58	44.58	37.90	52.38	31.58	52.94
完全能满足	12.37	12.65	12.10	18.10	5.92	23.53

（6）全校性和学区性教研活动相对较少，东中部地区学校教研活动多于西部，城市多于农村。

在本次调查的303所学校中，实行新课程标准的年限平均为6.38年。所有的学校都能够参加或者组织各类教研活动。其中，52.98%的学校学科组每周组织至少1次教研活动，42.23%的学校年级组每周组织至少1次教研活动。但是，全校性的教师教研活动和参加学区及以上教研活动的频率相对低一些，43.79%的学校每学期组织2~3次全校教师教研活动，62.25%的学校每学期参加2~3次学区以上的活动。东部、中部、西部学校的教研活动频率依次降低，学科组每周至少组织1次教研活动的学校比例，东部和中部分别比西部高出30个和20个百分点。参加学区活动的比例，选择每月1次的学校在东部和中部都达到30%以上，而在西部只有8%。城市学校教研活动频率也明显高于农村学校，教研活动一周至少1次的比例，在学科组一级相差10个百分点，在年级组一级相差24个百分点。参加学区及以上教研活动每月1~2次的比例，城市高于农村10个百分点。

表1-29 学校教研活动的情况（%）

		总体	地区			学校所在地	
			东部	中部	西部	城市	农村
学科组教研	一周至少1次	52.98	63.06	50.97	30.56	56.74	47.15
	每月1~2次	38.08	34.23	34.84	63.89	37.64	39.02
	每学期2~3次	8.94	2.70	14.19	5.56	5.62	13.82
	1次没有	0.00	0.00	0.00	0.00	0.00	0.00
年级组教研	一周至少1次	42.23	55.56	35.48	30.30	51.98	27.12
	每月1~2次	35.14	37.04	36.77	21.21	35.03	35.59
	每学期2~3次	16.89	5.56	21.29	33.33	10.17	27.12
	1次没有	5.74	1.85	6.45	15.15	2.82	10.17
全校教研	一周至少1次	15.69	13.51	18.35	10.81	17.98	11.81
	每月1~2次	39.87	43.24	33.54	56.76	38.76	41.73
	每学期2~3次	43.79	42.34	47.47	32.43	42.13	46.46
	1次没有	0.65	0.90	0.63	0.00	1.12	0.00
学区教研	一周至少1次	4.64	6.48	4.43	0.00	6.21	2.42
	每月1~2次	30.79	38.89	30.38	8.33	35.03	25.00
	每学期2~3次	62.25	54.63	63.92	77.78	55.93	70.97
	1次没有	2.32	0.00	1.27	13.89	2.82	1.61

（二）影响学生学业成就因素的多水平模型分析

本次调查采用了多水平回归模型对影响学生学业成就的因素进行检验。我们以学生四门学科的成绩总和为因变量，引入学生家庭变量、学生的学习变量、学校教学和学校管理等4组变量进行分析，产生了5个模型（各模型的具体结果见问卷调查报告）。

完全模型是在前4个模型的基础上，将学生家庭、学生学习、学校教学和学校管理4组变量中显著的变量同时进入模型中参与运算。结果表明，学生个体水平的跨级相关为 43.27%，学校水平的跨级相关为 36.40%，地区水平的跨级相关为 20.33%。这表明，学生成绩的差异更多的是由于个体和家庭方面的差异所引起的。学生个体水平、学校水平以及地区水平方差被解释的比例分别为 22.67%、33.24% 和 32.93%，总方差被解释的比例达到 28.98%。

下面我们分别就学生家庭、学生学习、学校教学和学校管理四个方面的因素对学生学业成就的影响进行了具体分析。

1. 学生家庭因素

本次调查表明，在学生家庭方面，对学生的学业成就产生显著影响的因素主要有家庭物质文化条件、父母受教育程度、家校距离以及亲子互动等。学生是否为留守儿童或是进城务工随迁子女，以及城乡、地区等变量对学业成就的影响被其他因素的效应所解释。

（1）学生家庭物质文化条件越好，学生的学业成就水平也越高。

在家庭物质文化条件方面，结果表明，虽然家里拥有图书在 10 册以下的学生与拥有 11～25 册书的学生在学业成就方面没有显著差异，但是，随着学生家庭拥有的图书数量逐渐增多，学生的学业成就水平也逐渐提高，其差异达到了显著水平。具体来说，在其他背景变量相同的条件下，家庭拥有图书为 26～100 册、101～200 册以及多于 200 册的学生学业成就水平比拥有图书在 10 册以下的学生分别高 0.17 分、0.22 分、0.41 分。而家庭其他的一些物质条件，如专门的学习空间、计算机、各类书籍等也对学生的学业成就产生显著影响，学生家庭在该变量上每增加 1 分，学生的学业成就水平就增加 0.07 分。

（2）父母受教育程度越高，学生的学业成就水平也越高。

本次调查表明，父母的受教育程度也是影响学生学业成就的一个重要因素。以父母为初中文化程度的学生为参照，父母的受教育程度越高，学生的学业成就水平也越高。具体来说，在控制其他背景变量相同的情况下，父母受教育程度为专科、大学以及研究生的学生学业成就水平比父母为初中文化程度的学生分别高 0.26 分、0.54 分和 0.64 分。

（3）学生上学路上花费的时间越多，学业成就水平越低。

本次调查表明，家校距离是影响学生学业成就水平的一个显著变量，学生上学路上花费时间越多，学业成就水平越低。具体来说，在其他背景变量相同的条件下，上学路上花费时间为 30 分钟到 1 小时和 1 小时以上学生的学业成就水平比花费时间在 30 分钟以下的学生分别低 0.12 分和 0.52 分。

（4）亲子互动的频率越高，学生学业成就水平越高。

本次调查表明，亲子互动是影响学生学业成就的因素之一，亲子间平等的交流和沟通能够对学生的学业成就产生积极的影响。在控制其他背景变量相同的情况下，那些亲子间能够"经常"谈论学校发生的事情的学生学业成就水平比"从不"、"很少"或者"有时"的学生分别高 0.35 分、0.10 分和 0.12 分；亲子间能够"经常"谈论国内外社会上发生的事情的学生学业成就水平也比"从不"、"很少"或者"有时"的学生分别高 0.19 分、0.03 分和 0.01 分。而"家人鼓励我在学校好好表现"这类缺乏互动的家庭支持对学生学业成就的影响则不显著；家人辅导功课频率高的学生学业成就水平却显著低于频率低的学生，这可能是因为学生的成绩较差需要辅导。这在后面学生学习的独立性与学业成就间的关系中也有所体现，学生学习的独立性越强，其学业成就水平越高。

2. 学生的学习

本次调查表明，在学生的学习方面，对学业成就产生显著影响的因素主要有学习效能感和学习负担。学生学习的自主性对学业成就的影响并不显著，关于这一问题需要进一步研究。

（1）学生的学习效能感越强，学业成就水平也越高。

本次调查表明，学生对数学和科学学科的学习效能感与其学业成就间呈显著相关，学生的数学和科学学习的效能感越强，其学业成就水平也越高。具体来说，在其他背景变量相同的条件下，学生数学和科学学习的效能感每提高一个因子分，其学业成就水平就分别提高 0.23 个和 0.03 个标准分。

（2）学生的学习负担越重，学业成就水平则越低。

本次调查表明，学生的时间安排，包括睡眠、阅读课外书、参加课外辅导、运动以及娱乐等对其学业成就产生显著的影响，学生的学习负担越重，其学业成就水平则越低。

第一，学生睡眠的时间越少，其学业成就水平越低。在控制其他背景变量相同的情况下，每日睡眠时间在 6 小时及以下学生的学业成就水平比睡眠时间在 9 小时及以上的学生低 0.66 个标准分。

第二，未参加课外辅导学生的学业成就水平并不低于参加辅导的学生。具体来说，未参加数学课外辅导的学生的学业成就水平显著高于参加 1 小时以下课外辅导的学生 0.37 个标准分，与参加 1~2 小时和 2~4 小时课外辅导的学生间没有显著差异，但比参加 4 小时以上课外辅导的学生低 0.29 个标准分。未参加语文课外辅导的学生学业成就水平都显著高于参加不同时间长度课外辅导的学生。未参加科学课外辅导学生的学业成就水平与参加辅导的学生之间没有显著差异。此外，未参加其他课外辅导的学生的学业成就水平比参加 1~2 小时辅导的学生高 0.17 个标准分，与参加其他不同时间长度培训的学生间差异不显著。

第三，学生每天做作业的时间长度与其学业成就间没有显著相关，即学生每天做作业时间长，学业成就水平未必就高。

第四，每天阅读课外书的学生的学业成就水平明显高于不读课外书的学生。具体来说，在其他背景变量相同的条件下，每天阅读课外书的时间小于 1 小时、1~2 小时、2~4 小时和 4 小时以上的学生的学业成就水平比不读课外书的学生分别高 0.30 个、0.38 个、0.42 个和 0.37 个标准分。

第五，每天上网时间在 2 小时以下学生的学业成就水平与不上网学生间的差异不显著，但是每天上网时间超过 2 小时学生的学业成就水平则显著低于不上网的学生。具体来说，在控制其他背景变量相同的情况下，每天上网时间在 2~4 小时和 4 小时以上学生的学业成就水平则比不上网的学生分别低 0.26 个和 0.55 个标准分。

第六，每天运动时间在 1 小时以内学生的学业成就水平与不运动学生间没有显著差异，但是每天长时间运动学生的学业成就水平则明显低于不运动的学生。具体来说，在其他变量相同的条件下，每天运动时间为 1~2 小时、2~4 小时和 4 小时以上学生的学业成就水平比不运动的学生分别低 0.18 个、0.43 个和 0.80 个标准分。

第七，每天做家务时间不超过 2 小时的学生的学业成就水平与不做家务的学生之间没有显著差异，但是每天做家务时间为 2~4 小时和 4 小时以上学生的学业成就水平比不做家务的学生分别低 0.35 个和 0.48 个标准分。

从上面的分析中我们可以看到，提高课堂效率，减轻学生的学习压力，合理安排学生的学习、娱乐和休息时间是提高学生学业成就水平的一个重要前提。

（3）学生学习的独立性越强，学业成就水平就越高。

本次调查发现，学生学习的独立性与其学业成就呈显著相关。学生学习的独立性越强，其学业成就水平就越高。具体来说，在控制其他背景变量相同的情况下，那些"经常"能够独立完成作业的学生的学业成就水平比"从不"、"很少"和"有时"能够独立完成作业的学生分别高 0.39 个、0.49 个和 0.34 个标准分。

3. 学校教学因素

本次调查表明，在学校教学方面，对学生的学业成就产生显著影响的因素主要是教学方法和课时安排。

（1）教师教学对学生自主学习的支持程度越高，学生的学业成就水平也越高。

本次调查发现，教师教学对学生自主学习的支持程度越高，学生的学业成就水平也越高。具体来说，在控制其他背景变量相同的情况下，数学教学对学生自主学习的支持每高出一个单位，学生的学业成就水平就高出 0.03 个标准分；阅读教学对学生自主学习的支持每高出一个单位，学生的学业成就水平就高出 0.02 个标准分。

（2）严格按照课时进行教学学校的学生学业成就水平明显高于增加或减少课时学校的学生。

本次调查发现，教学课时延长并不能带来成绩的提高，严格按照课程安排进行教学的学校学生学业成就水平最高。具体来说，在其他变量相同的条件下，数学教学增加课时学校的学生学业成就水平与遵守课时学校的学生间没有显著差异，但是减少课时学校的学生学业成就水平则显著低于遵守课时学校的学生 0.50 个标准分；科学教学增加和减少课时学校的学生学业成就水平都显著低于遵守课时学校的学生 0.33 个和 0.50 个标准分；品德与社会教学增加课时学校的学生学业成就水平明显低于遵守课时学校的学生 0.50 个标准分。由此可见，教学时间长并不意味着学生的学习成绩就好，而教学时间明显不足也必然会影响学生的基本学习。因此，遵守课时规定，保证学生各学科的基本学习时间是提高学生学业成就水平的一个基本条件。

4. 学校管理因素

本次调查表明，在学校管理方面，对学生的学业成就水平产生显著影响的因素主要有校长任职年限和教研活动。学校办学条件、教师学历、年龄、职称等因素对学生的学业成就的影响均不显著。

（1）校长任职年限与学生的学业成就水平呈正相关。

本次调查发现，校长在本校的任职时间对学生的学业成就产生显著影响，校长的任职时间比平均时间每高出一年，学生的学业成就水平就高出 0.09 个标准分。

（2）教研活动的频率与学生的学业成就水平呈正相关。

本次调查发现，教研活动，特别是全校性的教研活动作为提高教师业务水平和教学质量的重要途径，对学生的学业成就水平产生显著影响。具体来说，每周至少进行 1 次全校性教研活动的学校，其学生的学业成就水平比每个月进行 1~2 次和每学期进行 2~3 次全校性教研活动学校的学生分别高 0.75 个和 1.22 个标准分。

表 1－30　影响学生学业成就因素的多水平模型分析

	零模型		模型2：家庭背景		模型3：个体学习		模型4：学校教育和管理		完全模型	
	系数	标准误	系数	标准误	系数	标准误	系数	标准误	系数	标准误
固定部分										
常数	3.40	0.33	3.52	0.30	3.85	0.31	4.61	0.46	4.38	0.43
年龄			−0.12	0.03						
家庭拥有图书数（以0~10册为参照）										
11~25 册图书			−0.03	0.07					−0.02	0.08
26~100 册图书			0.22	0.08					0.17	0.08
101~200 册图书			0.36	0.09					0.22	0.09
多于200 册图书			0.45	0.10					0.41	0.10
家庭社会经济支持			0.08	0.01					0.07	0.01
父母受教育程度（以初中为参照）										
小学及以下			−0.63	0.20					−0.30	0.21
小学			−0.25	0.08					−0.10	0.09
高中			0.06	0.05					0.11	0.05
专科			0.37	0.08					0.26	0.08
大学			0.64	0.08					0.54	0.08
研究生			0.72	0.13					0.64	0.13

续表

	零模型		模型2: 家庭背景		模型3: 个体学习		模型4: 学校教育和管理		完全模型	
	系数	标准误	系数	标准误	系数	标准误	系数	标准误	系数	标准误
家校距离（以30分钟以下为参照）										
30分钟到1小时左右			−0.05	0.08					−0.12	0.08
1小时以上			−0.59	0.19					−0.52	0.19
我有亲朋辅导功课（以经常为参照）										
从来不			0.29	0.07					0.17	0.07
很少			0.33	0.07					0.22	0.07
有时			0.15	0.07					0.07	0.07
我家人跟我讨论学校发生的事（以经常为参照）										
从来不			−0.50	0.08					−0.35	0.08
很少			−0.32	0.06					−0.10	0.06
有时			−0.24	0.05					−0.12	0.05
我家人跟我讨论国内外社会发生的事（以经常为参照）										
从来不			−0.39	0.07					−0.19	0.07
很少			−0.06	0.06					0.03	0.06
有时			−0.06	0.06					−0.01	0.06

续表

	零模型		模型2：家庭背景		模型3：个体学习		模型4：学校教育和管理		完全模型	
	系数	标准误	系数	标准误	系数	标准误	系数	标准误	系数	标准误
与谁住在一起（以父母双方为参照）										
母亲			0.22	0.07						
父亲			-0.18	0.15						
祖辈及其他人			-0.09	0.07						
睡眠时间（以9小时及以上为参照）										
6小时及以下					-0.71	0.12			-0.66	0.14
7小时左右					-0.13	0.06			-0.08	0.07
8小时左右					0.08	0.04			0.06	0.04
数学学习效能					0.25	0.01			0.23	0.01
科学学习效能					0.06	0.01			0.03	0.01
独立完成作业（以经常为参照）										
从来不					-0.56	0.18			-0.39	0.23
很少					-0.71	0.11			-0.49	0.13
有时					-0.40	0.06			-0.34	0.07

续表

	零模型		模型2：家庭背景		模型3：个体学习		模型4：学校教育和管理		完全模型	
	系数	标准误	系数	标准误	系数	标准误	系数	标准误	系数	标准误
数学课外辅导（以没有为参照）										
小于1小时					-0.23	0.08			-0.37	0.08
1~2小时					0.13	0.09			-0.12	0.06
2~4小时					0.53	0.13			0.14	0.08
4小时以上					0.77	0.18			0.29	0.12
语文课外辅导（以没有为参照）										
小于1小时					-0.19	0.08			-0.37	0.07
1~2小时					0.10	0.09			-0.22	0.07
2~4小时					0.04	0.14			-0.34	0.09
4小时以上					0.04	0.20			-0.51	0.16
其他课外辅导（以没有为参照）										
小于1小时					0.04	0.07			-0.11	0.07
1~2小时					0.24	0.08			-0.17	0.06
2~4小时					0.66	0.11			0.09	0.07
4小时以上					0.81	0.15			0.09	0.09

续表

	零模型		模型2：家庭背景		模型3：个体学习		模型4：学校教育和管理		完全模型	
	系数	标准误	系数	标准误	系数	标准误	系数	标准误	系数	标准误
做家务事时间（以不做家务为参照）										
小于1小时					0.11	0.06			0.08	0.06
1~2小时					-0.01	0.06			0.02	0.07
2~4小时					-0.27	0.11			-0.35	0.13
4小时以上					-0.52	0.17			-0.48	0.20
运动时间（以不运动为参照）										
小于1小时					0.02	0.05			-0.09	0.06
1~2小时					-0.07	0.06			-0.18	0.07
2~4小时					-0.30	0.09			-0.43	0.10
4小时以上					-0.61	0.15			-0.80	0.18
读课外书时间（以不读为参照）										
小于1小时					0.29	0.08			0.30	0.10
1~2小时					0.38	0.08			0.38	0.10
2~4小时					0.49	0.10			0.42	0.11
4小时以上					0.44	0.12			0.37	0.14

续表

	零模型		模型2：家庭背景		模型3：个体学习		模型4：学校教育和管理		完全模型	
	系数	标准误	系数	标准误	系数	标准误	系数	标准误	系数	标准误
上网时间（以不上网为参照）										
小于1小时					0.01	0.05			−0.10	0.05
1～2小时					0.03	0.06			−0.10	0.07
2～4小时					−0.28	0.11			−0.26	0.12
4小时以上					−0.48	0.15			−0.55	0.17
数学教学方法							0.09	0.01	0.03	0.01
阅读教学方法							0.04	0.01	0.02	0.01
在本校担任校长年数							0.07	0.04	0.09	0.04
科学平均每学期听课课时							0.05	0.02	0.04	0.02
学科组教研活动（以每周1次为参照）										
每个月1～2次							0.23	0.31	0.28	0.28
每学期2～3次							1.36	0.56	1.40	0.51
从来没有									0.00	0.00
全校教师教研活动（以每周1次为参照）										
每个月1～2次							−0.87	0.39	−0.75	0.36
每学期2～3次							−1.34	0.41	−1.22	0.38
从来没有							0.27	2.10	0.61	1.93

续表

	零模型		模型2：家庭背景		模型3：个体学习		模型4：学校教育和管理		完全模型	
	系数	标准误	系数	标准误	系数	标准误	系数	标准误	系数	标准误
实际课时与计划（以一样多为参照）										
数学每周每节节数实际比课表少							-0.76	0.12	-0.50	0.12
数学每周每节节数实际比课表多							0.16	0.05	0.05	0.05
科学每周每节节数实际比课表少							-0.41	0.06	-0.33	0.06
科学每周每节节数实际比课表多							-0.58	0.18	-0.50	0.18
品德与社会每周节数实际比课表少							-0.14	0.06	-0.06	0.06
品德与社会每周节数实际比课表多							-0.70	0.18	-0.50	0.18
随机部分										
地区水平常数	2.51	0.79	1.75	0.59	1.65	0.55	2.24	0.73	1.68	0.56
学校水平常数	4.51	0.40	3.89	0.36	3.73	0.34	3.56	0.36	3.01	0.30
学生水平常数	4.63	0.05	4.23	0.06	3.82	0.05	4.24	0.06	3.58	0.05
逻辑似然函数	66722.52		53206.98		57838.28		47965.10		42948.44	
样本量：地区	28		27		27		27		27	
样本量：学校	296		285		285		242		242	
样本量：学生	15001		12187		13580		10990		10229	

八、研究结论

通过本次对小学六年级学生学业成就状况和影响因素的调查，我们对当前我国小学六年级学生学业成就的基本状况以及影响学生学业成就的主要因素有了一个比较全面、清晰的了解。本研究的基本结论如下。

（一）学生的学业成就

1. 学生在语文、数学、科学、品德与社会四门学科的学习基本达到了课程标准的要求。其中，学生的数学合格率最高，科学、品德与社会其次，语文合格率相对低一些。

2. 东部地区学生的学业成就水平明显高于中西部地区，城市高于农村。

3. 男女学生的学业成就水平无明显差异。

4. 学生基本达到了各学科课程标准中的内容和能力要求，但在某些知识和技能方面仍存在不足，综合解决问题的能力有待提高。

（二）影响因素

1. 学生个体和家庭因素对学生学业成就的影响程度高于学校对学生的影响。

2. 家庭物质文化条件、父母受教育程度、亲子互动与学生的学业成就呈显著正相关；学生上学路上花费的时间越短，学业成就水平越高。

3. 学生学习的自我效能感和独立性越强，学业成就水平也越高；学生的学习负担过重，学习时间与学业成就不成正比。

4. 教师教学对学生自主学习的支持程度与学生的学业成就水平呈显著正相关。严格按照课时教学学校的学生学业成就水平明显高于增加或减少课时学校的学生。

5. 校长的任职年限和学校教研活动的频率与学生的学业成就水平呈正相关。

九、对策与建议

针对本次学业成就调查的结果，本研究提出如下对策与建议。

（一）借鉴国际先进经验，实施国家教育质量监测

基础教育质量作为提升国家竞争力的决定性因素，是一个国家综合国力的重要标志之一。世界不少国家和地区都进行了国家层面的学生学业成就调查，在借鉴国际先进经验的基础上建立具有中国特色的基础教育质量监测体系势在必行。通过对全国的基础教育质量进行监测，一方面可以准确把握基础教育质量的现状，科学分析教育发展过程中存在的问题，为探索人才成长的规律提供依据；另一方面可以为教育管理和教育决策提供准确、有效的依据，大力促进基础教育的均衡发展，切实实现教育行政与管理部门决策和管理的科学化、民主化和专业化，提高管理效能。

（二）建立全国性的教育质量监测系统，进行持续的教育质量监测

依据国家教育优先发展的战略，我国的教育事业近年来得到了空前的重视，但也承受着巨大的压力，需要回答一系列的问题，如基础教育质量的现状、新课改的效果、教育投入的方向和方式以及如何向不同经济社会背景的孩子提供公平的教育，等等。我们要科学地对这些问题作出回答，就必须在全国范围内进行持续的教育质量监测。由于我国的基础教育规模巨大，仅靠一个单位、一个部门是很难实现对基础教育的质量监测工作的。因此，要构建国家、省、地市、县四级监测网络，形成由国家提供监测的标准和技术，省市负责本地区的规划，县区具体负责监测实施的格局，以便为国家制定和调整政策提供更加及时、科学、准确的依据，为地方的教育行政和教育管理提供支持。

（三）进一步转变学生的学习方式，提高学生综合解决问题的能力

本次调查发现，虽然学生基本达到了各学科所规定的内容和能力要求，

但在灵活运用所学的知识和技能来解决实际生活中的复杂问题的能力还相对较弱，具备这种综合解决问题能力的学生在四个学科中都不到三分之一。这一方面可能与新的课程标准中对这一方面的要求不够明确有关，因此，在新课程的修订过程中需要进一步关注学生综合解决问题能力的发展，并在具体的课程标准中加以明确。另一方面与学生自主学习的意识和能力不足有关。在本次调查中，能够经常"主动在生活中寻找所学知识的例子或证明"或"在家自己动手操作一下课堂上老师讲的内容"的学生仅为43.7%和35%。由此可见，学生缺乏主动地将所学知识与生活相结合，将所学知识运用于实际生活的意识是导致其实际解决问题能力欠缺的一个重要原因。因此，转变学生的学习方式，加强学生自主学习的意识和能力的培养是当前需要特别关注的一个重要问题。

（四）提高学校的教学效率，减轻学生的学习负担

本次调查表明，学生的学习时间与其学业成就间不成正比，学生的学习负担越重，其学业成就水平反而越低。但是，当前学生的学习负担过重问题仍普遍存在。有三分之二左右的学生每天做作业的时间超过 1 小时，要参加各种课外辅导和培训班；超过一半的学生每天的睡眠时间在 9 小时以下。这一现象在中西部地区尤为明显。其中，中部地区学生每日做作业时间超过 1 小时的学生比例达到近四分之三，每日睡眠时间在 9 小时以下的学生达到了 60%。这是导致中西部地区学生的学业成就水平明显低于东部地区学生的一个重要原因。因此，提高学校课堂教学的效率，减轻学生的学业压力，合理安排学生的学习、娱乐和休息时间是当前小学教育中迫切需要解决的一个重要问题。

（五）加强对西部和农村地区教师的继续教育培训，提高教师的专业素质

本次调查发现，每月参加 1~2 次学区及以上培训活动的学校比例，东部和中部地区都达到了 30% 以上，而在西部地区只有 8%。农村学校的教师参与培训的机会明显少于城市教师，农村各学科教师参加培训的人次均低于城

市，尤其是农村科学、品德与社会学科教师参与培训的机会比城市少了一半左右。农村学校每月参加 1～2 次学区及以上教研活动的学校比例，农村比城市低 10 个百分点。教师培训和学区性的教研活动作为提高教师业务水平和教学质量的一种重要手段，在教师的专业发展中发挥着非常重要的作用。教师职后培训的不足是导致西部和农村地区教师素质相对偏低的一个重要原因。因此，加强对西部和农村地区教师的培训力度，提高西部和农村地区教师的专业素质是当前我国教师专业发展中迫切需要解决的一个突出问题。

（六）关注和重视科学和品德学科的教学，提高教师的专业素质

本次调查表明，学生对语文和数学学科的喜欢程度明显高于科学、品德与社会学科，而学生所喜欢学科的教师大多对学生的学习认真负责，能根据学生的特点来进行教学，讲课生动有趣，关心每个学生的学习，能在学生需要时额外给予帮助，等等。科学、品德与社会学科教师很显然在这些方面不如语文和数学教师。这在语文和数学学科的教学对学生自主学习的支持程度明显高于科学、品德与社会学科的调查结果中得到体现。同时，本次调查发现，科学、品德与社会学科的课时被语文和数学学科挤占的现象普遍存在。此外，从教师素质来看，科学教师的学历明显偏低，尤其是在农村，科学、品德与社会学科教师的学历明显低于语文和数学学科教师。因此，重视科学、品德与社会学科的教学，提高科学、品德与社会教师的专业素质是新课改中需要特别关注的一个问题。

第二部分

学科测评报告

语文阅读测评报告

一、研究背景

目前，国际上两项重大的学生学业成就评价项目分别是由国际组织 IEA 和 OECD 针对阅读能力、数学能力和科学能力组织的学生学业成就调查研究，它们因为评价维度、指标和工具的科学与严密以及评价程序的规范等在国际上产生了广泛而深远的影响。与此同时，各国还自己定期组织学生学业成就调查，建立国家常模，开展纵向或横向的比较研究。无论是各国自己组织的教育质量监测还是国际组织开展的世界范围内的学业成就调查，所采用的方法主要是纸笔测验和问卷调查。在调查对象的选择上，一般采用分层抽样技术。对于调查结果的分析，主要采用常模参照和标准参照两种评价方式。总的来看，国外学生学业成就评价存在的困难和问题主要是对学生情感态度的评价比较薄弱；在国家或地区层面的宏观监控中，真实性评价、表现性评价、成长记录袋评价、小组合作评价等能较好地体现学生主体性和社会性发展的调查在信度和效度上的问题难以解决；大规模调查中学生潜能、教育教学效果和社会环境的影响很难区分等。

我国学生学业成就的调查研究始于 20 世纪 90 年代。目前有不少地方都在相继开展一些相关研究，这些研究在借鉴国际经验、编制评价指标和评价工具、拓展评价方法、数据采集以及评价结果的推论方面都作出了一些开创性的贡献。但综合来看，这些研究或后续延伸缺失，或侧重微观层面，或中立性不够。目前国内的已有研究离建立义务教育学生学业成就的国家常模和数据库还有很大距离。本次"十一五"国家重点课题"中小学生学业成就调查研究"正是为了回应我国基础教育改革发展决策的需要、民众对于教育质量的问责需求、改善和促进学生学习以及推进我国评价理论和实践发展的需要而展开的。

本课题以《基础教育课程改革纲要（试行）》为指导，以2001年教育部颁布的《全日制义务教育语文课程标准（实验稿）》（以下简称《语文课程标准》）为主要依据，以国内外相关研究所取得的成果为参照，对学生的学业成就进行调查研究。因此，根据总课题研究方案，语文子课题以《语文课程标准》为依据，借鉴国际上有关阅读学业成就调查研究的相关研究成果，重点进行小学六年级学生阅读学业成就即阅读能力调查研究。

二、研究的理论框架

目前，语文界比较认同的观点是，阅读能力由多因素多层级构成，多因素包括：一定的字词量，必要的语文知识，阅读技能，智力和非智力心理因素等。多层级包括：认读（字、词、句）的能力；理解能力（会正确的解词、释句；会正确理解语言构造各因素间关系和文章结构；会分段、概括段意及中心思想，由字面的理解水平提高到结合内容的分析、概括与推理的理解水平；既要通过思维的分析、想象、联想、推理，把字里行间的含义理解具体，又要通过思维的抽象、概括、比较、判断，把具体内容概括地掌握，达到深入理解的水平）；品评和欣赏能力（在认读和理解的基础上对文章所表达的思想、情感、语言等给予肯定或否定的分析与判断，以体现个人的认识水平和情感色彩）；以及运用能力等。

《语文课程标准》在把握这一观点的基础上进一步强调，阅读教学的重点是培养学生具有感受、理解、欣赏和评价的能力，逐步培养学生探究性阅读和创造性阅读的能力，提倡多角度、有创意的阅读，利用阅读期待、阅读反思和批判等环节，拓展思维空间，提高阅读质量；并进一步要求阅读评价要综合考查学生阅读过程中的感受、体验、理解和价值取向，考查其阅读的兴趣、方法与习惯以及阅读材料的选择和阅读量，并要求重视对学生进行多角度、有创意阅读的评价。为此，在课程"总目标"中对阅读提出了"具有独立阅读的能力，注重情感体验，有较丰富的积累，形成良好的语感。学会运用多种阅读方法。能初步理解、鉴赏文学作品，受到高尚情操与趣味的熏陶，发展个性，丰富自己的精神世界。能借助工具书阅读浅易文言文。九年课外阅读总量应在400万字以上。"在"阶段目标"中，《语文课程标准》分学段提出要求。此外，《语文课程标准》还提出了"评价建议"。《语文课程标准》的相关内容如下。

表2-1-1 小学《语文课程标准》对学生阅读能力的要求

内容领域	课程目标	
	第三学段目标	评价建议
朗读、默读	能用普通话正确、流利、有感情地朗读课文。默读有一定的速度，默读一般读物每分钟不少于300字。	能用普通话正确、流利、有感情地朗读课文，是朗读的总要求。根据阶段目标，各学段可以有所侧重。评价学生的朗读，可从语音、语调和感情等方面进行综合考查，还应注意考查对内容的理解和文体的把握。注意加强对学生平日诵读的评价，鼓励学生多诵读，在诵读实践中增加积累，发展语感，加深体验与领悟。评价默读，应根据各学段目标，从学生默读的方法、速度、效果和习惯等方面进行综合考查。

续表

内容领域	课程目标	
	第三学段目标	评价建议
精读	能借助词典阅读，理解词语在语言环境中的恰当意义，辨别词语的感情色彩。 联系上下文和自己的积累，推想课文中有关词句的意思，体会其表达效果。 在阅读中揣摩文章的表达顺序，体会作者的思想感情，初步领悟文章基本的表达方法。在交流和讨论中，敢于提出自己的看法，作出自己的判断。 阅读说明性文章，能抓住要点，了解文章的基本说明方法。 阅读叙事性作品，了解事件梗概，简单描述自己印象最深的场景、人物、细节，说出自己的喜欢、憎恶、崇敬、向往、同情等感受。 在理解语句（课文）的过程中，体会顿号与逗号、分号与句号的不同用法。	重点评价学生对读物的综合理解能力，要重视评价学生的情感体验和创造性的理解。根据各学段的目标，具体考查学生在词句理解、文意把握、要点概括、内容探究、作品感受等方面的表现。
略读、浏览	学习浏览，扩大知识面，根据需要搜集信息。 利用图书馆、网络等信息渠道尝试进行探究性阅读。扩展自己的阅读面，课外阅读总量不少于 100 万字。	评价略读，重在考查能否把握阅读材料的大意；评价浏览能力，重在考察能否从阅读材料中捕捉重要信息。
文学作品阅读	阅读诗歌，大体把握诗意，想象诗歌描述的情境，体会诗人的情感。受到优秀作品的感染和激励，向往和追求美好的理想。	根据文学作品形象性、情感性强的特点，可着重考查学生对形象的感受和情感的体验，对学生独特的感受和体验应加以鼓励。

续表

内容 领域	课程目标	
	第三学段目标	评价建议
古诗 文阅 读	诵读优秀诗文，注意通过诗文的声调、节奏等体味作品的内容和情感。背诵优秀诗文60篇（段）。	评价学生阅读古代诗词和浅易文言文，重点在于考查学生记诵积累的过程，考查他们能否凭借注释和工具书理解诗文大意，而不应考查对词法、句法等知识的掌握程度。

　　PISA 则将阅读能力概括为五个层面的含义：第一，获取信息。要求学生从文中找出相关信息，如事件的主角，发生的时间、地点、背景，文章的主题、观点。第二，形成广义、整体的理解。要求学生形成对文章整体感知和一般理解，如通过标题确认文章的写作目的、主题、解释说明顺序，明确图、表的数据范围和用途，描述故事的主角、背景和环境等。第三，形成完整的解释。要求学生全面阅读文章，联系各个部分的相关信息，对文章进行逻辑上的理解。比较、对比文章（图表）信息，联系文（图表）中相关信息推论作者意图，列举相关证据，作出结论等。第四，反思、评价文章内容。要求学生提取已有的知识，建构对文章的深层理解。评价文章的观点并辅以相关的理据。第五，反思、评价文章表达形式。要求学生反思、评价文章的形式特点，如评价文章的结构、类型、语言特点。评鉴作者的写作风格，以及语言运用的细微差异，如某个形容词的选用对表达效果的作用。[①]

　　显然，无论是我国课程标准的相关规定还是 PISA 都把阅读看成是一项以提取信息、理解内容、体验情感、评鉴优劣为目标的心智活动。本研究综合以上分析认为，阅读能力虽然包含多种要素，但以认读、理解和运用能力为其核心（详见阅读能力双向细目表），并以此构成本阅读学业成就调查研究

---

① 董蓓菲. 2009 国际学生阅读素养评估［J］. 全球教育展望, 2009（10）：91.

的理论基础。

三、研究方法与工具

（一）工具开发依据

依据一：《语文课程标准》。在"全面提高学生语文素养"的基本理念指导下，要求学生通过教师的有效指导和多种语文活动，获得有关知识和能力，过程和方法，情感态度和价值观等方面综合构成的语文素养。

语文素养体现在具体的学业成就上，包括识字与写字、阅读、写作、口语交际能力等，而本课题以小学生阅读学业成就的评价为研究重点，首先是基于阅读素养在语文素养中的重要性。所谓的听、说、读、写四大能力中，听、读是信息的输入，说、写是信息的输出，没有输入就无以输出，由此，读的重要性不言自明。作为母语，口头语言在小学生入学前就已有相当基础，而书面语言的系统学习才刚刚开始，因此，书面语言由于其发展的相对滞后性而成了小学生语文学习的重中之重，由此，读的重要性和紧迫性也就相对凸显。同时，无论从信息的输入角度来看，还是从书面语言学习的紧迫性和重要性而言，读都显得至关重要。因为阅读是人类获取信息的重要方式，是人类认识世界的重要手段之一。而通过阅读活动，学生可以逐渐养成认读、理解和运用的阅读能力。本课题就是要综合考查小学生阅读过程中的感受、体验、理解和价值取向，考查其认读、理解和运用等方面的阅读能力，并重视对其进行多角度、有创意阅读的评价。这也正符合课程标准有关阅读能力评价的要求。

依据二：SOLO分类法。依据该理论，分析学生认知能力发展情况，将学生对问题的反应水平划分为五个层次或称五种结构，即前结构水平、单一结构水平、多元结构水平、关联结构水平、拓展抽象结构水平。五种结构含义见总报告。

（二）工具开发流程

准备阶段

明确研究目的和研究方法，学习 SOLO 分类法，查阅 IEA、PISA 等国内外相关项目的研究成果，研究新课程改革的理念和《语文课程标准》，开展前期讨论交流。

编制阶段

依据课程标准的要求和 SOLO 分类法，编制小学六年级学生阅读能力认知结构框架，包括涉及的内容领域，课程标准的要求，对学生的能力要求以及按一定比例设计相应的单一、多元和关联结构水平题目。

修改阶段

多次讨论交流，包括国外专家的指导，对认知结构框架中的内容和估计难度结构设计进行调整和修改，对一些较难把握的题目，根据学生试测的结果进行修改完善，并对题目的顺序、题目中选择答案的排序进行调整。

预试阶段

抽选北京朝阳区两所学校的 120 名学生进行预试，记录测试时间，对结果统计分析。

再修改阶段

根据预试的分析结果，对认知结构框架中的内容进行再次修改、筛选，并将题目的结构水平作相应调整，把正确答案的排列顺序也进行相应调整，同时完善评分标准。

定稿

形成最终小学六年级学生阅读能力认知结构框架，测试题目，评分标准，订正排版印制中的问题，并作好正式测验前的一切准备。

工具开发过程中遵循的原则在总报告中已有介绍，具体到语文阅读测评题目的编制，还应尤其注重以下几点。

1. 实践性

阅读能力实际上是一种阅读实践加阅读知识的转化、运用。空有阅读知识，没有积极的阅读体验，是难以提升阅读能力的。因此，设计中力争凸显实践性特征。

2. 简明性

陈述题目要求时要简洁准确，尽量做到使所有水平的学生能够读懂题目要求，选项答案文字精准且数量相当。

3. 问题性

避免测试单纯的知识记忆，力争测出学生真实的阅读能力发展水平。

（三）双向细目表的编制

设计科学、清晰的阅读能力评价框架是编制阅读能力测试工具的基础和前提。此阅读能力测试项目评价框架设计所依据的是《语文课程标准》和 SOLO 分类法。即根据《语文课程标准》，从积累与运用、阅读理解两大方面，筛选出若干重点内容目标，再将内容目标表述为概括性能力要求，并将其转化为学生学习的预期结果，然后再以测验题目将学习结果操作化，并依据 SOLO 分类法，按照 2：2：1 的题量比例，设计单一（U）、多元（M）、关联（R）结构水平的测试题目，形成如下阅读能力认知结构框架。

表2-1-2　小学六年级学生阅读能力认知结构框架

内容领域	内容标准	能力要求	能力分类	对应题号/答案	结构水平	构成比例
字词4（数字代表题量，下同）	认读字词	能够在语境中准确辨析多音多义字的读音	认读	8/A	M	U：2 M：1 R：1
	认读字词	能够在语境中准确辨析多音多义字的读音	认读	9/B	R	
	理解词语	能够准确理解词语在语言环境中的确切含义	理解	1/D	U	
	理解成语	能够准确理解成语的特定含义	理解	2/C	U	
句段4	标点符号的运用	能够体会顿号与逗号、分号与句号的不同用法并恰当运用	运用	7/B	M	U：1 M：3 R：0
	理解句子	能够准确辨析句义	理解	6/D	M	
	理解句与句的关系	能够准确运用关联词	运用	4/C	U	
		能够理解顺句序	理解	5/D	M	
篇章14	背诵优秀诗文	能够准确认读并记忆古诗文	认读	3/A	U	U：6 M：5 R：3
	根据需要搜集信息	能够从记叙文中准确提取相关信息	理解	10/B	U	
	体会表达效果	能够体会并用自己的语言评价表达效果	运用	11/D	R	
	理解诗歌中词语的含义	能够准确理解诗句中重要词语的含义	理解	12/C	U	
	理解诗歌中句子的含义	能够准确理解诗句的含义	理解	14/A	M	
	理解诗歌的主要内容	能够准确理解诗歌的主要内容	理解	13/C	U	

续表

内容领域	内容标准	能力要求	能力分类	对应题号/答案	结构水平	构成比例
	根据需要搜集信息	能够从记叙文中准确提取相关信息	理解	15/A	U	U：6 M：5 R：3
		能够从记叙文中准确提取多重信息	理解	16/B	M	
		能够从记叙文中准确提取并处理相关信息	理解	17/D	M	
篇章 14	概括记叙文的主要内容	能够准确理解并用自己的语言概述文章的主要内容	运用	18/D	R	
	领会说明文的表达方法	能够指出文章运用的说明方法	理解	19/B	U	
		能够从说明文中准确提取并整合相关信息	理解	20/D	M	
	理解说明文的主要内容	能够抓住说明要点	理解	21/B	M	
		能够准确判断、推理并用自己的语言表达	运用	22/D	R	

注：按照 SOLO 分类法，表现水平 U 代表单一结构水平，M 代表多元结构水平，R 代表关联结构水平

由双向细目表可得：

表 2 - 1 - 3 题量分布

	题量分布	所占比例（%）	总题量
内容领域	字词领域：4 道	18	
	句段领域：4 道	18	
	篇章领域：14 道	64	
阅读能力	认读能力：3 道	14	22 道
	理解能力：14 道	64	
	运用能力：5 道	22	
表现水平	单一水平 U：9 道	41	
	多元水平 M：9 道	41	
	关联水平 R：4 道	18	

（四）测试题目的撰写

依据课标和 SOLO 分类理论，在对一些基本问题达成共识的基础上进行了试卷的编制。试卷包括两种题型：单项选择题和开放题。下面根据双向细目表分别举例说明 U、M、R 三种水平测试题目的设计过程。

（1）U 水平

如单项选择题第 2 题：

在阅读中经常遇到"负荆请罪"、"卧薪尝胆"、"闻鸡起舞"、"鞠躬尽瘁"这些成语，它们所涉及的历史人物分别是：

A. 荆轲、勾践、祖逖、诸葛亮　　B. 荆轲、廉颇、勾践、周恩来

C. 廉颇、勾践、祖逖、诸葛亮　　D. 廉颇、夫差、祖逖、周恩来

这是一道 U 水平的单一结构题，主要考察学生能否准确记忆成语出处的能力，这是依据课程标准"理解和积累词语"的阅读能力要求设计的。选择 C 说明学生具备这种单一结构水平的阅读能力，选择其他选项则说明学生的阅读能力处于前结构水平。

（2）M水平

如单项选择题第21题：

造成缺铁性贫血的主要原因是：

A. 不经常参加体育锻炼。　　　　B. 偏食及蔬菜、水果摄入量少。

C. 多用油炸食品与碱性饮料。　　D. 饮食不平衡，铁缺乏，铅过载。

这是一道M水平的多元结构题，主要考查学生概括文章大意的能力，这是依据课程标准"能够抓住文章的要点"的阅读能力要求设计的。选择D说明学生具备这种多元结构水平的阅读能力，选择B、C则表明学生的阅读能力处于单一结构水平，选择A则表明学生的阅读能力处于前结构水平。

（3）R水平

如开放题第22题：

贫血症会影响学生学习成绩吗？说说理由。

A. 会影响学习成绩，理由是：

B. 不会影响学习成绩，理由是：

这是一道R水平的开放题，主要考察学生判断推理与表达的综合能力，这是依据课程标准"能够抓住文章的要点"的阅读能力要求设计的。如果学生表述为"容易疲倦，反应能力和记忆能力都会有所下降，智力会受影响"，说明其阅读能力处于关联结构水平；如果表述为"反应能力和记忆能力都会有所下降"则说明其阅读能力处于M水平；如果表述为"容易疲倦、智力会受影响"则说明其阅读能力处于U水平；如果表述为"不会影响学习成绩"则说明其阅读能力处于前结构水平。

一般开放题多为R水平的测试题目，单项选择题则包括U、M、R三种水平的测试题目。

（五）预试与修改

2009年4月上中旬，总课题组帮助联系了朝阳师范附属小学六年级学生进行了预测。预测统计分析报告显示：语文测验试题的信度为0.98。一般情况下，学业能力测验的试卷信度要在0.90以上，信度系数越接近1，说明其信度越高。本试卷信度符合要求。对语文测验题目进行分析，同时观察题目的难度及学生能力分布图和模型拟合指数图发现，语文测验的题目难度拟合指数均在可接受的范围，题目的难度分布范围为：-3.21~4.75，由此可以看出，语文测验的题目难度范围适中。依据分析报告中所反映出的问题，再次进行修改。4月底，测试工具确定，付印；5月初经过培训后，在全国范围内进行抽样测试。

（六）测试工具的特征参数与测试卷测量指标

1. 测试题目信度、难度、区分度、拟合指数

根据课题研究需要，共对全国30个县600所学校18000名学生进行正式测试，有效试卷为16799份，根据测试结果，用Winsteps 2.0对测试工具的信效度和题目特征进行分析，得到每个学生的能力参数，结果见下列诸表。

表2-1-4　测试题目信度统计

	学生测试结果	题目本身
信度	0.44	1.00
M	0.42	
SD	0.95	

由表2-1-4可知，测试题目信度为1.00，测试卷对学生能力估计的总体信度为0.44，试卷的信度较为满意。

表2-1-5　测试题目难度、区分度、拟合指数、题目特征参数等统计

题　目	难　度	区分度（点二列相关）	区分度	拟合指数	平均反应
1	-2.91	0.25	1.06	0.92	0.95
2	-1.62	0.20	1.01	1.00	0.85
3	-3.47	0.20	1.04	0.95	0.97
4	-1.71	0.29	1.08	0.92	0.86
5	3.38	-0.07	0.89	1.07	0.07
6	1.44	0.00	0.69	1.12	0.30

续表

题　目	难　度	区分度 （点二列相关）	区分度	拟合指数	平均反应
7	2.80	−0.07	0.85	1.11	0.11
8	2.96	−0.15	0.80	1.14	0.10
9	−0.65	0.23	1.04	0.98	0.71
10	−0.39	0.29	1.19	0.92	0.67
11	3.93	0.04	0.99	1.00	0.04
12	−2.34	0.23	1.04	0.95	0.92
13	−0.52	0.25	1.09	0.96	0.69
14	−1.32	0.18	0.99	1.02	0.82
15	−1.20	0.25	1.06	0.96	0.80
16	−1.24	0.25	1.05	0.96	0.80
17	−1.55	0.16	0.97	1.03	0.84
18	3.65	0.15	1.06	0.94	0.05
19	−1.87	0.18	1.00	1.00	0.88
20	−1.00	0.25	1.06	0.96	0.77
21	−0.36	0.28	1.16	0.93	0.66
22	3.99	0.10	1.03	0.97	0.04

表 2−1−6　描述性统计

	N	最小值	最大值	均值	标准差
难度	22	−3.47	3.99	0.00	2.38
区分度（点二列相关）	22	−0.15	0.29	0.16	0.13
区分度	22	0.69	1.19	1.00	0.11
拟合指数	22	0.92	1.14	0.99	0.07
平均反应	22	0.04	0.97	0.59	0.35

　　由表 2−1−6 可知，题目难度的最小值为 −3.47，最大值为 3.99，难度平均值为 0，标准差为 2.38，难度分布比较广泛。

　　表 2−1−6 中题目的区分度以两种方式给出，一种是每个题目的通过与否与总分的相关，也就是点二列相关，用来表示题目对学生能力高低的区分性大

小，从表中可见本试卷题目的区分度平均值为 0.16，偏离 0.30，不是很理想。

区分度还可以用经典测量理论（Classical Test Theory，简称 CTT）方式给出。Winsteps 采用 Rasch 模型的假定，认为所有题目的区分度等于 1.00，以此为基础来拟合 Rasch 模型。区分度为 1.00 则与 Rasch 模型关于题目难度的预期一致，大于 1 或小于 1 都表明题目实际的区分度与 Rasch 模型的预期区分度不一致。从表中可见题目实际的区分度平均为 1.00，说明与 Rasch 模型的预期区分度一致。

表 2 - 1 - 6 中的另一统计量，在 Winsteps 中被解释为对题目（二值计分或多值计分方式）的平均反应，数值为 0.59。

关于测试结果的效度，我们采用了两种方法：第一种是测试卷的内容结构效度，从上表中得出，拟合指数全部介于 0.92 ~ 1.14 之间，平均值为 0.99，标准差为 0.07，说明测试卷内容结构效度很高，符合 Rasch 模型的单维性假设。第二种以阅读测试与其他三个学科测试结果的相关（见下表 2 - 1 - 7）作为测试工具的实证效度指标，可以称之为相容效度，表明同种能力由不同测试工具所测结果之间的一致性程度。从表 2 - 1 - 7 可见，阅读能力与数学的相关为 0.503，与科学的相关为 0.429，与品德与社会的相关为 0.473，这表明阅读能力与其他学科能力的测试结果具有显著相关。

表 2 - 1 - 7 阅读能力与其他学科能力的相关分析

		阅　读	数　学	科　学	品德与社会
阅　读	皮尔逊相关系数	1	0.503**	0.429**	0.473**
	Sig. (2-tailed)	.	0.000	0.000	0.000
	N	16799	16543	15168	16617
数　学	皮尔逊相关系数	0.503**	1	0.601**	0.611**
	Sig. (2-tailed)	0.000	.	0.000	0.000
	N	16543	17898	16253	17832
科　学	皮尔逊相关系数	0.429**	0.601**	1	0.707**
	Sig. (2-tailed)	0.000	0.000	.	0.000
	N	15168	16253	16378	16315

中国小学生学业成就测评报告与测试工具

续表

		阅　读	数　学	科　学	品德与社会
品德与社会	皮尔逊相关系数	0.473**	0.611**	0.707**	1
	Sig.(2-tailed)	0.000	0.000	0.000	.
	N	16617	17832	16315	18024

注:**表示达到0.01的显著性水平

2. 题目特征参数分析

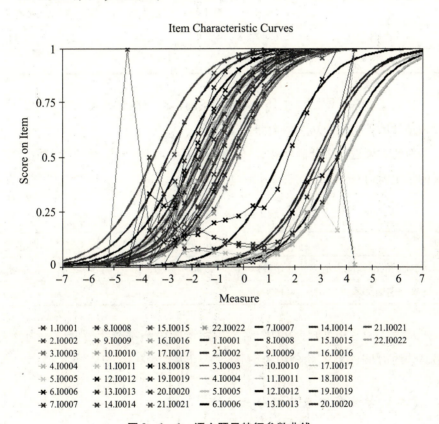

Item Characteristic Curves

1.I0001	8.I0008	15.I0015	22.I0022	7.I0007	14.I0014	21.I0021
2.I0002	9.I0009	16.I0016	1.I0001	8.I0008	15.I0015	22.I0022
3.I0003	10.I0010	17.I0017	2.I0002	9.I0009	16.I0016	
4.I0004	11.I0011	18.I0018	3.I0003	10.I0010	17.I0017	
5.I0005	12.I0012	19.I0019	4.I0004	11.I0011	18.I0018	
6.I0006	13.I0013	20.I0020	5.I0005	12.I0012	19.I0019	
7.I0007	14.I0014	21.I0021	6.I0006	13.I0013	20.I0020	

图2-1-1　语文题目特征参数曲线

从图2-1-1中可得,测试题目共22个,但并不是所有题目的特征曲线形态都符合IRT模式。测试题目的难度范围在-3.47~3.99之间,虽然难度分布区域比较广泛，但是分布不均衡，学生的能力表现出现了中间断层。

四、阅读测试结果分析与讨论

（一）学生能力分布的总体情况

表2-1-8 描述性统计

	N	最小值	最大值	均 值	标准差
估计值	16799	-5.25	4.27	0.42	0.95
有效样本	16799				

从表2-1-8可见，对16799名学生阅读能力测试结果分析得出：学生能力估计的平均值为0.42，标准差为0.95。

对能力值进行百分制转化，转化公式为T=50+10X原始能力值，转化后的学生能力总体情况如表2-1-9。

表2-1-9 描述性统计

	N	最小值	最大值	均 值	标准差
转换后的阅读能力值	16799	-2.50	92.70	54.22	9.48
有效样本	16799				

从表2-1-9可知，16799名学生阅读能力测试成绩最低分约为0分，最高分约为93分，平均分约为54分，标准差约为9.48分。

（二）学生能力表现的分组分析

根据16799名学生对不同难度题目的反应，以能力估计的平均值（0.42）为中点，以近1个标准差为间隔，由高（A）到低（E）将学生分为5个能力组，每组区间范围分别按原始能力值和转化后的能力值划分如表2-1-10所示，每个能力组学生人数及占总体人数的比例和累积比例也如

表 2 – 1 – 10 所示。

表 2 – 1 – 10　学生分组的能力表现

组　　别	原始能力值分组能力值起点—终点	转化后能力值分组能力值起点—终点	各组学生数	各组学生占总体百分比（%）	累积百分比（%）
最高能力组（A）	1. 898—最大值	69—93	346	2. 1	2. 1
平均能力以上组（B）	0. 914—1. 898	59—69	4214	25. 1	27. 1
平均能力组（C）	0. 07—0. 914	50—59	5990	35. 7	62. 8
平均能力以下组（D）	– 0. 877—0. 07	41—50	4778	28. 4	91. 2
最低能力组（E）	最小值—0. 877	0—41	1471	8. 8	100. 0

注：转化公式为 $T = 50 + 10X$ 原始能力值

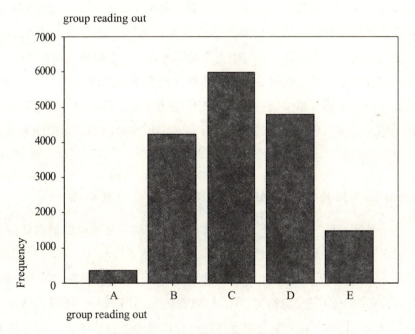

图 2 – 1 – 2　5 个能力组学生频数分布

　　结合 5 个能力组学生频数分布的长方图分析可知，学生能力基本呈正态分布。其中最高能力组（A）的学生数为 346，占测试学生总体的 2.1%；低于最高能力而高于平均能力组（B）的学生数为4214，占测试学生总体的25.1%；平均能力组（C）的学生数为5990，占测试学生总体的35.6%；低于平均能力而高于最低能力组（D）的学生数为4778，占测试学生总体的28.4%；最低能力组（E）的学生数为1471，占测试学生总体的8.8%。平均能力组及以上的累积学生数为10550（346＋4214＋5990），占测试学生总体的62.9%（2.1%＋25.1%＋35.7%）；平均能力组以下的累积学生数为6249（4778＋1471），占测试学生总体的37.2%（28.4%＋8.8%）。

如果将上述A、B、C、D、E组分别对应为优秀、良好、合格、基本合格、不合格，那么可以得出，参加测试的16799名学生中有2.1%的学生能力表现为优秀，25.1%的学生表现为良好，35.7%的学生表现为合格，28.4%的学生表现为基本合格，8.8%的学生表现较差。

从16799名六年级学生阅读能力调查结果总体上看，有六成多的学生基本能够达到《语文课程标准》的要求，具有基本的阅读能力，如能够理解词语在语言环境中的恰当意义以及成语的特定含义，能够认读并记忆古诗文，能够运用关联词，能够理解诗句中重要词语的含义，能够准确辨析理解句义，能够从记叙文中准确提取相关信息，能够指出文章运用的说明方法，能够从说明文中提取并整合相关信息，能够抓住说明要点，等等。但有近四成的学生在达到《语文课程标准》的要求时存在一定程度的困难，阅读能力较为薄弱，甚至有少数学生（8.8%）阅读能力较差。

（三）不同能力组学生的比例及其所能完成的任务

以下从高到低（即A→E）分别就不同能力组学生所能完成的任务做了一个分组，其中A组为优秀能力组，能完成包括A、B、C、D、E组在内的所有任务；B组为良好能力组，能完成包括B、C、D、E组在内的所有任务，C组为合格组，能完成包括C、D、E组在内的所有任务；D组为基本合格组，能完成包括D、E组在内的所有任务；E组为不合格组，只能完成E组任务。如图2-1-3所示。

A组（优秀组）
21%
- 能够准确判断、推理并用自己的语言表达（第22题，R）
- 能够体会并用自己的语言评价表达效果（第11题，R）
- 能够准确理解并用自己的语言概述文章的主要内容（第18题，R）
- 能够理顺句序（第5题，M）
- 能够在语境中准确辨析多音多义字的读音（第8题，M）
- 能够体会顿号与逗号、分号与句号的不同用法并恰当运用（第7题，M）

B组（良好组）

25.1%
- 能够准确辨析理解句义（第6题，M）

C组（合格组）
35.6%

- 能够抓住说明要点（第21题，M）
- 能够从文中准确提取相关信息（第10题，U）
- 能够准确理解诗歌的主要内容（第13题，U）
- 能够在语境中准确辨析多音多义字的读音（第9题，R）
- 能够从说明文中准确提取并整合相关信息（第20题，M）
- 能够从记叙文中准确提取多重信息（第16题，M）
- 能够从记叙文中准确提取相关信息（第15题，U）
- 能够准确理解诗句的含义（第14题，M）

D组（基本合格组）
28.4%

- 能够从记叙文中准确提取并处理相关信息（第17题，M）
- 能够准确运用关联词（第4题，U）
- 能够准确理解成语的特定含义（第2题，U）
- 能够指出文章运用的说明方法（第19题，U）
- 能够准确理解诗句中重要词语的含义（第12题，U）
- 能够准确理解词语在语言环境中的恰当意义（第1题，U）

E组（不合格组）
8.8%

- 能够准确认读并记忆古诗文（第3题，U）

图2－1－3 学生阅读能力分组

从以上不同能力组学生所能完成的任务可以看出，从最低能力组（E组）到最高能力组（A组）的五个水平的能力组别，确实反映出学生能力上的显著变化。

中国小学生学业成就测评报告与测试工具

（1）从阅读能力发展水平来看，学生所能完成的阅读任务反映了其认知水平和语言能力由低到高的渐变过程。如，E 组（最低能力组）反映的是认读并记忆古诗文的能力，处于这一能力水平的学生占比 8.8%；D 组（基本合格组）主要反映学生在词句层面的理解与运用水平以及在篇章中根据需要搜集信息的能力，处于这一能力水平的学生占比 28.4%；C 组（合格组）主要反映学生在篇章语境下提取并整合信息以及理解文章主要内容的能力，处于这一能力水平的学生占比 35.7%；B 组（良好组）由于缺乏合适的阅读任务难以看出学生阅读能力在哪些内容方面的发展变化，但测试统计数据显示，处于这一能力水平的学生占比 25.1%；A 组（优秀组）反映出了学生在篇章内容领域的理解和运用能力，但处于这一能力水平的学生只占比 2.1%，说明学生在篇章水平上进行整体感知、理解、体会、评价以及运用的能力普遍较差。

（2）从达成 SOLO 分类的结构水平来看，学生所能完成的任务也反映出了他们从单一结构到关联结构认知水平的渐变趋势。E 组（最低能力组）学生仅能认读并记忆古诗文，D 组（基本合格组）学生基本处于 U 结构水平；C 组（达标组）学生基本处于 U 结构水平向 M 结构水平跨越的阶段，B 组（良好组）学生由于阅读任务相对缺乏无法得出相关结论，A 组（最高能力组）学生则具有解决较为复杂问题的能力，已能够回答那些需要将多个事件关联起来的 R 水平阅读任务。

（四）学生实际能力表现与题目的目标测试水平的对应分析

从图 2 - 1 - 4 可以发现，阅读能力测试题目的实际难度稍有些偏态，比如，测试题目大多集中在基本合格组、合格组以及优秀组学生的能力范围内，使得占比 25.1% 的良好组学生只有 1 道适合他们能力范围的题目，而占比仅 2.1% 的优秀组学生却有 6 道题目。

```
5              +
               |
               |T
               |
     .         |
               |
4              +  I0011   I0022
               |
     .       | I0018
               |
             | I0005
               |
3        .   +  I0008
             | I0007
               |
       .#  |
         T|S
               |
2              +
     .##### |
               |
             | I0006
 .########### S|
               |
1              +
 .########### |
               |
         M|
 .########### |
               |
0  .######### +M
```

```
                            |
         .######  |  I0010   I0021
                  S|  I0013
          .####   |  I0009
                  |
  -1          .## +  I0020
                  |  I0015   I0016
           .#  |  I0014
              T|  I0017
           .  |  I0002   I0004
              |  I0019
  -2       .  +
              |
           .  |S I0012
              |
           .  |
              |  I0001
  -3       .  +
              |
              |
              |  I0003
           .  |
              |
  -4          +
              |
              |
           .  |
              |T
              |
  -5       .  +
```

"#"代表 244 名学生

图 2-1-4 题目难度及学生能力分布

依据图 2 – 1 – 4，根据学生实际能力表现与题目的目标测试水平（难度）的对应关系并分析对应关系不一致的主要原因，形成表 2 – 1 – 11。

表 2 – 1 – 11　学生实际能力表现与题目难度的对应分析

题号	测试的能力描述（参照双向表填写）	目标测试水平	难度值	说　　明
1	能够准确理解词语在语言环境中的恰当意义	U	– 2.91	达到 U 水平的学生有 95%，平均能力为 0.49，实际难度和学生能力符合目标测试水平
2	能够准确理解成语的特定含义	U	– 1.62	达到 U 水平的学生有 85%，平均能力为 0.55，实际难度和学生能力符合目标测试水平
3	能够准确认读并记忆古诗文	U	– 3.47	达到 U 水平的学生有 97%，平均能力为 0.46，实际难度和学生能力符合目标测试水平
4	能够准确运用关联词	U	– 1.71	达到 U 水平的学生有 86%，平均能力为 0.57，实际难度和学生能力符合目标测试水平
5	能够理顺句序	M	3.38	达到 M 水平的学生占 7%，平均能力为 0.57，达到 U 水平的学生有 73%，实际难度比目标水平高，说明学生对于句子间的逻辑顺序还比较混乱
6	能够准确辨析理解句意	M	1.44	达到 M 水平的学生占 30%，平均能力为 0.72，达到 U 水平的学生有 40%，实际难度和学生能力基本符合目标测试水平
7	能够体会顿号与逗号、分号与句号的不同用法并恰当运用	M	2.80	达到 M 水平的学生占 11%，平均能力为 0.62，达到 U 水平的学生有 36%，实际难度比目标水平高，说明学生正确使用标点符号的能力比较差
8	能够在语境中准确辨析多音多义字的读音	M	2.96	达到 M 水平的学生占 10%，平均能力为 0.36，达到 U 水平的学生有 73%，实际难度比目标水平高，说明学生对于多音多义字的辨析还存在困难

续表

题号	测试的能力描述（参照双向表填写）	目标测试水平	难度值	说　明
9	能够在语境中准确辨析多音多义字的读音	R	-0.65	达到 R 水平的学生占 71%，平均能力为 0.66，达到 M 水平的学生占 25%，实际难度低于目标水平，说明低估了学生的能力水平
10	能够从文中准确提取相关信息	U	-0.39	达到 U 水平的学生占 67%，平均能力为 0.74，实际难度比目标水平高，说明学生对于从多重干扰信息中进行有效辨识的能力还有待加强
11	能够体会并用自己的语言评价表达效果	R	3.93	达到 R 水平的学生占 4%，平均能力为 1.06，实际难度和学生能力符合目标测试水平
12	能够准确理解诗句中重要词语的含义	U	-2.34	达到 U 水平的学生占 92%，平均能力为 0.51，实际难度和学生能力符合目标测试水平
13	能够准确理解诗歌的主要内容	U	-0.52	达到 U 水平的学生占 69%，平均能力为 0.69，实际难度比目标水平高，说明学生对于诗歌整体内容和情感的把握还存在一定困难
14	能够准确理解诗句的含义	M	-1.32	达到 M 水平的学生占 82%，平均能力为 0.57，达到 U 水平的学生有 15%，实际难度比目标水平低，说明学生对于诗句含义的理解能力比较强
15	能够从记叙文中准确提取相关信息	U	-1.20	达到 U 水平的学生占 80%，平均能力为 0.61，实际难度和学生能力符合目标测试水平
16	能够从记叙文中准确提取多重信息	M	-1.24	达到 M 水平的学生占 80%，平均能力为 0.60，达到 U 水平的学生有 19%，实际难度比目标水平低，说明学生提取信息的能力比较强
17	能够从记叙文中准确提取并处理相关信息	M	-1.55	达到 M 水平的学生占 84%，平均能力为 0.54，达到 U 水平的学生有 15%，实际难度比目标水平低，说明学生提取并处理相关信息的能力比较强

续表

题号	测试的能力描述（参照双向表填写）	目标测试水平	难度值	说　　明
18	能够准确理解并用自己的语言概述文章的主要内容	R	3.65	达到 R 水平的学生占 5%，平均能力为 1.51，实际难度和学生能力符合目标测试水平
19	能够指出文章运用的说明方法	U	−1.87	达到 U 水平的学生占 88%，平均能力为 0.53，实际难度和学生能力符合目标测试水平
20	能够从说明文中准确提取并整合相关信息	M	−1.00	达到 M 水平的学生占 77%，平均能力为 0.63，达到 U 水平的学生有 16%，实际难度和学生能力符合目标测试水平
21	能够抓住说明要点	M	−0.36	达到 M 水平的学生占 66%，平均能力为 0.73，达到 U 水平的学生有 28%，实际难度和学生能力符合目标测试水平
22	能够准确判断、推理并用自己的语言表达	R	3.99	达到 R 水平的学生占 4%，平均能力为 1.38，实际难度和学生能力符合目标测试水平

由表 2−1−11 分析可得以下一些结论。

1. 有 5 道题的实际难度高于目标水平即估计难度，占试题总量的 23%，分别是第 5、7、8、10、13 题。其中由 U 水平上升为 M 水平的有 2 道题，分别是第 10 题从文中准确提取相关信息和第 13 题准确理解诗歌的主要内容，这说明学生对于从多重干扰信息中进行有效辨识的能力还有待加强，对于诗歌整体内容和情感的把握还存在一定困难。由 M 水平上升为 R 水平的有 3 道试题，分别是第 5 题理顺句序，第 7 题能否体会顿号与逗号、分号与句号的不同用法并恰当运用，第 8 题在语境中准确辨析多音多义字的读音，说明学生对于句子间的逻辑顺序的理解还比较混乱，正确使用标点符号的能力比较差，对于多音多义字的辨析还存在困难。

2. 有 4 道题的实际难度低于目标水平即估计难度，占试题总量的 18%，分别是第 9、14、16、17 题。其中由 M 水平降为 U 水平的有 3 道，分别是第 14 题（能否准确理解诗句的含义）、第 16 题（能否从记叙文中准确提取多重信息）和第 17 题（能否从记叙文中准确提取并处理相关信息）；由 R 水平降为 M 水平的有 1 题，为第 9 题（能否在语境中准确辨析多音多义字的读音），说明学生对于诗句含义的理解能力，提取并处理信息的能力以及在语境中辨析多音多义字读音的能力比估计的要强。

3. 有 13 道题的实际难度符合学生能力的目标水平，占试题总量的 59%。其中，U 水平的有 7 道，分别是第 1、2、3、4、12、15、19 题，说明学生能够理解词语在语言环境中的恰当意义以及成语的特定含义，能够认读并记忆古诗文，能够运用关联词，能够理解诗句中重要词语的含义，能够从记叙文中准确提取相关信息并能够指出文章运用的说明方法，等等。M 水平的有 3 题，分别是第 6、20、21 题，说明学生能够准确辨析理解句义，能够从说明文中提取并整合相关信息，能够抓住说明要点。R 水平有 3 道，分别是第 11、18、22 题，说明题目的实际难度符合学生能力的目标水平，即学生在体会并用自己的语言评价表达效果，理解并概述文章的主要内容，以及准确判断、推理并予以表达等方面的实际运用能力还很欠缺。

五、主要发现

根据此次调查结果分析，主要发现如下。

（一）总体情况

从 16799 名 6 年级学生阅读能力调查结果总体上看，有 60% 以上的学生基本能够达到课程标准的要求，具有基本的阅读能力，如能够理解词语在语言环境中的恰当意义以及成语的特定含义，能够认读并记忆古诗文，能够运用关联词，能够理解诗句中重要词语的含义，能够准确辨析理解句义，能够从记叙文中准确提取相关信息，能够指出文章运用的说明方法、能够从说明文中提取并整合相关信息，能够抓住说明要点，等等。但有近 40% 的学生在达到课程标准的要求时存在一定程度的困难，阅读能力较为薄弱，甚至有少数学生（8.8%）阅读能力较差。具体可概括为以下几个方面。

1. 学生的阅读能力在不同内容领域发展不均衡

分析结果显示，学生在以下内容领域表现水平较低：体会顿号与逗号、分号与句号的不同用法并恰当运用，理顺句序，体会并用自己的语言评价表达效果，准确理解并用自己的语言概述文章主要内容，准确理解诗歌主要内容，准确判断、推理并用自己的语言予以表达等。在以下内容领域表现水平相对较高：准确理解词语在语言环境中的恰当意义，准确理解成语特定含义，准确认读并记忆古诗文，准确运用关联词，从记叙文中提取信息乃至整合处理信息，准确理解诗句中重要词语的含义以及句义等。可见，学生的阅读能力在不同内容领域存在着发展水平不均衡的状况。

2. 学生的阅读能力在不同表现水平上存在差异

从达成 SOLO 分类的结构水平来看，学生所能完成的阅读任务反映出他们的阅读能力从单一结构水平向关联结构水平的渐变趋势：E 组（最低能力组）学生仅能认读并记忆古诗文，D 组（基本合格组）学生基本处于 U 结构水平；C 组（达标组）学生基本处于 U 结构水平向 M 结构水平跨越的阶段，B 组（良好组）学生由于阅读任务相对缺乏无法得出相关结论，A 组（最高能力组）学生则具有解决较为复杂问题的能力，已能够回答那些需要将多个事件关联起来的 R 结构水平阅读任务。

（二）表现较好的方面

首先，从学生实际能力表现与题目的目标测试水平（难度）的对应分析来看，本测试卷基本反映出学生阅读能力发展的两大客观趋势：一是由认读向理解再向运用能力逐渐减弱的趋势，二是由字词向句段再向篇章语境阅读能力逐渐减弱的趋势。如，最低能力组反映的是认读并记忆古诗文的能力，基本合格组主要反映学生在词句层面的理解与运用水平以及在篇章中根据需要搜集信息的能力，合格组主要反映学生在篇章语境下提取并整合信息以及理解文章主要内容的能力，优秀组则反映出了学生在篇章内容领域的理解和运用能力。这种实际能力表现与题目的目标测试水平的较好对应说明本阅读能力测试的信度较高。

其次，从达成 SOLO 分类的结构水平来看，本测试卷基本反映出学生从单一结构到关联结构认知水平的渐变趋势。如，E 组（最低能力组）学生仅能认读并记忆古诗文，D 组（基本合格组）学生基本处于 U 结构水平，C 组（达标组）学生基本处于 U 结构水平向 M 结构水平跨越的阶段，B 组（良好组）学生由于阅读任务相对缺乏无法得出相关结论，A 组（最高能力组）学生则具有解决较为复杂问题的能力，已能够回答那些需要将多个事件关联起来的 R 结构水平阅读任务。这也从另一角度反映出本阅读能力测试的信度较高。

最后，从不同阅读领域能力达成的情况来看，大多数学生还是具备了基本的认读、理解能力，尽管运用能力离课程标准的要求还有一定距离。如，认读并记忆古诗文，理解词语在语言环境中的恰当意义以及成语的特定含义，运用关联词，理解诗句中重要词语的含义，准确辨析句义，从记叙文中准确提取相关信息，指出文章运用的说明方法，从说明文中提取并整合相关信息，抓住说明要点的能力等，60% 以上的学生基本具备这些阅读理解能力。一般而言，理解能力是阅读能力的核心要素，掌握了阅读理解能力就容易向运用能力迁移，也就是说具备了可持续发展的阅读能力基础。

（三）不甚理想的方面

1. 学生的阅读能力总体偏低

如果以百分制进行分数换算的话，测试成绩最低分约为 0 分；最高分约为 93 分（92.70），平均分约为 54.22 分，可见，整体成绩偏低。如果将学生阅读能力表现进行五级划分，结果表明参加测试的 16799 名学生中有 2.1% 的学生能力表现为优秀，25.1% 的学生表现为良好，35.7% 的学生表现为合格，28.4% 的学生表现为基本合格，8.8% 的学生表现较差。也就是说，有六成多的学生基本能够达到课程标准的要求，具有基本的阅读能力；但仍有近四成的学生在达到课程标准的要求时存在一定程度的困难，阅读能力较为薄弱。

2. 学生在体会并用自己的语言评价表达效果，理解并概述文章的主要内容，以及准确判断、推理并予以表达等方面的运用能力还很欠缺

从达成 SOLO 分类的结构水平来看：占比 37.2%（8.8% 最低能力组 + 28.4% 基本合格组）的学生几乎完全处于 U 单一结构水平；35.7% 的达标组学生基本处于从 U 结构水平向 M 结构水平的过渡阶段；仅有占比 2.1% 的优秀组学生具有解决较为复杂问题的能力，处于从 M 结构水平向 R 结构水平的过渡阶段，即便如此，他们在选择题与开放题的表现上并没有体现出能力的一致性，表现为学生在体会并用自己的语言评价表达效果，理解并概述文章的主要内容，以及准确判断、推理并予以表达等方面的运用能力还很欠缺。优秀组区别于其他组的主要表现在于对篇章内容领域的理解和运用能力，但处于这一能力水平的学生只占比 2.1%，说明学生在篇章水平上进行整体感知、理解、体会、评价以及运用的能力普遍较差。

六、对策与建议

（一）加强阅读能力训练，优化课堂教学效率

由于学生的阅读能力总体偏低，所以必须大力加强阅读能力训练，优化课堂教学效率，争取在阅读训练的实践中提高阅读能力。同时，由于学生的阅读能力在不同内容领域发展不均衡，在不同表现水平上存在着差异，因此，阅读教学要根据不同学生的实际情况分层教学，因材施教，尽量让每个学生都得到良好发展。

（二）开展丰富多彩的课外阅读活动，积极建设书香校园

优化课堂教学效率只是提高学生阅读能力的重要途径之一，学校还可以开设各种各样的课外阅读实践活动以及通过书香校园的建设来激发学生的阅读兴趣，促进学生阅读能力的提升。

（三）努力营造家庭读书氛围，构建"亲子"阅读空间

父母是孩子的良师益友，如果父母喜爱阅读，受其影响，孩子也必定从小热爱阅读，并养成经常阅读的良好习惯，日积月累，孩子的阅读能力必定大大提升。如果父母还能够与孩子积极互动，分享阅读、指导阅读，那么，孩子的阅读能力还将具有可持续发展能力。因此，父母要努力为孩子营造健康的家庭读书氛围。

（四）大力提倡全民阅读，顺应信息时代需要

我们正处于信息化时代，信息化时代需要人们大大提升搜集和处理信息的能力，主动获取新知识的能力。这都需要提升全民的阅读素养。因此，如果能够顺应信息时代的需要，在全社会范围内大力提倡全民阅读，那么，此种社会氛围对孩子阅读能力的提升也会起到一定的促进作用。

数学测评报告

一、研究背景

学生学业成就是指在教师指导下，学生通过学习活动在知识、技能以及情感态度等方面达到的发展水平。它是教育质量的核心指标，是国家教育质量监测的重要手段，开展大规模学生学业成就调查研究，掌握我国学生的整体学习状况，发现问题、提出对策，不仅必要，而且非常紧迫。当今，数学在人们日常生活和生产中的作用越来越大，数学学习对人的发展的促进作用也越来越大。因此，在世界各国的基础教育课程体系中，数学处于核心地位。为了了解学生的数学学业成就，国际上有影响的学业成就调查，都开展学生的数学学业成就调查，如 IEA、OECD 的 TIMSS 和 PISA，以及美国的 NAEP 等。在这样的背景下，我国的教育质量监控也必须特别关注学生的数学学业成就。

二、研究的理论框架

（一）学科能力界定

1. 小学数学学科中的问题解决

问题解决是 20 世纪后期国际数学教育在从"新数运动"到"回到基础"的过程中提出的数学教育的行动口号，同时也是新世纪国际数学教育发展关注的重要方面。数学的问题解决是以数学问题为研究对象的，它可以发展学生的创造性思维，提高学生应用数学的意识，是当今数学教育改革研究的焦点之一。许多著名的教育家、数学教育家，如杜威、塞勒斯汀（Celestin）、克里克斯（Klix）、韦伯斯特（Webster）、多纳尔（Doerner）、波利亚（Polya）、奥苏伯尔（Ausubel）等从不同角度对数学教学中问题解决的状态、分类、特征等作过论述，我国学者也提出了自己的观点，如高文教授对诸多关于问题解决过程的观点进行了整合，将问题解决归结为五个阶段，即问题的识别与问题的定义、问题的表征、策略的选择与应用、资源的分配、监控与评估①。

在国际上，无论是 PISA 2000 还是 PISA 2003 的数学素养测试题，也都非常重视对学生如何利用数学知识解决各类问题，特别是对解决现实世界中的问题的考查。PISA 2003 以数学素养作为研究重点，在读写素养、数学素养和科学素养的基础上，增加了对"问题解决技能"的考查。近年来，在国内小学数学教学研究中对问题解决也给予了高度关注，对小学数学问题解决的含义、特点和过程有了较为清晰的表述。

2. 小学数学问题解决的含义

在小学数学教学中，问题解决是指个体在一种新的情境下，根据获得的有关知识对发现的新问题采用新的策略寻求问题答案的心理活动。②

3. 小学数学问题解决的特点

（1）问题解决指的是学生初次遇到的新问题，这类问题并非是平时遇到的一般的练习题。

（2）问题解决的方法和途径是新的，是学生需要利用已有的知识、技能、方法的重新组合，至少是对原有知识、技能、方法进行较复杂的加工，是学生的一种克服各种障碍的探究活动。

（3）问题解决的方法和途径可以包括内隐的思维活动和外显的操作活动两个方面。

（4）问题一旦解决，学生通过问题解决的过程所获得的新的方法、途径和策略便可作为认知结构的一个组成部分，成为已知的解决其他问题的方法、途径。也就是说，用这些方法、途径再去解决其他问题，就不再是问题解决了。

---

① 徐斌艳. 数学教育展望［M］. 上海：华东师范大学出版社，2001：128.
② 周玉仁. 小学数学教学论［M］. 北京：中国人民大学出版社，1999：81.

中国小学生学业成就测评报告与测试工具

4. 小学数学问题解决的过程

（1）弄清问题

弄清问题是指学生对已知条件及目标的初始状态有完整的认识，同时对它们保留清晰的印象，为利用原有知识、策略确定解题思路作好准备。其中已知条件是题目已给定的信息，可以是数据、关系，也包括事理。学生原有认知结构中是否存在联结新知识的固着点对于弄清问题至关重要。

（2）寻求解决

在了解已知条件与条件、条件与目标之间的联系后，要在条件与目标间的空隙处去寻找突破口。能否填补以及怎样填补条件与目标间的空隙，是解题过程中的关键问题。学生要根据问题的条件和目标的初始状态联系已有知识，判断是否属于过去见过的某种题目的变式，如果不是，是否可以适用其中的部分规律等。当题目叙述的内容较为抽象时，可以利用线段图、图表、摘录条件等辅助手段，把隐蔽的数量关系显示出来。如果在分析数量关系时顺向思维受阻，应进行逆向思考，也可以采用寻找关键语句"两边夹攻"的方法来逐步逼近目标。如果已知条件与目标间存在较大空隙，即存在着若干个未知的过渡问题而又不易探求时，则应对数量关系本身进行信息加工，变换条件或问题目标的叙述方式，以降低解题难度。当问题难与原认知结构建立直接联系时，学生应能采用各种有效的策略，通过分析综合，提出解题的各种假设，最后确定解题方案。

（3）进行解题

根据思考过程拟订解题计划，并逐步解答，最后解决问题。在这一过程中，学生的每一步推算、列式或作图都应该正确无误，并能用清晰的语言阐明自己的思路，证明每一步的正确性。

（4）回顾评价

回顾主要指对答案进行检验；评价则要求学生分析自己选择的解题途径是否简捷、推理是否严谨，再进一步探讨该方法能否运用于其他问题。

（二）学科能力评估的研究现状

2001 年，教育部颁布了《基础教育课程改革纲要（试行）》以及义务教育课程设置方案和各学科课程标准，基础教育司与课程教材发展中心据此组织了一系列评价与考试改革研究项目，5 年来这些研究项目取得了一定的成果，在科学性、可行性、可操作性等方面为建立国家中小学生学习质量分析与指导系统作出了有益的尝试。2003 年以来，在教育部基础教育课程教材发展中心组织下，成立了"建立国家中小学生学习质量分析与指导系统"项目组，2005 年 11 月 4 日，项目组与辽宁省教育厅合作，采用抽样的方式对辽宁全省三年级学生的语文和数学，八年级学生的语文、数学、科学和英语等学科进行测试。该项目对数学学习质量的界定为："义务教育阶段学生数学学习质量以学生的数学素养为核心，表现在学生掌握基本的数学知识和技能的基础上，具备数学思维和数学意识，能够借助数学语言、符号与他人合乎逻辑地交流。能够探究一些基本的数学现象和问题，运用数学的方法解决现实生活和其他学科领域里的一些简单问题。"

该测试中的"解决问题"与本课题中的"问题解决"非常接近（在课程标准的修订中，原来的"解决问题"已经改为"问题解决"），要求学生能够从所给信息中分析出数学关系，并通过构建数学模型加以解决。学生应该能够从给定的信息中作出合理的假设或猜想和有效的预测和推断；能够借助数据信息或数据处理结果，分析问题情境中可能存在的数量规律；能够将简单几何图形（体）进行分解以简化问题；能够借助一些数学模型解决非常规问题；能够对解决问题过程中使用的数学思想方法进行讨论和评价并进行推广。

全国教育科学"十五"规划教育部重点课题"小学生学业成就评价改革研究"对小学生问题解决能力评价也有研究，虽然不是专门针对数学学科的，但也有一定的参考价值。该研究对小学生问题解决能力评价的指标体系进行了分解，将问题发现、问题分析和问题解决作为评价问题解决能力的一级指标。问题发现是指通过对问题情境的探索产生新问题，也包括在解决问题的过程中提出新的问题；问题分析是指在理解问题各部分之间关系的基础上，确认问题解决的方向，并对策略进行分析和筛选，对结果进行猜想；问题解决是指运用逻辑推理、操作实验等方法，达到问题解决的目标，并对结果进行表述和反思。在该研究中，问题发现的二级指标是发现问题的数量和发现问题的质量。问题分析的二级指标有理解问题、确定思路、筛选策略、假设猜想。问题解决的二级指标有推理验证、结果表达、反思矫正等。

在国际上影响很大的 PISA 的测试内容也不是简单地重复已学过的知识，而是看学生是否能积极联想、思考。试题是基于儿童生活经验，对真实情境的提炼，把问题更多地集中在与现实生活的关联上。评估内容包括学生对每个领域中所需要获得的知识内容及结构，以及对知识、技能的运用。其中数学能力评估包括运算及数学思维。无论是 PISA 2000 还是 PISA 2003 的数学素养测试题，都非常重视对学生如何利用数学知识解决各类问题，特别是对现实世界中的问题的考查。

PISA 测试形式为笔试，并要填写一份有关个人背景及学习情况的问卷调查。测试题目的问题形式为多项选择、封闭型问答和开放型问答形式。试题是基于儿童生活经验，对真实情境的提炼，把问题更多地集中在与现实生活的关联上，其中数学能力评估包括运算及数学思维。

PISA 项目关于数学素养的评估结构关注了以下四个方面：数学内容、数学过程、数学情境和题型。其中数学过程与"数学化"的过程有关，而在这样的"数学化"过程中，要用到下列的一些能力，诸如思考和推理，辩论，交流，建模，问题提出和解决，表征，使用符号的、正式的或专业化的语言和运算，以及工具的运用。当然，在这些能力的分类中有许多是交叉的，且往往是多项能力同时发挥作用。因此，PISA 给出了以下三种能力类型，第一种类型为再现类或执行步骤型，主要涉及对一些熟练知识的再现，如简单的计算或很熟悉的定义；第二种类型为关联类，建立在"再现类"能力之上，涉及在解决那些非常规的但依然熟悉或准熟悉的情境中的问题时所需的能力，需要考虑问题中的各种联系；第三种类型为反思类或思考和归纳型，建立在"关联类"之上，它涉及在确认某些相关的数学知识以及为寻求问题的解决而联结有关知识时，所产生的一些见解、反思和创造力，如数学思维、推理和归纳等，需要学生参与解释、界定给定情境中的数学要素，然后证明问题。具体而言，主要包含以下内容：①识别交叉学科问题；②识别相关学科的信息和条件；③提出可能的解决办法和方案；④选择解决方案的策略；⑤解决问题；⑥检查或反思问题；⑦交流解决结果。

分析推理是该评价项目中解决问题技能测评的核心内容。在 2003 年的首次测验中，设计了 19 个问题，主要围绕生活中普遍存在并具有广泛适用性的三个层面进行测评。测评的结果以三个等级进行记录。

1 级水平：基本问题解决者。他们能够了解问题的本质，寻找与问题的主要特征有关的信息，也能转化问题中的信息，以不同形式呈现在问题中，如将信息从表格转化成图画或者曲线。但他们只能解决资料来源单一的问题，不能很好地处理有一个以上资料来源的问题，或者要求学生用提供的信息进行推理的问题，即不能顺利处理具有多面性的问题。

2 级水平：推理，作出决定的问题解决者。他们能够综合不同来源的信息，运用各种推理如归纳和演绎推理、因果推理或者将多种推理相结合，比较系统地确定情境中所有可能的变化，并能根据要求明确地作出选择。同时，他们能够结合不同形式的说明如书面语言、数字信息和图表信息等，处理不熟悉的说明如设计语言的陈述、与机械有关的流程图等。能根据两个或者更多的信息源作出推论。

3 级水平：反思，交流型的问题解决者。他们能有系统地接近问题，不仅分析情境中的给定条件，作出合理决定，而且还能考虑到其中潜在的因素及其与解决方案之间的联系，建立自己的表达方法，以帮助他们解决问题和检验他们的解决方法是否满足问题的所有要求，并能用准确的书面陈述和其他的表达方法清晰地与他人交流他们的解决方案。他们能够考虑和处理许多条件，如控制变量、说明当时的限制和其他约束，形成独特的解决方法，并成功地解决问题。

如果低于 1 级水平的，表示他们只能处理简单易懂，使用很少或者根本不用推理进行观察的问题，在面对问题作出决定、分析或评价方法、解决问题方面存在很大的困难。

在 2003 年的评价中，以以下六个可操作的水平来表示数学素养的能力。

水平 1——学生能够回答情境熟悉、所有相关信息都已清楚给出的问题；能够依照直接的指导来确定信息和完成固定的步骤；能够完成显而易见的任务。

水平 2——学生能够解释和识别只需要直接推理的问题情境；能够从已

知条件和有代表性的模型中找到相关信息；能够运用基本的代数、公式和步骤；能够直接推理和对结果给出字面上的解释。

水平3——学生能够清楚地执行所描述的步骤；能够选择和应用简单的问题解决策略；能够解释和应用不同的已知条件，并直接得出推论；能够以简短的形式报告他们的解释、结果和推论。

水平4——学生能够在涉及有约束条件或需要作出假设的复杂情境中有效地运用模型；能够选择和整合不同的表达方式；能够进行出色的思维和灵活的推理；能够对结果进行交流、解释。

水平5——学生能够在复杂的情境中形成和运用模型，确定约束和假设；能够选择、比较和评价相应的问题解决策略；能够策略性地进行出色的思考和推理，并适当地与该情境的表达、符号和特征联系起来；能够对他们的行为进行反思，能形成并交流他们的解释和推论。

水平6——学生能够在调查基础上对复杂情境的问题进行建模、归纳；能够把不同的信息资源联系起来；能够进行深奥的数学思考和推理；能够运用符号、运算及其相互关系，在新情境中形成新的方法和策略；能够明确表达和正确交流，能够对他们的发现、解释、争论及结果的适用性进行反思。

PISA项目将问题的情境分为以下的一些方面：与学生的日常活动有直接关联的"个人的（personal）情境"；与学生的学校生活或工作环境有关的"教育和职业的（educational & occupational）情境"；要求学生观察身边更广阔的环境中的一些方面的"公共的（public）情境"；以及涉及一些技术的过程、理论化的情形或一些明确的数学问题的较抽象的"科学和数学内部的（scientific & intramathematical）情境"。

PISA项目的测试题主要包括以下四类题型：标准化的多项选择题、结构封闭（closed-constructed）的解答题、结构开放（open-constructed）的解答题以及简答题。不同的题型是与不同的能力相联系的，如选择题是与"再现"或"关联"等低认知技能水平的能力有关的，而结构开放的解答题常常与一些较高级的认知活动有关。

中国大陆在1990年到1991年期间，参与了第二次国际教育进步评价

（IAEP）组织的有 20 个国家和地区参与的研究活动。IAEP 的测试题分为内容和过程两个维度，共 75 个问题。其中内容包括："数与运算" 27 个问题，"测量" 13 个问题，"几何" 11 个问题，"数据分析、统计与概率" 9 个问题，"代数及函数" 15 个问题。过程则包括概念性理解、程序性知识和问题解决。其中问题解决是指学生将他们的数学知识应用于新的问题情境的能力，它要求学生能识别所遇到的问题，能判断这些问题的条件是否完备，并能根据已知条件构造和选择恰当策略、综合所学知识去解决所碰到的问题。同时能对解题过程及答案作出评价，判断解题过程和答案的正确性。它反映了学生将所学知识综合应用于新的问题情境的能力。

　　梅耶（Richard E. Mayer）的研究对我们设计测试题很有启发。他提出了一个研究解决数学文字题的认知分析模型。他的模型是基于这样一个假定：解决的两个主要阶段是①表征问题以及②寻求解决这个问题的一个手段。为了把问题表征出来，学生必须能够把这个文字题中的每句话转化成具有内部表征的形式，比如一个方程，而且能够把这个文字题中的每句话转化成具有内部表征的形式，比如一个方程，而且能够把这个问题的每个部分整合成一个连贯的整体。为了能找到解决这个问题的方法，学生还必须能计划好和找到一个充分有效的运算法则，然后准确无误地执行这个运算法则。在梅耶的模型中，这四个涉及解决数学文字题的认知构成被分类并分析成如下步骤：①转换，指学生把某句话转换成自己的心理表征。②整合，学生把选择的信息综合在一起，对整个问题进行表征。③计划，学生把问题分成小的问题，分成几个相关的步骤。④执行，这个过程中，学生对计划进行具体的操作，强调执行的过程。

　　TIMSS 2003 数学测试的认知层次与本课题也有相近之处，它是从对基本事实和过程的了解、概念的使用、解决常规问题和说理四个不同的认知水平层次对学生的能力进行测评，具体要求如下。

　　1. 对基本事实和过程的了解

　　事实指的是基本的数学语言、形成数学思维基础的主要数学事实和性质方面的事实性知识。过程是基础知识和用数学解决常规问题（特别是来自日常生活问题）的桥梁。从本质上来说，过程知识的熟练应用指对一系列操作的回忆和具体实施。学生应该既能快速准确地使用各种计算过程和工具，又能理解某些特定的过程可以用来解决一类问题而不是个别的问题。这一认知水平的题目主要检测学生如下几个方面：①能否回忆定义、词汇、单位、数的事实等；②能否识别和确认在数学关系上等价的数学实体；③是否了解如下运算过程，诸如四则运算、近似、估计、解方程、求表达式和公式的值、将一个数按给定的比进行分解、一个数增加或减少给定的百分比、代数式的化简、因式分解和展开、合并同类项等；④能否运用数学测量工具、读出测量值，根据某些要求作线段、角或图形，用直尺和圆规作给定长度线段的垂直平分线、给定大小的角的角平分线、三角形、四边形等。

2. 概念的使用

概念的使用表现在对概念的了解、分类、表示，用公式表示和区分。具体包括：①了解。对某些条件下长度、面积、体积保持不变的了解，对概念之间关系的认识，这些关系包括包含关系、排除关系、一般性、等价性、表示、证明、式和序、数学关系、位置值等。②分类。根据某些共同的属性将物体、图形、数、表达式和思想进行分类，进行正确的归类，并根据属性对数和物体进行排序。③表示。用模型表示数，用图表来表示数学信息或数据，从一个给定的数学关系形成某些等价的表示，如从给定的函数关系产生表示这一关系的数对。④用公式表示。形成可以用给定的等式或表达式模型化的问题或情境。⑤区分。能区分从给定的信息（如一组数据）能回答和不能回答的问题。

3. 解决常规问题

常规问题就是那些在课堂上用来练习某些特定的方法和技巧的标准化问题。这类问题对学生来说应该是足够熟悉的。他们应只需选择和运用所学的过程性知识。具体包括：①选择一个有效的方法或策略解决有已知解法的问题；②生成恰当的模型（如一个方程或一个图等）解决一个常规问题；③解释一个给定的数学模型（如方程、示意图等），能遵照一系列的数学指令完成某一任务；④应用事实、过程、概念解决常规问题（包括来自生活实际的但在课堂上可能见过的问题）；⑤检查解答的正确性，评价解答的合理性。

4. 说理

数学地说理指有逻辑条理的思考能力，包括能用于解决非常规问题的基于形式和规律的直觉和演绎推理。非常规问题指的是那些对学生来说可能不熟悉的问题。在这一层次的具体能力包括：①作出假设、推断和预言。在研究规律、讨论想法、设计模型、分析一组数据时能形成恰当的假说，在一个实验或操作未进行时对其结果的预见。②分析。对数学情境中的变量和物体间关系的确定和描述，分析复杂的统计数据，将一几何图形进行分解以简化问题的解决，画出一个给定的不熟悉的立体图，从给定的信息出发进行有效的推断。③评价。讨论并批判性地评价一个数学想法、假说、解决问题的策略、方法和证明等。④一般化。通过以更一般的方式和更广泛应用的术语重述一个结果，将数学思考和问题解决的结果从一个领域推广到另一个领域。⑤联系。建立新知识和已有知识之间的联系，不同知识及其表示之间的联系和相关的数学思想、事物之间的联系。⑥综合或整合。合并或分离某些数学过程产生新的结果，合并某些结果以形成更进一步的结论。⑦解决非常问题。解决来自数学或现实生活实际中对学生来说不大可能见到的问题，应用数学过程于一个不熟悉的情境。⑧辩解和证明。根据某些数学结果或性质证实一个操作的合理性或命题的正确性，根据给定的相关信息形成数学证明以证明或否定某些命题。

这四个水平层次是逐步增加的，这也是各国数学课程标准或数学教学大纲中对学生能力的要求。当然对被测试的不同年级学生的要求是不同的，这种不同不仅表现在同一内容的要求不同，而且表现在各知识内容（类似于我国课标中的内容标准中规定的内容）所占百分比的不同。

目前数学教学的改革要求数学认知分析的重心转移到对信息加工的认知或定性的关注上，即问题解决的策略和表征的模式等。近年来，数学成绩评估技术的进展表明了用开放性的问题来评估学生的数学思维的认知方面的可行性和重要性。通过分析一系列开放性的数学问题和学生对这些问题的解答，我们发现通过设计恰当的数学问题来评估学生的数学思维是可行的。而对于每一个问题的解答的定性分析，重点在于重要的认知方面，诸如解题策略、数学错误和数学表征等，认知心理学认为这些认知方面在数学问题解决中是非常重要的。在问题解决中使用合适的策略的能力反映了学生的数学熟练程度。对学生们所使用的策略以及那些策略是否成功的检验可以提供学生们数学思维和推理方面的信息。问题的表征反映了学生们处理问题的过程和他们交流数学思想和思维的过程。而对数学错误的研究则提供了错误的特征和处理，以及学生们如何改正他们的错误。根据这些认知方面，用一个具体的定性的编码图式，可以对每个问题的解答策略、数学错误以及数学表征进行检测。这样的认知分析在先前的研究中已经证明有很高的可信度，并且提供了关于学生的思维、推理的重要信息。

（三）新课程改革对学科能力评估的要求

《全日制义务教育数学课程标准（实验稿）》（以下简称《数学课程标准》）在基本理念中明确指出："评价的主要目的是为了全面了解学生的数学学习历程，激励学生的学习和改进教师的教学；应建立评价目标多元、评价方法多样的评价体系。对数学学习的评价要关注学生学习的结果，更要关注他们学习的过程；要关注学生数学学习的水平，更要关注他们在数学活动中所表现出来的情感与态度，帮助学生认识自我，建立信心。"这是对新课程评价的总体描述。在实施建议中，对每一学段提出了具体的评价建议，是评价理念在各学段的具体体现。创造性地理解这些评价观念，并在教学过程中加以落实，是保证新课程有效实施的重要一环。对基础知识和基本技能的评价，应遵循《数学课程标准》的基本理念，以每一学段的知识与技能目标为基准，考查学生对基础知识和基本技能的理解和掌握程度。在第一学段中，学生往往需要借助具体事物或实物模型完成学习任务。因此，对学生评价时，应重点考查学生结合具体材料对所学内容实际意义的理解。第二学段和第三学段，评价应结合实际背景和解决问题的过程进行，对概念、公式和法则的评价应当更多地关注对知识本身意义的理解和在理解基础上的应用。

　　以往对数学知识的测验主要集中评价学生是否能记住一个概念的定义，给出或从几个选项中选择出一个有关这个概念的正确例子，或者在几个概念之间区别出符合条件的某个概念。但是对概念的理解远不止这些。对概念的真正理解意味着学生能够自己举出一定数量的有关这一概念的正例和反例；能够在几个概念之间比较它们的异同，并且认识到这些不同的概念所对应的不同解释；能够将概念从文字表述转换成符号的、图像的或口头的表述。所有这些与概念有关的能力对于应用概念进行推理和解决问题都是非常重要的。

　　学生在学校学习的大量数学都包含有技能的特征，传统的教学和考试也集中在这一方面，但却很少评价学生是否理解了隐含在技能应用中的各概念之间的关系，更少评价在数学思考过程中看不见的解题策略的使用情况。新课程强调，对技能的评价不只是考查学生技能的熟练程度，还要考查学生对相关概念的理解与掌握，以及不同解题策略的运用。因此，对技能的评价既要考查学生实际执行这些技能的情况，又要考查学生是否能正确思考在什么情况下应该使用哪个规则。比如，估算是一个与计算技能联系在一起的重要技能，学生必须知道各种估算的方法，知道什么时候应该用到估算，以及为什么估算能解决问题。

　　对发现问题和解决问题能力的考查实际上强调的是对数学学习过程和方法的考查。学生的数学不能仅仅是掌握一些概念和技能，而必须经历探索、猜想、推理等过程，解决有关的问题。《数学课程标准》明确把"形成解决问题的一些基本策略"作为一个重要的课程目标，因此必须对学生掌握这些策略的情况进行评价。

　　综上所述，问题解决是数学学习的一种综合能力。问题解决能力强的学生，面对问题能够提取问题的关键特征、问题所包含的关系和联系，灵活运用已有知识、恰当的技能以及正确的解决策略，使问题得以解决和表述，并进行必要的反思与调整。小学数学问题解决同时也是小学数学教育的重要内容。学生数学问题解决的能力不仅在数学学习中获得，同时又能促进他们更好地学习数学。因此，可以通过对小学生数学问题解决能力的测试来评价他们的数学学习状况。

三、研究方法与工具

（一）工具开发及工具的信度与效度

1. 工具开发的依据

（1）《数学课程标准》

作为一项学业成就调查，首要依据就是国家颁布的课程标准，具体到本测试工具的开发，我们以《数学课程标准》第二学段（4～6年级）在知识与技能、数学思考、解决问题、情感与态度等方面的学段目标为主要依据，试题内容全面覆盖内容标准，难度以课程标准中相应的规定为准。

（2）SOLO分类法

SOLO分类法，分析学生认知能力发展情况，将学生对问题的反应水平划分为五个层次或称五种结构，即前结构水平、单一结构水平、多元结构水平、关联结构水平、拓展抽象结构水平。五种结构含义见总报告。

2. 工具开发流程

准备阶段

明确研究目的和研究方法，学习SOLO分类法，查阅IEA、PISA等国内外相关项目的研究成果，研究新课程改革的理念和小学数学课程标准，开展前期讨论交流。

编制阶段

依据课程标准的要求和SOLO分类法，编制小学六年级学生数学能力认知结构框架，包括涉及的内容领域，课程标准的要求，对学生的能力要求以及按一定比例设计相应的单一、多元和关联结构水平题目。

修改阶段

多次讨论交流，包括国外专家的指导，对认知结构框架中的内容和估计难度结构设计进行调整和修改，对一些较难把握的题目，根据学生试测的结果进行修改完善，并对题目的顺序、题目中选择答案的排序进行调整，补充一些更能体现题意的插图。

中国小学生学业成就测评报告与测试工具

抽选北京朝阳区两所学校 187 名学生进行预试，记录测试时间，对结果统计分析。

根据预试的分析结果，对认知结构框架中的内容进行再次修改、筛选，并将 1.3 倍的题量减至适量，题目结构水平作相应调整。正确答案的排列顺序调整合理，完善评分标准。

形成最终小学六年级学生数学学认知结构框架，测试题目，评分标准，订正排版印制中的问题，并作好正式测验前的一切准备。

3. 双项细目表的编制

设计科学、清晰的评价框架是编制试题的前提和基础。此项目评价框架的设计依据是《数学课程标准》和 SOLO 分类法。即根据课程标准，从数与代数、空间与图形、统计与概率和综合应用四个内容领域中，筛选出重点内容目标，将内容目标表述为概括性能力要求，并将其转化为学生学习的预期结果，然后再以测验题目将学习结果操作化，并依据 SOLO 分类法，按照 2：2：1 的比例，设计单一（U）、多元（M）、关联（R）结构水平的测试题目，形成认知结构框架。最终实际试题的比例为 14：17：6 ，测试时间为 60 分钟，试测为 70 分钟，试测题量为正式测试的 1.33 倍。

在对课程标准的培养目标和分阶段目标以及内容领域进行分析、研究的基础上，选择可测内容作为测试内容，并将课程标准的表述转化为具体的技能要求。如课程标准的中有"在具体情境中，会按给定的比例进行图上距离与实际距离的换算；能根据方向和距离确定物体的位置"的要求，转换为本测试的技能要求则为"在图上标出一条符合条件的道路"。形成小学数学六年级测试双向细目表如表 2 – 2 – 1。

表2-2-1　小学数学六年级测试双向细目表

数学课程内容标准		能力要求（学生能）	能力等级	结构水平	对应题号	构成比例
内容领域	内容标准					
数与代数　数的认识	认、读、写亿以内的数，了解十进制计数法	写出一个符合要求的多位数	知识技能	U	1	
		写出一个符合要求的小数	知识技能	U	3	
	会用万、亿为单位表示大数	省略尾数改写成以亿为单位的数	知识技能	U	2	
	能找出10以内两个数的公倍数和最小公倍数，能找出两个自然数的公因数和最大公因数	用数的概念进行判断	数学思考	M	15	
	知道整数、奇数、偶数、质数、合数	用数的概念进行推理	数学思考	M	16	
	结合现实情境感受大数的意义，并能进行估计	估计生活中与面积有关的量	数学思考	U	5	
		估计生活中较大的数	数学思考	U	6	
	进一步认识小数和分数，认识百分数	用分数描述小数点移动后数大小的变化	知识技能	U	8	
	会解决有关小数、分数和百分数的简单实际问题	解决与小数有关的实际问题	数学思考	M	23	
		判断满分不为100的考试中的及格情况	知识技能	M	24	
	探索小数、分数和百分数之间的关系，并会进行转化	判断一个分数能否化为有限小数	知识技能	U	7	U：12　M：6　R：2
	在熟悉的生活情境中，了解负数的意义，会用负数表示一些日常生活中的问题	在具体情境中说出用正负数表示行走方向和距离的最终结果	知识技能	U	4	

小学生学业成就测评报告与试题工具

续表

数学课程内容标准		能力要求（学生能）	能力等级	结构水平	对应题号	构成比例
内容领域	内容标准					
数与代数	正比例、反比例	在实际情境中理解什么是按比例分配，并能解决简单的问题	应用比例关系解决需要计算的实际问题	数学思考	U	10	
	将分数表示的量转化为简单的问题	将分数表示的量转化为比例关系	知识技能	U	11	
	数的运算	能笔算三位数乘两位数的乘法，三位数除以两位数的除法	计算三位数除以两位数的除法	知识技能	U	9	
		在解决具体问题的过程中，能选择合适的估算方法，养成估算的习惯	根据具体生活情境用估算解决问题		M	18	
		解决简单的实际问题	运用四则混合运算解决实际问题		M	22	
	式与方程	在具体情境中会用字母表示数；会用方程表示简单情境中的等量关系；理解等式的性质，用等式的性质解简单的方程	根据等量关系求出未知的数		U	12	
			列方程求未知数		R	33	
	探索规律	探索给定事物中隐含的规律或变化趋势	根据发现的规律进行推断		R	35	
空间与图形	图形与变换	应注重使学生通过观察、操作、推理等手段，逐步认识简单几何体和平面图形的形状、大小、位置关系及变换	判断从正面、上面、左面看到的一个物体的形状		M	29	U：1 M：3 R：1

续表

数学课程内容标准		能力要求（学生能）	能力等级	结构水平	对应题号	构成比例
内容领域	内容标准					
空间与图形 — 图形与位置	在具体情境中，会按给定的比例进行图上距离与实际距离的换算；能根据方向和距离确定物体的位置	在图上标出一条符合条件的道路		M	28	
空间与图形 — 测量	探索并掌握长方形、正方形的周长公式	计算一个半圆的周长		R	34	
	探索并掌握长方形、正方形的面积公式 探索并掌握圆的周长和面积公式	计算一个无盖水桶的表面积		U	13	
	结合具体情境，探索并掌握长方体、正方体、圆柱体的体积和表面积以及圆锥体积的计算方法	计算一个水桶的容积和可盛水的质量		M	14	
统计与概率 — 统计	能读懂简单的统计图表；根据统计图表回答问题；能解释简单的统计结果，根据结果作出简单的判断和预测，并进行交流	根据统计图中的数量关系进行计算		R	37	
	会求数据的平均数、中位数、众数	求数据的中位数与众数之差		M	27	U：0 M：2 R：1
统计与概率 — 概率	会求一些简单事件发生的可能性	求一个简单事件的可能性		M	17	

——小学毕业生就业升学考试与测量工具　中国小学生毕业升学就业测量与考试工具

105

续表

数学课程内容标准		能力要求 （学生能）	能力等级	结构水平	对应题号	构成比例
内容领域	内容标准					
综合应用	获得综合运用所学知识解决简单实际问题的活动经验和方法	从时间—路程图中获得关于时间的信息		U	30	U：1 M：6 R：2
		从时间—路程图中间接获得关于速度的信息		M	31	
		从时间—路程图中获得正确的隐藏信息		R	32	
		解决两步逆向倍数应用题		R	36	
		计算组合图形的面积		M	25	
		解决加权平均数的实际问题		M	19	
		计算增产量		M	20	
		用分数大小的比较进行推理		M	21	
		用按比例分配计算图形问题		M	26	

注：总体构成比例——U：14　M：17　R：6，预试70分钟，实测60分钟

数与代数：空间与图形：统计与概率：综合应用＝20：5：3：9（共37题）

4. 测试题目的撰写

例1 第28题

已知市供电局位于和平广场南面200米，健康路在和平广场北约120米处，并与和平路平行，下图中（　　）是正确的。注意，图中的虚线表示健康路。

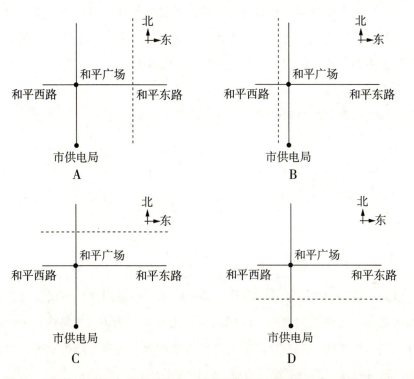

A

B

C

D

这是一道多元结构水平的题目，需要同时考虑距离、走向和方位，正确答案为C，选择D则只关注了距离和走向，属于单一结构水平。

例2 第4题

以明明家为起点，向东走为正，向西走为负。如果明明从家走了＋30米，又走了－30米，这时明明（　　）。

A. 在东边离家30米的地方　　　B. 在西边离家30米的地方

C. 在一个离家60米的地方　　　D. 在自己的家

这是一道单一结构水平的题目，只要能将方向与正负之间的关系搞清即可，答案为 D。

例 3　第 15 题

两数 a×b 和 b×c，它们的最小公倍数是（　　）。

A. a×b×b×c　　　　　　　　B. b

C. a×b×c　　　　　　　　　D. 1

这是一道多元结构水平的题目，首选需要理解什么是倍数，并能用符号表示，其次要理解最小公倍数。正确答案为 C。如果选择了 A，说明学生知道两数相乘的积是它们的公倍数，为单一结构水平。

例 4　第 35 题

根据下列图形的排列规律，接下来的两个图形应该是（　　）。

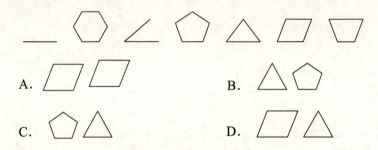

这是一道关联结构水平的题目，其中隐藏了两组规律，不仅要求能发现这两组规律，还要能发现相互间的联系。正确答案为 B。如果选择 C，说明能够找到两组规律，但不能正确运用找到的规律，为多元结构水平。如果选择 D，则只发现了部分规律，为单一结构水平。

5. 预试与修改

试测样本为 187 名学生，经分析，数学测验试题的信度为 0.95，答题者信度为 0.84。一般情况下，学业能力测验的试卷信度要在 0.90 以上，本试卷信度符合要求。

对数学测验题目进行分析，同时观察题目的难度及学生能力分布图和模型拟合指数图发现，数学测验的题目难度拟合指数均在可接受的范围，题目的难度分布范围为 −2.22 ～ 1.83（4.05 个 logit 值），由此可以看出，数学测

中国小学生学业成就测评报告与测试工具

验的题目难度范围适中。

进一步对各题目的难度、区分度及模型拟合指数进行分析可以看出，各题目区分度均良好。

6. 正式测试卷题目特征参数与测试卷测量指标

用 Winsteps3.63 进行题目参数及试卷信效度分析，在此基础上，得到每个学生的能力参数。

表中题目的区分度以两种方式给出，一种方式是每个题目的通过与否与总分的相关，也就是点二列相关，用来表示题目对学生能力高低的区分性大小，这个值在 0～1.00 之间，如果为负，则说明某题目上的反应与整套试卷的作答结果是相反的关系，说明题目有问题或测查的是不同维度的能力。一般题目的区分度在 0.20 以上可以接受，0.40 以上就非常理想。

另一种方式是以 Discrimination 来给出，Winsteps 采用 Rasch 模型的假定，认为所有题目的区分度相等，并等于 1.00，以此为基础来拟合 Rasch 模型，但经验的题目区分度从来不会恰好相等，所以，Winsteps 会报告区分度的 post-hoc 检验结果（一种拟合统计量），用来说明实际的区分度与 1.00 差距量，以此作为题目与 Rasch 模型拟合的程度指标。区分度为 1.00 与 Rasch 模型关于题难度的预期是一致，而大于 1.00 或小于 1.00 都表明题目的区分度与 Rasch 模型对这种难度的题目之区分度的预期不一致。大于 1.00 表明过度区分，小于 1.00 表明过低区分。

在题目分析中经常报告的最重要的统计量是平均反应，用来表示与二值计分方式的题目一致的样本比例，在 Winsteps 中被解释为对题目（二值计分或多值计分方式）的平均反应。

（1）测试题目难度、区分度、拟合指数

本研究共对全国 31 个区县 18600 名学生进行正式测试试卷，回收率为 96.3%，有效作答试卷为 17898 份。现根据测试结果，用 Winsteps2.0 对测试工具和题目特征进行分析，结果见表 2-2-2、表 2-2-3 和表 2-2-4。

表 2 - 2 - 2　测试题目难度、区分度、拟合指数、题目特征参数等统计

	题目难度	区分度	区分度	拟合指数	平均反应
1	- 1.83	0.24	1.01	0.97	0.95
2	- 0.84	0.26	0.91	1.07	0.88
3	- 0.08	0.39	0.99	1.01	0.80
4	- 1.46	0.26	0.99	1.00	0.93
5	- 1.94	0.20	0.98	1.01	0.95
6	- 0.02	0.35	0.89	1.07	0.79
7	0.71	0.39	0.80	1.10	0.68
8	- 0.65	0.34	1.00	1.00	0.86
9	- 1.75	0.26	1.02	0.96	0.94
10	- 1.18	0.36	1.09	0.89	0.91
11	- 1.12	0.40	1.12	0.85	0.91
12	- 1.73	0.31	1.07	0.90	0.94
13	- 0.60	0.31	0.95	1.02	0.86
14	1.01	0.41	0.76	1.10	0.63
15	0.71	0.47	1.06	0.98	0.68
16	- 0.21	0.49	1.20	0.84	0.82
17	- 0.14	0.38	0.99	1.01	0.81
18	- 0.65	0.36	1.03	0.96	0.87
19	- 0.54	0.42	1.10	0.90	0.85
20	1.12	0.49	1.04	0.98	0.61
21	1.67	0.45	0.80	1.07	0.51
22	- 0.12	0.32	0.86	1.10	0.81
23	0.83	0.46	0.99	1.00	0.66
24	- 0.26	0.47	1.17	0.86	0.82
25	0.15	0.46	1.10	0.93	0.77
26	- 0.51	0.39	1.06	0.93	0.85
27	0.45	0.41	0.94	1.04	0.72

续表

	题目难度	区分度	区分度	拟合指数	平均反应
28	-0.59	0.39	1.06	0.95	0.86
29	-0.51	0.35	1.00	1.00	0.85
30	0.32	0.41	0.96	1.03	0.74
31	1.71	0.52	1.07	0.96	0.50
32	1.74	0.46	0.83	1.06	0.49
33	1.12	0.49	1.05	0.98	0.61
34	1.37	0.50	1.04	0.98	0.56
35	1.02	0.44	0.88	1.05	0.63
36	1.07	0.48	1.01	1.00	0.62
37	1.73	0.46	0.81	1.07	0.50
mean	0.00			0.99	
SD	1.07			0.07	

注：题目信度 = 1.00

表 2 - 2 - 3　学生测试结果

信　度	平均数	标准差
0.80	1.61	1.20

表 2 - 2 - 4　数据特征参数

	题　量	最小值	最大值	平均值	标准差
难度	37	-1.94	1.74	0.00	1.07
区分度（点二列相关）	37	0.20	0.52	0.39	0.08
区分度	37	0.76	1.20	0.99	0.10
拟合指数	37	0.84	1.10	0.99	0.07
平均反应	37	0.49	0.95	0.76	0.14

中国小学生学业成就测评报告与测试工具

测试题目信度为 1.00，题目难度的最小值为 -1.94，最大值为 1.74，难度平均值为 0.00，标准差为 1.07，难度分布略显狭窄。

测试卷对学生能力估计的总体信度为 0.80，关于测试结果的效度，我们采用了两种方法：第一种是测试卷的内容结构效度，从表 2-2-4 中得出拟合指数的平均值为 0.99，标准差为 0.07，说明测试卷内容结构效度很高，符合 Rasch 模型能力的单维性假设。第二种以科学测试与其他三个学科测试结果的相关（见表 2-2-5）作为测试卷的实证效度指标，可以称之为相容效度，表明同种能力由不同测试工具所测结果之间的一致性程度。

表 2-2-5 数学学科与其他学科的相关系数

		语 文	数 学	科 学	社 会
语文	皮尔逊相关系数	1	0.503**	0.429**	0.473**
	Sig.(2-tailed)	.	0.000	0.000	0.000
	N	16799	16543	15168	16617
数学	皮尔逊相关系数	0.503**	1	0.601**	0.611**
	Sig.(2-tailed)	0.000	.	0.000	0.000
	N	16543	17898	16253	17832
科学	皮尔逊相关系数	0.429**	0.601**	1	0.707**
	Sig.(2-tailed)	0.000	0.000	.	0.000
	N	15168	16253	16378	16315
社会	皮尔逊相关系数	0.473**	0.611**	0.707**	1
	Sig.(2-tailed)	0.000	0.000	0.000	.
	N	16617	17832	16315	18024

注：** 表示达到 0.01 的显著性水平

（2）题目特征参数分析

从图 2-2-1 可得，测试题目共 37 个，除个别题目外，几乎所有题目特征曲线形态都符合 IRT 模式，表现出能力越高的学生，越能够答对难度大的题目（答对难度大的题目的概率越高），得分越高。题目难度范围在 -2.4 ~ 1.9 之间，分布区域略显狭窄。

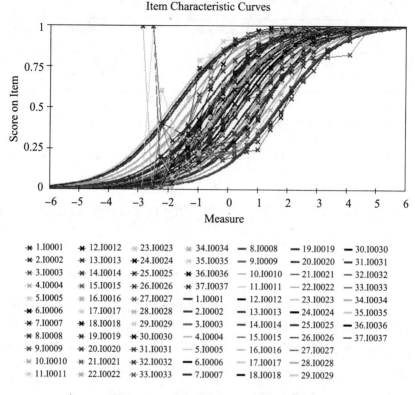

图 2 - 2 - 1 数学题目特征参数曲线

（二）测试时间

小学数学测试时间为 60 分钟。

四、测试结果分析与讨论

（一）学生能力分布的总体情况

从表 2 - 2 - 3 中可以看到，学生能力估计的平均值为 1.61，标准差为 1.20。

学生能力分布情况见表 2 - 2 - 6。

表 2-2-6　学生能力分布总体情况

	N	最小值	最大值	平均数	标准差
转换后的数学能力值	17898	-2.87	4.80	1.7400	1.33655
有效样本	17898				

（二）学生能力表现的分组分析

本研究以能力估计的平均值（1.74）为中点，以 1 个标准差为间隔，由高（A）到低（E）将学生分为 5 个能力组，每组区间范围分别按原始能力值和转化后的能力值划分、每个能力组学生人数及占总体人数的比例和累积比例见表 2-2-7。

表 2-2-7　各能力组学生人数及占总体人数的比例和累积比例

组　别	原始能力值分组 能力值 起点—终点	转化后能力值分组 能力值 起点—终点	各组 学生数	各组学生 占总体百 分比（%）	累积百 分比 （%）
优秀组（A）	3.745—最大值	87—98	1695	9.5	9.5
良好组（B）	2.408—3.745	74—87	3478	19.4	28.9
合格组（C）	0.668—2.408	57—74	8850	49.4	78.3
基本合格组（D）	-0.669—0.668	43—57	3434	19.2	97.5
不合格组（E）	最小值—0.669	0—43	441	2.5	100.0

注：转化公式为 T = 50 + 10X 原始能力值

结合 5 个能力组学生频数分布的长方图，分析可知，学生能力大致呈正态分布。其中优秀组的学生数为 1695，占测试学生总体的 9.5%；良好组的学生数为 3478，占测试学生总体的 28.9%；合格组的学生数为 8850，占测试学生总体的 49.4%；基本合格组的学生数为 3434，占测试学生总体的 19.2%；不合格组的学生数为 441，占测试学生总体的 2.5%。合格组及以上的累积学生数为 14023，占测试学生总体的 78.3%；基本合格与不合格的累积学生数为 3875，占测试学生总体的 21.7%。

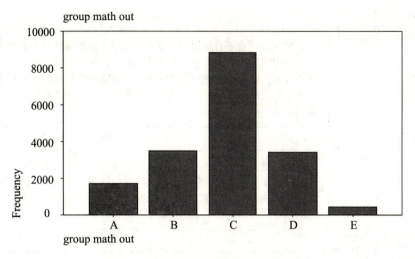

图2－2－2　5个能力组学生频数分布

（三）不同能力组学生所能完成的任务

不合格组

　　学生能够用分数描述小数点移动后数大小的变化，根据具体生活情境用估算解决问题，省略尾数改写成以亿为单位的数，应用比例关系解决需要计算的实际问题，将分数表示的量转化为比例关系，在具体情境中说出用正负数表示行走方向和距离的最终结果，计算三位数除以两位数的除法，根据等量关系求出未知的数，写出一个符合要求的多位数，估计生活中与面积有关的量。

基本合格组

　　除了能完成不合格组学生能够完成的任务之外，该组学生能够判断一个分数能否化为有限小数，用数的概念进行判断，求数据的中位数与众数之差，从时间—路程图中获得关于时间的信息，计算组合图形的面积，估计生活中较大的数，写出一个符合要求的小数，求一个简单事件的可能性，运用四则混合运算解决实际问题，用数的概念进行推理，判断满分不为100的考试中的及格情况，计算一个无盖水桶的表面积，解决加权平均数的实际问题，用按比例分配计算图形问题，在图上标出一条符合条件的道路，判断从正面、上面、左面看到的一个物体的形状。

合　格　组

除了能完成不合格组和基本合格组学生能够完成的任务之外，该组学生能够计算一个半圆的周长，计算增产量，列方程求未知数，解决两步逆向倍数应用题，计算一个水桶的容积和可盛水的质量，根据发现的规律进行推断，解决与小数有关的实际问题。

良　好　组

除了能完成不合格组和基本合格组学生能够完成的任务之外，该组学生能够用分数大小的比较进行推理，从时间—路程图中间接获得关于速度的信息，从时间—路程图中获得正确的隐藏信息和根据统计图中的数量关系进行计算。

优　秀　组

该组学生可以很好地完成所有任务。

图 2 - 2 - 3　不同能力组学生所能完成的任务

（四）学生实际能力表现与题目的目标测试水平的对应分析

从图 2 - 2 - 4 中可以发现，数学测试题目实际难度大体呈正态分布，不同能力的学生在题目难度表现上接近正态分布。从总体上看，测试题目难度设计略显容易，如果难度值在 2.0 以上的题目再多一些，会较为理想。

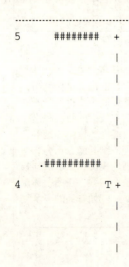

```
5       ########   +
                   |
                   |
                   |
                   |
        .########## |
4                  T +
                   |
                   |
                   |
```

中国小学生学业成就测评报告与测试工具

```
                          |
      .##########         |
                          |
   3                      +
      .###########      S |
                          |
      .##########         |
                          |
      .##########         |
                          |T
   2 .###########         +
                          |
      .##########         | I0021   I0031   I0032   I0037
      .##########       M |
       .#########         | I0034
       .#########         |
        .########        |S I0020   I0033
   1                     + I0014   I0035   I0036
         .########        | I0023
         .#######         | I0007   I0015
         .######          |
          .#### S          | I0027
          .####           | I0030
          .####           | I0025
   0       .#######       +M I0006
             .##          | I0003   I0016   I0017   I0022
             .##          | I0024
              .#          |
              .#          | I0013   I0019   I0026   I0028   I0029
              .#          | I0008   I0018
              .# T        | I0002
  -1          .           +
                          |S I0010   I0011
              .           |
```

```
        . | I0004
        . |
        . | I0009  I0012
          | I0001
 -2     . + I0005
          |T
        . |
          |
          |
          |
        . |
 -3       +
```

"#"代表94名学生

图2-2-4　题目难度及学生能力分布

根据图2-2-4，分析学生实际能力表现与题目的目标测试水平（难度）的对应关系并分析对应关系不一致的主要原因，形成表2-2-8。

表2-2-8　小学数学六年级测试逐题分析

题号	测试的能力描述	目标测试水平	难度值	说　明
1	写出一个符合要求的多位数	U	-1.83	● 达到U水平的学生占95%，平均能力为1.82 ● 实际难度和学生能力符合目标测试水平
2	省略尾数改写成以亿为单位的数	U	-0.84	● 达到U水平的学生占88%，平均能力为1.86 ● 实际难度和学生能力符合目标测试水平
3	写出一个符合要求的小数	U	-0.08	● 达到U水平的学生占80%，平均能力为2.00 ● 实际难度和学生能力符合目标测试水平
4	在具体情境中说出用正负数表示行走方向和距离的最终结果	U	-1.46	● 达到U水平的学生占93%，平均能力为1.83 ● 实际难度和学生能力符合目标测试水平

续表

题号	测试的能力描述	目标测试水平	难度值	说　　明
5	估计生活中与面积有关的量	U	−1.94	• 达到 U 水平的学生占 95%，平均能力为 1.80 • 实际难度和学生能力符合目标测试水平
6	估计生活中较大的数	U	−0.02	• 达到 U 水平的学生占 79%，平均能力为 1.98 • 实际难度和学生能力符合目标测试水平
7	判断一个分数能否化为有限小数	U	0.71	• 达到 U 水平的学生占 68%，平均能力为 2.09 • 有 30% 的学生不能很好地判断一个分数能否化成有限小数，原因可能是这部分内容对小学生来说比较抽象和枯燥，难以理解；也存在小学生对分解质因数的知识掌握不牢固的可能
8	用分数描述小数点移动后数大小的变化	U	−0.65	• 达到 U 水平的学生占 86%，平均能力为 1.92 • 实际难度和学生能力符合目标测试水平
9	计算三位数除以两位数的除法	U	−1.75	• 达到 U 水平的学生占 94%，平均能力为 1.82 • 实际难度和学生能力符合目标测试水平
10	应用比例关系解决需要计算的实际问题	U	−1.18	• 达到 U 水平的学生占 91%，平均能力为 1.89 • 实际难度和学生能力符合目标测试水平
11	将分数表示的量转化为比例关系	U	−1.12	• 达到 U 水平的学生占 91%，平均能力为 1.91 • 实际难度和学生能力符合目标测试水平
12	根据等量关系求出未知的数	U	−1.73	• 达到 U 水平的学生占 94%，平均能力为 1.84 • 实际难度和学生能力符合目标测试水平
13	计算一个无盖水桶的表面积	U	−0.60	• 达到 U 水平的学生占 86%，平均能力为 1.91 • 实际难度和学生能力符合目标测试水平

续表

题号	测试的能力描述	目标测试水平	难度值	说　明
14	计算一个水桶的容积和可盛水的质量	M	1.01	• 达到 M 水平的学生占 63%，平均能力为 2.61；达到 U 水平的学生占 15%，平均能力为 1.81 • 实际难度和学生能力符合目标测试水平
15	用数的概念进行判断	M	0.71	• 达到 M 水平的学生占 68%，平均能力为 2.17；达到 U 水平的学生占 7%，平均能力为 1.04 • 实际难度和学生能力符合目标测试水平
16	用数的概念进行推理	M	−0.21	• 达到 M 水平的学生占 82%，平均能力为 2.05；达到 U 水平的学生占 9%，平均能力为 0.36 • 实际难度和学生能力符合目标测试水平
17	求一个简单事件的可能性	M	−0.14	• 达到 M 水平的学生占 81%，平均能力为 1.99；达到 U 水平的学生占 18%，两个 U 水平答案平均能力分别为 0.67 和 0.78 • 实际难度和学生能力符合目标测试水平
18	根据具体生活情境用估算解决问题	M	−0.65	• 达到 M 水平的学生占 87%，平均能力为 1.93；达到 U 水平的学生占 11%，两个 U 水平答案平均能力分别为 0.73 和 0.49 • 实际难度和学生能力符合目标测试水平
19	解决加权平均数的实际问题	M	−0.54	• 达到 M 水平的学生占 85%，平均能力为 1.97；达到 U 水平的学生占 8%，两个 U 水平答案平均能力为 0.12 和 0.24 • 实际难度和学生能力符合目标测试水平
20	计算增产量	M	1.12	• 达到 M 水平的学生占 61%，平均能力为 2.27；达到 U 水平的学生占 28%，平均能力为 1.10 • 实际难度和学生能力符合目标测试水平

续表

题号	测试的能力描述	目标测试水平	难度值	说　明
21	用分数大小的比较进行推理	M	1.67	• 达到 M 水平的学生占 51%，平均能力为 2.33；达到 U 水平的学生占 20%，平均能力为 1.07 • 实际难度和学生能力符合目标测试水平
22	运用四则混合运算解决实际问题	M	−0.12	• 达到 M 水平的学生占 81%，平均能力为 1.95；达到 U 水平的学生占 17%，两个 U 水平答案平均能力分别为 1.11 和 0.10 • 实际难度和学生能力符合目标测试水平
23	解决与小数有关的实际问题	M	0.83	• 达到 M 水平的学生占 66%，平均能力为 2.18；达到 U 水平的学生占 23%，平均能力为 1.10 • 实际难度和学生能力符合目标测试水平
24	判断满分不为 100 的考试中的及格情况	M	−0.26	• 达到 M 水平的学生占 82%，平均能力为 2.03；达到 U 水平的学生占 5%，平均能力为 0.39 • 实际难度和学生能力符合目标测试水平
25	计算组合图形的面积	M	0.15	• 达到 M 水平的学生占 77%，平均能力为 2.08；达到 U 水平的学生占 8%，平均能力为 0.96 • 实际难度和学生能力符合目标测试水平
26	用按比例分配计算图形问题	M	−0.51	• 达到 U 水平的学生占 89%，平均能力为 0.98 • 实际难度和学生能力符合目标测试水平
27	求数据的中位数与众数之差	M	0.45	• 达到 M 水平的学生占 52%，平均能力为 1.25；达到 U 水平的学生占 15%，平均能力为 0.81 • 实际难度和学生能力符合目标测试水平

中国小学生学业成就测评报告与测试工具

续表

题号	测试的能力描述	目标测试水平	难度值	说　明
28	在图上标出一条符合条件的道路	M	-0.59	• 达到 M 水平的学生占 86%，平均能力为 1.95；达到 U 水平的学生占 5%，平均能力为 0.72 • 实际难度和学生能力符合目标测试水平
29	判断从正面、上面、左面看到的一个物体的形状	M	-0.51	• 达到 M 水平的学生占 85%，平均能力为 1.94；达到 U 水平的学生占 4%，平均能力为 0.72 • 实际难度和学生能力符合目标测试水平
30	从时间—路程图中获得关于时间的信息	U	0.32	• 达到 U 水平的学生占 74%，平均能力为 2.06 • 实际难度和学生能力符合目标测试水平
31	从时间—路程图中间接获得关于速度的信息	M	1.71	• 达到 M 水平的学生占 50%，平均能力为 2.44；达到 U 水平的学生占 16%，平均能力为 1.11 • 实际难度和学生能力符合目标测试水平
32	从时间—路程图中获得正确的隐藏信息	R	1.74	• 达到 R 水平的学生占 49%，平均能力为 2.36；达到 M 水平的学生占 12%，平均能力为 1.38；达到 U 水平的学生占 22%，平均能力为 1.05 • 实际难度和学生能力符合目标测试水平
33	列方程求未知数	R	1.12	• 达到 R 水平的学生占 61%，平均能力为 2.27；达到 M 水平的学生占 4%，平均能力为 0.71；达到 U 水平的学生占 18%，平均能力为 1.22 • 实际难度和学生能力符合目标测试水平

续表

题号	测试的能力描述	目标测试水平	难度值	说　明
34	计算一个半圆的周长	R	1.37	• 达到 R 水平的学生占 56%，平均能力为 2.33；达到 M 水平的学生占 9%，平均能力为 0.94；达到 U 水平的学生占 26%，平均能力为 1.07 • 实际难度和学生能力符合目标测试水平
35	根据发现的规律进行推断	R	1.02	• 达到 R 水平的学生占 63%，平均能力为 2.20；达到 M 水平的学生占 23%，平均能力为 1.10；达到 U 水平的学生占 11%，平均能力为 0.84 • 实际难度和学生能力符合目标测试水平
36	解决两步逆向倍数应用题	R	1.07	• 达到 R 水平的学生占 62%，平均能力为 2.24；达到 M 水平的学生占 11%，平均能力为 1.07；达到 U 水平的学生占 25%，平均能力为 0.91 • 实际难度和学生能力符合目标测试水平
37	根据统计图中的数量关系进行计算	R	1.73	• 达到 R 水平的学生占 50%，平均能力为 2.35；达到 M 水平的学生占 3%，平均能力为 0.61；达到 U 水平的学生占 36%，平均能力为 1.23 • 实际难度和学生能力基本符合目标测试水平

通过对学生答题情况进行逐题分析，可以进一步得到以下一些结果。

1. 不合格组的学生在以下方面掌握情况较好：（1）认识小数和分数、百分数；（2）解决具体问题的过程中，能选择合适的估算方法，养成估算的习惯；（3）会用在实际情境中理解什么是按比例分配，并能解决简单的问题；（4）用万、亿为单位表示大数；（5）在熟悉的生活情境中，了解负数的意义，会用负数表示一些日常生活中的问题；（6）能笔算三位数乘两位数的乘法，三位数除以两位数的除法等。

在"在具体情境中会用字母表示数；会用方程表示简单情境中的等量关系；理解等式的性质，会用等式的性质解简单的方程"方面，该能力组的学生虽然能完成第 12 题，却不能完成第 33 题，说明学生只具备了根据等量关系求出未知数的能力，却不能在新的情境中灵活运用。

在"认、读、写亿以内的数，了解十进制计数法"方面，该能力组的学生虽然能完成第 1 题，却不能完成第 3 题，说明学生对整数多位数的读写掌握得不错，但小数的读写存在困难。

在"结合现实情境感受大数的意义，并能进行估计"方面，虽然该能力组的学生能完成第 5 题，却不能完成第 6 题，说明学生有一定的估计能力，但数感较差，对较大的数目难以体会。

由于该能力组学生不能完成第 15 题、第 16 题、第 23 题、第 24 题、第 7 题、第 22 题、第 35 题、第 29 题、第 28 题、第 34 题、第 13 题、第 14 题、第 37 题、第 27 题和第 17 题，说明学生未能达到课程标准中关于"能找出 10 以内两个自然数的公倍数和最小公倍数，能找出两个自然数的公因数和最大公因数"、"知道整数、奇数、偶数、质数、合数"、"会解决有关小数、分数和百分数的简单实际问题"、"探索小数、分数和百分数之间的关系，并会进行转化"、"解决简单的实际问题"（数的运算）、"探求给定事物中隐含的规律或变化趋势"、"应注重使学生通过观察、操作、推理等手段，逐步认识简单几何体和平面图形的形状、大小、位置关系及变换"、"在具体情境中，会按给定的比例进行图上距离与实际距离的换算；能根据方向和距离确定物体的位置"、"探索并掌握圆的周长和面积公式"、"结合具体情境，探索并掌握长方体、正方体、圆柱的体积和表面积以及圆锥体积的计算方法"、"能读懂简单的统计图表"、"根据统计图表回答问题"、"能解释统计结果，根据结果作出简单的判断和预测，并能进行交流"、"会求数据的平均数、中位数、众数"、"会求一些简单事件发生的可能性"等方面的要求。

另外，学生在第 30 题、第 31 题、第 32 题、第 36 题、第 25 题、第 19 题、第 20 题、第 21 题和第 26 题中无一题可以完成，说明该组学生不具备综合运用知识解决实际问题的能力。

2. 基本合格组的学生除掌握了不合格组的学生掌握的课标内容外，还在以下方面掌握较好：（1）探索小数、分数和百分数之间的关系，并会进行转化；（2）能找出 10 以内两个自然数的公倍数和最小公倍数，能找出两个自然数的公因数和最大公因数；（3）会求数据的平均数、中位数、众数；（4）获得综合运用所学知识解决简单实际问题的活动经验和方法；（5）结合现实情境感受大数的意义，并能进行估计；（6）认、读、写亿以内的数，了解十进制计数法；（7）会求一些简单事件发生的可能性；（8）知道整数、奇数、偶数、质数、合数；（9）在具体情境中，会按给定的比例进行图上距离与实际距离的换算；能根据方向和距离确定物体的位置；（10）应注重使学生通过观察、操作、推理等手段，逐步认识简单几何体和平面图形的形状、大小、位置关系及变换，等等。

在"会解决有关小数、分数和百分数的简单实际问题"方面，该能力组的学生虽然能完成第 24 题，却不能完成第 23 题，说明学生在解决实际问题的能力尚有欠缺。

在"结合具体情境，探索并掌握长方体、正方体、圆柱的体积和表面积以及圆锥体积的计算方法"方面，该能力组的学生虽然能完成第 13 题（单一结构水平），却不能完成第 14 题（多元结构水平），说明学生未能完全掌握这部分知识内容。

在"在具体情境中会用字母表示数；会用方程表示简单情境中的等量关系；理解等式的性质，会用等式的性质解简单的方程"方面，该能力组的学生虽然能完成第 12 题，却不能完成第 33 题，说明学生只具备了根据等量关系求出未知数的能力，却不能在新的情境中灵活运用。

在"获得综合运用所学知识解决简单实际问题的活动经验和方法"方面，由于该能力组的学生虽然能完成第 19 题（多元结构水平）和第 26 题（多元结构水平），却不能完成第 30 题、第 31 题、第 32 题（基于时间路程图提出的渐进式问题，分别为单一结构水平、多元结构水平和关联结构水平）、第 36 题（关联结构水平）、第 25 题（多元结构水平）、第 20 题（多元结构水平）和第 21 题（多元结构水平），说明学生只具有初步的综合运用知识解决实际问题的能力。

由于学生不能完成第 35 题、第 34 题和第 37 题，说明学生未能达到课程标准中关于"探求给定事物中隐含的规律或变化趋势"、"探索并掌握圆的周长和面积公式"、"能读懂简单的统计图表"、"根据统计图表回答问题"、"能解释统计结果，根据结果作出简单的判断和预测，并能进行交流"等方面的要求。

3. 合格组的学生除掌握了不合格组和基本合格组学生掌握的课标内容外，还在以下方面掌握较好：（1）探索并掌握圆的周长和面积公式；（2）在具体情境中会用字母表示数，会用方程表示简单情境中的等量关系，理解等式的性质，会用等式的性质解简单的方程；（3）结合具体情境，探索并掌握长方体、正方体、圆柱的体积和表面积以及圆锥体积的计算方法；（4）探求给定事物中隐含的规律或变化趋势；（5）会解决有关小数、分数和百分数的简单实际问题，等等。

由于学生不能完成第 21 题、第 31 题、第 32 题和第 37 题，说明学生未能达到课程标准中关于"能读懂简单的统计图表；根据统计图表回答问题；能解释统计结果，根据结果作出简单的判断和预测，并能进行交流"的要求，综合运用知识解决实际问题的能力尚有不足。

4. 良好组的学生除掌握了最低能力组的学生掌握的课标内容外，还在以下方面掌握较好：（1）能读懂简单的统计图表，根据统计图表回答问题，能解释统计结果，根据结果作出简单的判断和预测，并能进行交流；（2）获得综合运用所学知识解决简单实际问题的活动经验和方法，等等。

5. 优秀组的学生完全达到了课程标准规定的要求，并表现出良好的解决问题的能力。

五、主要发现

1. 78.3% 的学生数学学科的学习达到合格及以上水平，97.5% 的学生达到基本合格及以上水平，不合格学生所占比例仅为 2.5% 。这表明，小学六

中国小学生学业成就测评报告与测试工具

年级学生在数学学科的学习基本达到了《数学课程标准》的要求。未达标学生存在的主要问题是：（1）基础知识与基本技能理解和掌握不到位。（如数的认识）这部分学生不能找出两个自然数的公因数和最大公因数，不能完成小数、分数和百分数之间的转化，对整数、奇数、偶数、质数、合数等概念认识模糊。（2）不能较好地运用知识解决问题。如，虽然能达到课标对运算能力的要求，却不能解决简单的应用问题，虽然能根据等量关系求出未知的数，却不能运用解方程解决问题，需要综合运用知识进行解决的问题无一答对。（3）数感较差，只能对数目较小的数进行估计，对较大的数目难以体会。（4）空间观念没有很好地建立起来，不能正确地判断从正面、上面、左面看到的一个物体的形状，不能正确地判断简单几何体和平面图形的形状、大小、位置关系，不能正确地在图上标出一条符合条件的道路。（5）"统计与概率"的学习与课标要求相去甚远，不能根据统计图中的数量关系进行计算、不会求数据的中位数与众数之差、不能求一个简单事件的可能性。（6）数学思维有明显差距，不能从给定的事物中发现规律并进行推断。

2. 学生在"统计与概率"、"空间与图形"方面学习状况要逊色于"数与代数"，读懂图表并获取需要的信息的能力仍有不足。如，不合格组的学生基本能够完成"用分数描述小数点移动后数大小的变化"、"根据具体生活情境用估算解决问题"、"省略尾数改写成以亿为单位的数"、"应用比例关系解决需要计算的实际问题"、"将分数表示的量转化为比例关系"、"在具体情境中说出用正负数表示行走方向和距离的最终结果"、"计算三位数除以两位数的除法"、"根据等量关系求出未知的数"、"写出一个符合要求的多位数"等任务，而"从时间—路程图中间接获得关于速度的信息"、"从时间—路程图中获得正确的隐藏信息"、"根据统计图中的数量关系进行计算"等任务只有良好组及优秀组的学生才能完成，"计算一个半圆的周长"这样的任务也只有合格组及良好组、优秀组的学生才能完成。

3. 学生在"数学思考"方面的表现要逊色于"知识与技能"方面，发现规律和进行数学推理的能力仍需提高。如，"根据发现的规律进行推断"要到合格组才有部分学生能够完成，而该组学生已经基本可以完成《数学课程标准》规定的知识与技能领域的内容，而"用分数大小的比较进行推理"这样的任务要到良好组才有学生能够完成。

4. 数感的培养仍需要加强，联系生活实际进行估算的能力不足，如第6题，有21%的学生估计不出一天心跳的次数。

5. 分数小数概念的教学仍需要改进，要切实帮助学生理解知识。有20%的学生不能写出一个符合要求的小数，比例明显高于整数部分相应的题目。有30%的学生不能很好地判断一个分数能否化成有限小数，原因可能是这部分内容对小学生来说比较抽象和枯燥，难以理解；也存在小学生对分解质因数的知识掌握不牢固的可能。能用分数描述小数点移动后数的大小变化的学生比例也不是很高。

6. 有92%的学生可以根据等量关系求出未知的数，但只有61%的学生能够运用方程解决问题；有82%的学生可以判断"满分不为100的考试中的及格情况"这样的计算问题，但只有66%的学生能够很好地解决与小数有关的实际问题。在9道综合运用知识解决问题的题目中，单一结构水平、多元结构水平和关联结构水平的题分别为1道、6道和2道，难度水平并不很高，但不合格组的学生无一题可以完成，基本合格组的学生也只能完成两道多元水平的题目，合格组的学生仍有三道题不能完成。

7. 分数、百分数应用题仍然是教学难点，搞清一倍数对学生来说有难度。如第20题，有28%的学生存在这方面的问题。

六、对策与建议

（一）完善《数学课程标准》

统计观念和空间观念以及获得数据信息的能力是《数学课程标准》着意强调的内容，学生在这方面表现得相对逊色，说明这部分内容如何教与如何学的问题仍需进一步研究，同时，反观《数学课程标准》，在这方面的表述亦有不够清晰之处，也在一定程度上影响了教学和评价，《数学课程标准》

的内容和要求需要进一步清晰化，解决好"教什么"的问题。

与原教学大纲相比，《数学课程标准》摒弃了传统的"应用题"的提法，在总体目的中提出了"数学思考"和"解决问题"，这是对传统"应用题"的超越与拓展，体现出对解决问题的高度重视，也突出了数学的学科特点，但因其仅出现在总体目标中，虽然分学段进行了表述，但内容过于笼统，仅停留在理念层面，缺乏可操作性，教学中很难把握。为了保证学生对基础知识和基本技能的掌握，课堂上教师很难在所有知识与技能的教学中贯串"数学思考"和"问题解决"的思想，必然出现"厚此薄彼"的现象。因此，《数学课程标准》在这方面的规定需要进一步细化，特别是应考虑增加"表现标准"，切实落实"数学思考"和"问题解决"能力的培养。

（二）进一步转变学生的学习方式

学生在"解决问题"、"数学思考"以及其他一些知识内容的掌握上的不足，都与学生的学习方式密不可分。本次课程改革在转变学生的学习方式上作出了巨大努力，效果十分明显。但也应该看到，课程改革的理念在实施过程形式化、浅层化和绝对化的倾向依然存在，必须进一步加大教学研究和教师培训的力度，改进教材编写，使学生在学习过程中的自主性、主动性和探究性真正得到发挥。

（三）重视并加强数学思想方法的教学

除了改进教材教学外，加强数学思想方法的教学也是改善学生数学学习薄弱环节的重要途径之一。本次课程改革在这方面也有所重视，但在教材编写和课堂教学中仍然重视不够。其中的原因是多方面的，缺乏专门的研究是非常重要的一个因素，致使教材的编写者和一线教师无章可循。作为教材中某一具体的数学知识，往往可以同时体现多种数学思想方法，但对于一种具体的数学思想方法来说，可以按照多次孕育、初步形成、应用发展三个阶段进行设计。在教材编写过程中，要注意随时挖掘蕴涵在教学内容中的各类数学思想方法，有意点拨，切实加强小学生对数学思想方法的体验和感知。

科学测评报告

一、研究背景

随着国际竞争的日趋激烈和义务教育改革的深化，世界各国越来越重视教育竞争力的提升，教育竞争力体现在诸多方面，其中一项重要指标就是学习者的学业成就。中小学生学业成就调查是根据一定标准所进行的学习者学业发展水平数据采集和价值判断的活动。在世界各国普遍重视教育质量并开展学生学业成就评估的背景下，在我国实现"两基"、全面推进素质教育、深化课程改革，尤其是新一轮课程改革从小学3年级开设科学课程前提下，开展"十一五"国家重点课题"中小学生学业成就调查研究"之小学科学学业成就调查研究具有非常重要的理论意义和实践价值。科学学业成就的相关研究在国内外都有比较大的进展，对本课题的研究具有重要的启示和借鉴价值。

（一）国际科学学业成就评价研究的进展

1. IEA 开展的评估项目

IEA 是世界上最早、最有影响的国际教育成就评价组织。迄今为止，IEA 已经开展了 23 项跨国研究，其中包括 TIMSS、国际阅读素养进步研究（Progress in International Reading Literacy Study，简称 PIRLS）、信息技术教育研究（Second Information Technology in Education Study，简称 SITES）、公民教育研究（International Civic and Citizenship Study The Civic Education Study，简称 CIVED and ICCS）、学前教育研究（简称 PPP）等。1994 年到 1995 年举行了第三次"国际数学和科学研究"（Third International Mathematics and Science Study），45 个国家的 50 万学生参加了此次研究。此后，IEA 每隔四年开展一次评估研究，并将该项研究名称改为"国际数学和科学教育成就趋势研究"（Trends in Mathematics and Science Study，其简写仍为 TIMSS）。其中涉及科学方面的评估分别在 1970 年到 1971 年、1983 年到 1984 年、1995 年以及 2003

年和最近的 2007 年开展。

TIMSS 的研究价值在于帮助各个国家监控和评价跨时间、跨年级的数学和科学教学，通过参与 TIMSS，各个参与研究的国家能够得到综合性的、国际性的参照数据——关于学生在四年级、八年级段已经学到的有关数学和科学的概念、过程和养成的态度；从国际视角评估四年级学生和八年级学生在数学和科学上的学习进展；鉴别学生从四年级到八年级在数学和科学的知识与技能领域中所增长的方面；帮助各国围绕与高水平的学生学习成就相关的关键因素进行国际性的比较，如在课程政策、教学、资源之间的比较，阐释国家内部的政策问题等[①]。

早期的 TIMSS 评价框架由三个维度组成，一是内容维度，二是期望表现维度，三是观点（态度）维度。随着历次测评的改进，到了 2007 年，在 TIMSS 2007 科学评估中，其评估框架结构内容显示出了新的变化[②]。

第一，评估框架由两个维度构成。TIMSS 2007 科学评估框架由内容维度和认知维度两方面组成。在内容维度中详细说明了科学评估中涉及的领域或主题，在认知维度中描述了期望学生在学习科学内容时表现出的一系列行为。内容维度和认知维度的内容（见表 2 - 3 - 1）是 TIMSS 2007 四年级和八年级评估的基础。

表 2 - 3 - 1　TIMSS 2007 科学评估框架四年级和八年级内容和认知领域及目标比例

维　度	领　域		百分比（%）
内容	四年级	生命科学	45
		物质科学	35
		地球科学	20
	八年级	生物	35
		化学	20
		物理	25
		地球科学	20

---

① 苏咏梅. 从 TIMSS 透视香港的小学科学学习 [J]. 亚太科学教育论坛，2008（6）：16.

② 胡军. 如何评价学生科学学习的成就——国际数学和科学研究趋势（TIMSS）科学评估框架带来的启示 [J]. 科学课，2008（6）：26.

维　度	领　域		百分比（％）
认知	四年级	领会	40
		应用	35
		推理	25
	八年级	领会	30
		应用	35
		推理	35

第二，领域及其主题的呈现。TIMSS 2007 科学评估框架的每一内容领域还包括几个主要的主题，每一主题作为涵盖在多数参与国家的科学课程标准中的一列目标呈现，并提供了每一主题的一组评估目标。这些目标是根据学生可能引发的行为而描述出来的条目，这些条目显示出对学生的理解和能力期望。下面以四年级为例，描述了每一科学内容领域所包括的主题。

表 2-3-2　四年级内容领域及其所包括的主题

四年级内容领域	每一领域包括的主题
生命科学	生物的特征及生活过程
	生命周期、生物的繁殖和遗传
	生物与环境间的相互作用
	生态系统
	人体健康
物质科学	物质的性质和种类
	物态及其变化
	能源、热、温度
	光和声
	电和磁
	力与运动

续表

四年级内容领域	每一领域包括的主题
地球科学	地球的结构、物理特性和资源
	地球的运动、周期变化和历史
	太阳系中的地球

评估框架中还围绕每一主题提供了一组评估目标，如在生命科学内容领域中，围绕生物与环境间的相互作用这一主题提供的评估目标包括：将动植物的自然特征与其生活环境相联系，识别或举例说明动植物的某一特征是如何使它们更好地适应特殊环境的；描述人遇到外界条件变化（如冷、热、危机）时身体的反应和活动。

第三，精选主题和目标。在全面分析、讨论各个国家的课程标准的基础上，相关小组对评估主题和目标再次进行调整，确保评估框架的内容尽可能是为多数国家共同认为重要的教育内容和目标，使之在大范围的国际评估中更恰当、更具可行性。

第四，对两个年级的内容领域和主题分别描述。TIMSS 2007 将四年级和八年级的数学和科学评估内容领域部分分别进行描述，更加清晰地反映出两个年级的不同的内容领域，以及每一领域所包含的主题和目标。

两个年级内容所含领域不同。TIMSS 2007 科学评估框架中在内容领域上，四年级与八年级有所不同，四年级更强调生命科学，而八年级则从生物入手，同时将物理和化学作为两部分分开评估，与四年级的合并为物质科学相区别。环境科学不再像 TIMSS 2003 那样与生命科学、物质科学等并列列出，而是将其渗透在生命、物质、地球科学中。

第五，认知维度包括三个层次，每个层次包含不同水平的期望表述。TIMSS 2007 科学评估框架中基于学生面对评估中的各种项目时应该知道的和能够做到的，将认知维度分为三个层次。一为领会，包括学生需要知道的事实、过程和概念；二为应用，集中在学生遇到问题时应用知识和概念理解的能力；三为推理，超出常规问题的解决方案以围绕新情境、复杂关系和多步骤的问题展开。具体地说，领会中包括识记、下定义、描述、举例说明、使用工具；应用中包括比较/分类、使用模型、关联、说明信息、找出解决办法、解释；推理中包括分析/解决问题、整合/综合、假设/预测、设计/计划、得出结论、概括、评价、证明。另外，每个层次中列出了与其相对应的具体的行为。

第六，科学探究贯串其中。科学探究与所有科学领域的内容相叠，包含基于内容和技能的两个部分。科学探究的评估包括一些项目和任务，这些项目和任务需要学生展示出在开展科学活动时对一些工具、方法和程序所必备的知识，并应用这些知识从事科学探究，并基于事实和证据，用科学的理解作出解释。科学探究的过程能够促进对科学概念、推理和问题解决技能更广泛的理解。期望两个年级水平的学生将具有关于科学的本质和科学探究的常识，包括科学知识是可以发生变化的这一事实，利用不同类型的科学研究以检验科学知识的重要性，使用基本的科学方法，对研究结果的交流以及科学、数学、技术之间的相关作用。除此以外，期望学生在以下科学探究过程中的五个方面展示出的技能和能力，包括形成问题和假设、设计调查/研究、呈现数据、分析和解释数据、得出结论并给出解释。

相对于 OECD 的 PISA 项目，TIMSS 评估框架的设计更多依据课程标准，更注重对学生当前相关课程学习成果的评估。

2. OECD 开展的评价项目

PISA 是由 OECD 发起并实施的为各国协作监控教育成效的评价项目。PISA 应用现代测量理论测试义务教育结束阶段（约 15 岁）的学生在阅读、数学和科学领域的发展水平，配套调查问卷进而评价各参与国家与地区的教育成效，进行国际比较，超越了传统考试手段的局限性，是世界上颇具影响的国际教育评价项目之一。

PISA 在 2000 年进行了首轮测试，有 32 个国家参与。以后每 3 年为一个测试周期，每个测试周期都有一个侧重的领域，测验时间的三分之二用于重点评价领域。该项目每隔 3 年可对一个领域的变化趋势作出相应的分析，每隔 9 年能对学生在各个领域的知识掌握程度进行全面的评判。2000 年的重点评价领域是学生的阅读素养；2003 年进入了第二个周期，有 41 个国家和地区参与，重点评价领域是学生的数学素养；2006 年进入了第三个周期，有 56

个国家和地区参与，重点评价领域是学生的科学素养①。

PISA 2006 科学素养评估中使用"科学素养"而不只是"科学"这一术语，与传统的只注重简单重复科学知识的学习不同，更强调将科学知识运用到实际生活情境中去的重要性。对知识的利用需要运用科学的方法和能力（科学探究），并取决于个人对有关科学事件的爱好、兴趣、价值观和行动。学生所具备的科学能力包括两个方面，一方面是指学生具有一定的科学知识，另一方面是指学生对科学作为获得知识的途径这一特点的理解，同时，承认科学能力的表现取决于个人对科学的态度和从事科学相关工作的意愿。然而非认知方面，如动机，也被看做是能力。PISA 2006 科学素养的定义涉及下列四个方面。

（1）情境　认识到生活情境中涉及科学与技术，包括健康、自然资源、环境、危机、科技前沿等方面。

（2）知识　基于科学知识包括自然科学和有关科学的知识，理解自然世界。

（3）能力　展示一些能力包括识别科学问题，科学地解释现象，在事实和证据的基础上得出结论。

（4）态度　显示出对科学的兴趣，支持科学探究，主动承担责任，例如对自然资源和环境的责任。

在此基础上形成了 2006 年 PISA 科学评估框架②。

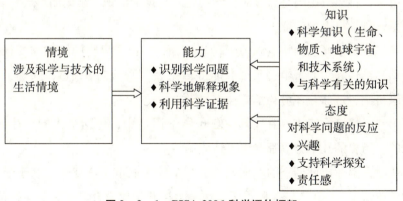

图 2 - 3 - 1　PISA 2006 科学评估框架

---

① 杨宝山. 科学课程学业成就调查的实施 [J]. 亚太科学教育论坛，2008（6）：1.

② PISA. Assessing Scientific, Reading and Mathematical Literacy: A Framework for PISA 2006 [EB/OL] [2012 - 05 - 24]. http://www.pisa.oecd.org.

　　在科学素养中，个人具备一定的科学能力是非常重要的。PISA 2006 科学评估框架是明确了科学能力，主要指识别科学问题的能力，科学地解释现象的能力以及利用科学证据的能力，每个方面的能力又分别包括一些具体内容。

识别科学问题

（1）识别那些可以进行科学研究的问题

（2）识别检索科学信息时的关键词

（3）识别科学研究的主要特征

科学地解释现象

（1）在给定的情境下应用科学知识

（2）科学地描述或解释现象并预测相应的变化

（3）识别恰当的描述、解释和预测

利用科学的证据

（1）解释科学证据，得出并交流结论

（2）识别假设、证据并推理出结论

（3）反思科学与技术的发展给社会带来的影响

其框架在内容方面显示出如下新特点。

　　第一，科学方法的特点。对科学问题、证据的认识，结论的形成和表达，对所了解科学概念的论证。

　　第二，科学概念的特点。关于科学主题，突出了事物的结构与特征、力和运动、结构和功能、生态系统、能量转化等。关于应用领域，强调了生命与健康科学、地球与环境科学、技术科学。

　　第三，情境的特点。在 PISA 2006 科学评估中，包括个人的、社区的、全球的、历史的几个方面都突出了情境的特点。

　　从学生学业成就调查的取向来看，IEA 较为偏重于考查学生基于学校教育的学业情况；OECD 较为侧重于考查学生离开学校教育成年后的生存能力。从学生学业成就调查的内容来看，两者均集中在国际上公认的阅读、数学和科学等核心学科。从学生学业成就调查的结果来看，所有参与国家大都根据学生学业成就的世界排序，认真检讨各自的课程教学、教育制度、社会文化和家庭环境等因素对学生学业成就产生的诸多影响。

3. 其他国家科学学业成就评价研究的实施

（1）NAEP

NAEP 是目前美国唯一从全国范围内收集典型学生样本，且持续时间长达数十年的学生学业成绩评估组织。1963 年，美国由于缺乏有关学生学业成绩方面的信息，国家教育专员凯普尔（Francis Keppel）呼吁建立一个全国性的学生学业成绩评估体系，并邀请著名的心理学家、教育家泰勒（Ralph Tyler）共同参与筹备工作。由于是针对多个学科领域、多个年龄段，反映不同学生学业成就水平的全新评估方式，整个评估体系的开发时间比预期要长。到 1969 年，整个项目被重新命名为"全家教育进展评价"。

从 20 世纪 60 年代开始，该组织陆续在阅读、数学、科学、写作、历史、公民、地理和艺术等各个学科开展定期的学业成绩测评，测评对象是全美最具有代表性的 4 年级、8 年级和 12 年级学生。直至 1996 年，该评估模式才完全确立，包括全国评估、州评估、城市地区试验性评估、全国长期趋势评估等[1]。

NAEP 基于标准的评价模式设计思路是：以促进学生的学习为中心，强调逆向设计和事先的规则（评价的设计先于教学实施）以及评价与教学的融合，根据表现期望编制试题，并通过学生对试题的反应来评价和解释学生在学科领域中知道了什么，能做什么[2]。

（2）APU

APU 始于 1975 年。该项调查主要评估学生在三个学习领域的成就，包括语言，数学和科学。目的是促进评量方法的发展，监察在学儿童的成就，识别低学业成就的情况。根据此宗旨，APU 有四个主要职能[3]：

第一，识别和评鉴现有的评估方法和工具，以达至上述目标；

---

① 武荷岚，杨友源，郑美红. 美国国家教育进步评估中的科学评估［J］. 亚太科学教育论坛，2008（6）：23.

② 崔允漷，王少非，夏雪梅. 基于标准的学生学业成就评价［M］. 上海：华东师范大学出版社，2007：39.

③ 李扬津. 英国学生的科学成就调查［J］. 亚太科学教育论坛，2008（6）：30.

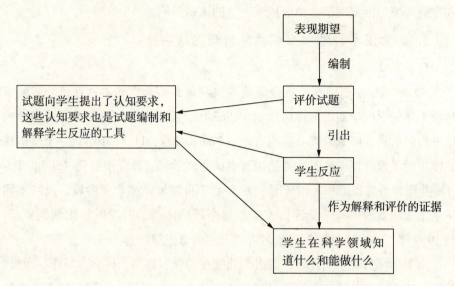

图 2 – 3 – 2　NAEP 基于标准的评价模式

第二，资助开发新的评估工具和技术，同时考虑统计和取样方法；

第三，促进地区教育部门和教师之间的协作，以进行评估；

第四，识别在不同学习环境下，学生学业成就出现的显著差异，包括低成就问题，以及将评估结果公诸教育部门及学校内负责资源分配的人士。

（二）国内科学学业成就评价研究的状况

由于多种原因，我国大陆未整体直接参加 IEA 和 OECD 等国际评价组织的学生学业成就评价项目。不过，香港和台湾已经参加了多次。如香港参加了 SISS 1983—1984、TIMSS 1995、TIMSS 2003 和 TIMSS 2007。从 20 世纪 70 年代后期开始，我国的理论界先后参照布卢姆等的教育目标分类框架，从认知、技能、情感态度和学生品德等多方面地进行了引进、吸收和本土化改造。20 世纪 90 年代起，我国在学生学业成就现状调查和影响因素分析方面进行了多次的探索和实践。

1. 地方层面

在地方层面上，"十五"期间以来，比较有影响的课题如，北京教育科学研究院主持的"小学生学业成就评价改革研究"，上海市黄浦区教育局主持的"中小学实施素质教育中的学业管理和评价研究"。此后，如北京市义务教育阶段学业水平测试组自2007年开始的对五年级和八年级学生的学业质量的测查和评价等。在上述研究中，一些评价理念、操作模式等对我们所进行的科学学业成就调查提供了一定的参考。

例如，上海市黄浦区教育局的探索学生学业的管理和评价方式中，就非考试类科目教学目标的学业管理和评价研究、满足学生差异的学业管理与评价研究、学生主体性发展的学业管理与评价研究等方面均进行了有益的探索。

又如，北京教育科学研究院历经"十五"期间一轮的研究工作，初步构建了包括知识、技能应用水平，信息能力、交际能力、问题解决能力等代表性能力，以及学习态度、学习兴趣、学习意志、学业价值观、学业情感等关键要素的小学生学业成就评价指标体系。自2007年开始，北京市义务教育阶段学业水平测试组依据《全日制义务教育科学（3～6年级）课程标准（实验稿）》（以下简称《科学课程标准》），又对城区和郊区的五年级和八年级的6546名学生的科学学科学业质量进行了测查[1]。该项测查包括内容领域、能力领域见表2-3-3。

表2-3-3　北京市科学/生物评估框架（部分）

维　度	领　域
内容	生物体的结构
	生物体的生命活动
	生命的延续
	生物与环境
	生物技术
能力	操作能力
	探究技能
	综合技能

---

[1]　王燕春，郝懿，胡进．北京市2007年义务教育阶段学业水平测试结果分析［J］．教育科学研究，2009（9）：43.

结果表明，随年级的升高，城区、郊区学生群体的得分率差距有加大的趋势。这在一定程度上反映了我国一些地区科学课程实施的真实状况。

2. 国家层面

在国家层面上，"十五"期间以来，比较有影响的课题如，原国家教委基础教育司与联合国儿童基金会、教科文组织联合开展的"8省抽样调查"，"东亚太平洋地区学生学业评价研究"，曾涉及四年级与六年级的2.4万名小学生、近1300所小学和6000多名教师，是我国第一次对小学生学习质量进行的宏观监测。该项调查采用了国际规范的设计方案，包括多阶分层随机抽样，对教育质量采用了"世界全民教育"的"基本学习需要"定义。除测试外，还搜集了大量的学生、家庭、教师和学校等有关数据。在上述研究中，一些评价理念、实施策略等对我们所进行的科学学业成就调查提供了颇有价值的借鉴。

新课程实施后，教育部曾委托一些高校成立项目组开展有关评价的研究。针对初中阶段，"教育部初中毕业学业考试评价"理科项目组自2003年始对初中理科会考的命题和开发进行了广泛的实践探索。在总体理论框架上，该项研究虽然尚无明确的导向，但是对科学知识、科学探究和情感态度等方面的考查提供了一些具有一定建设性的命题原则和要求。针对高中阶段，"新课程背景下高中学生学业评价"项目组，于2003年开始对学生学业成绩评价进行理论研究和实践探索。该项目研究分为两个阶段，第一阶段是2003年到2005年，主要就高中学业评价的基本理念和框架、模块终结性测验的定位和方案、过程性评价的理念和方法、开放性试题的命制等进行了探讨；第二阶段是2005年以来，主要就高中必修课程学业评价进行探讨，在命题与考试方面开展实践研究。

此外，教育部考试中心主持的PISA中国测试项目于2006年10月正式启动。该项目组从150所样本学校抽取了5000余名学生样本，实现了试点地区近1200所学校16万名15岁在校生的整体阅读素养、数学素养和科学素养的测试。在有关科学素养的测量中，该项目主要基于"识别科学问题"、"科学地解释现象"、"使用科学证据"三个能力维度和"科学兴趣"、"支持科学探究"两个态度维度来建构①。北京师范大学"促进教师发展与学生成长评价研究"项目组于 2002 年开始在评价方法上进行了几年的探索，他们尝试构建电子化的发展性评价系统，旨在提高评价的效率，提供个别反馈与指导。设在北京和上海两地的国家基础教育质量监测评估中心也分别就中小学生学业成就状况进行了调查。

上述研究在国际经验的借鉴、评价指标和评价工具的编制、评价方法的拓展、相关数据的采集、评价结果的推论等方面进行了探索或实践，都为本课题研究提供了具有建设性的意见或建议。从目前我国学生科学学业成就评价操作上看，测验题目的编制大多凭经验，缺少理论层次的指导；评价方式方法还较为单一；评价结果的使用还不够规范。为此，当前十分紧迫的是需要研制体现本土学生发展状况的相对完善的测评工具，展开全国基础教育阶段学生科学学业成就调查，分析影响学生科学学业发展的因素，为教育决策提供切实可靠的依据。我们所做的全国 31 个区县科学学科的学业成就调查正是基于上述考虑而开展的。

二、研究的理论依据和主要分析

（一）理论依据

基于背景和现状的研究，本课题提出，此次调查以《基础教育课程改革纲要（试行）》为指导，以《科学课程标准》和 SOLO 分类法为依据，以 IRT 及 Rasch 模型为主要测量理论基础，以国内外相关研究所取得的成果为主要参照，创造性地开发评估框架和工具。

1. 以《基础教育课程改革纲要（试行）》（以下简称《纲要》）为指导

《纲要》汇集了多年来教育教学和课程研究领域的精华，体现了党和国

① 王蕾. 教育评价探新［M］. 西安：西安交通大学出版社，2007：50.

家对基础教育发展的要求，其基本理念、基本原则和实施策略可成为本研究的基本价值取向。《纲要》要求，建立促进学生全面发展的评价体系。评价不仅关注学生的学业成绩，而且要发现和发展学生多方面的潜能，了解学生发展中的需求，帮助学生认识自我，建立自信；发展评价的教育功能，促进学生在原有的水平上的发展。

2. 以《科学课程标准》为调查的基本依据

小学科学课程是以培养科学素养为宗旨的科学启蒙课程①。小学阶段科学课程的学习，有利于学生形成科学的认知方式和科学的自然观，并丰富他们的童年生活，发展他们的个性，开发他们的创造潜能。新的基本理念强调，科学课程要面向全体学生，具有开放性且内容要满足社会和学生双方面的需要；学生是科学学习的主体；科学学习要以探究为核心，评价应能促进科学素养的形成与发展。工具的开发将以《科学课程标准》中的内容和要求为依据，包括生命世界、物质世界和地球宇宙世界的内容。

3. 以 IRT 及 Rasch 模型为基础

IRT 可以理解为一种探讨被试对项目的反应与其潜在特质间关系的概率性方法。Rasch 模型又称单参数逻辑模型，即透过受试者的作答反应，得到客观等距的量尺。无论是效度分析、信度分析、常模分析、吻合度分析、标准参照和常模参照考试，Rasch 模型或 IRT 都显示出一定的优势。

4. 以 SOLO 分类法为评分方法

SOLO 分类法的实质描绘了学习者学习质量的等级，是一种基于等级描述的评分方法。SOLO 将学生学习的结果由低分到高分为五个不同的层次，即前结构水平、单一结构水平、多元结构水平、关联结构水平、拓展抽象结构水平。

SOLO 的五种层次代表了学生对于某项具体知识的掌握水平，教师可从

---

① 中华人民共和国教育部. 全日制义务教育科学（3～6 年级）课程标准（实验稿）［M］. 北京：北京师范大学出版社，2001：1.

学生对某个问题的回答中，对照上述标准就学生知识内容的掌握情况作出判断。可见，SOLO 分类法可以用于形成性的学生学业评价；在评价中，如果将上述五个层次赋予不同的等级分数，学生对问题回答的质量便可量化，量化的分数可作为终结性评价的依据。依据 SOLO 分类理论编制的选择题与一般意义上的选择题有着本质的区别。一般意义上的单项选择题所能选择的答案是唯一的，即只有一个选项是正确答案，可以得分，而其他选项均为错误，不能得分。而依据 SOLO 分类理论编制的选择题中除了这种单一选择题型外，还有可以进行多元选择的题型，也就是说选项不是唯一的，几个选项可能都有意义，反映了学生思维的不同发展水平，而对不同的选项可以赋予不同的分值，最终具体了解到学生的不同发展状况，从而采取相应的教学策略。

（二）基本概念的界定

1. 学生学业成就

学生学业成就是指在教师指导下，学生在先前经验的基础上通过学习活动在知识、技能以及情感态度等方面达到的发展水平。本课题中的学生学业成就指小学科学学科学习中学生的发展水平。

2. 科学学科能力

科学学科能力是指在教师指导下或在自主学习基础上，学生基于先前的经验通过学习活动在知识、技能、方法和情感态度等方面达到的发展水平。本课题中的科学学科能力指小学科学学科学习中学生的能力发展水平，同时还涉及学生在综合实践活动和有关学习领域的基本能力。

3. 科学学科能力测试

科学学科能力测试是对学生在某个学习任务中所掌握的知识、技能及情感态度等发展状况的测量并作出价值判断的过程。科学学科能力受校内外诸多因素影响，因此在进行该测量的同时，需要对相关影响因素进行调查。

（三）科学学科能力评估研究的借鉴

在国际科学学科能力评估研究中，对评估框架的研究具有重要的价值。如，TIMSS 科学评估框架由内容维度和认知维度两个部分组成。在内容维度中，涉及的领域或主题包括生命、物质、地球与宇宙世界等几个部分；在认知维度中，描述了期望学生在学习科学内容时表现出的一系列行为，其中包括领会、应用和推理等几个部分，每一部分又包括不同层次的能力要求。科学探究能力作为主要评价指标，始终贯串于整个评价的内容与过程。

PISA 的科学学科能力评估框架基于终身学习的动态模型。其基本理念基于两个层面：第一，学生在校的学习是将来所需知识和技能的基础；第二，学校的功能在于使学生具备终身学习的能力。在评估中，重点测评学生所具备的科学等学科的基础性知识、技能、态度、情感等方面在真实情境中的运用情况。其中科学素养是其测量中的一部分。

此外，NAEP 的科学评估框架规定了四、八、十二这三个年级学生学业的评定水平。该评估框架包括科学领域与认知要素两个部分。科学领域涉及地球科学、物质科学和生命科学，其中物质科学包括物理和化学；认知要素包括概念理解、科学探究和实用推理三个要素。

在我国的理论研究和实践中，有关科学学科能力的评估更多地特指科学素养的评估。近年来，我国就有关科学素养的测评框架问题也曾进行过诸多的探讨和实践。特别是新课程实施后，科学素养已经成为我国科学课程教育的首要目标。在科学学科的学业成就评价中，更加突出了基于科学的知识与技能、过程与方法、情感态度与价值观三个维度的科学评估架构的科学素养考查。

从目前我国学生科学学科能力评估的现状来看，需要背诵和记忆的内容尚未明显减少，学生亲自探究、动手操作等机会虽有所增加，但距课程标准的要求尚有一定的差距。在科学学业成就评价操作上，受应试教育、功利思想等影响，依然存在着"为考而学，为考而教"等现象。测验试题的编制仅凭经验，显得理论性、规范性不足。我们看到，我国实施新课程后，新的课程理念已经逐步被人们所接受。科学课程面向全体学生，科学学习以探究为核心，评价促进科学素养的形成与发展。

（四）我国教育改革对科学学科能力评估的新要求

从我国教育改革发展的长远目标来看，我国已经对小学阶段科学学科能力评估提出了新的要求。以培养小学生的科学素养为宗旨，积极倡导让学生亲身经历探究为主的学习活动，培养他们的好奇心和探究欲，发展他们对科学本质的理解，使他们学会探究解决问题的策略，为他们终身的学习和生活奠定基础。

当前，在评价的目的、内容和方法等几个方面，我国教育改革发展的现实情况，对小学阶段科学学科能力的评估提出了一些新的要求。例如，对科学学科能力的评估，要充分明确评价的目的，准确把握评价的内容，灵活运用评价的方法。同时强调在科学课程的学习评价中要注意评价主体的多元化，评价内容的全面化，评价方法的多样化，评价时机的全程化。评价要反映科学探究、情感态度与价值观和科学知识三个领域的内容，要以真实的日常学习为基础，充分运用所有的课堂内外的学习活动，全面反映学生学习和发展情况。

（五）我国新课程对科学学科能力评估的具体要求

新课程对科学学科能力的评估在评价的目的、内容和方法等几个方面提出了具体的要求。即对科学学科能力的评估体现在三个方面：要充分明确评价的目的，准确把握评价的内容，灵活运用评价的方法[1]。

1. 充分明确评价的目的

科学课程的学习评价，主要目的是了解学生实际的学习和发展情况，最终以提高学生的科学素养为主要目标。因此，新课程强调，在科学课程的学

---

[1]　中华人民共和国教育部. 全日制义务教育科学（3～6年级）课程标准（实验稿）［M］. 北京：北京师范大学出版社，2001：39－40.

习评价中，要注重评价主体的多元化，评价内容的全面化，评价方法的多元化，评价时机的全程化。

2. 准确把握评价的内容

科学课程的学习评价，主要包括科学探究、情感态度与价值观和科学知识三个方面。在科学课程的学习评价中，上述三个方面集中反映了学生在六年级学习结束时科学素养应达到的实际水平。

第一，科学探究。新课程对科学探究能力的评估，主要考查学生动脑"做"科学的兴趣、技能、思维水平和活动能力。如参与活动是否积极，是否持之以恒，是否实事求是；观察是否全面，提问是否恰当，测量是否准确，设计是否合理，表达是否清晰，交流是否为双向或多向的；搜集、整理信息、进行合理解释的能力如何等。

第二，情感态度与价值观。新课程对情感态度与价值观的评估，主要考查学生学习科学的态度。如学习兴趣是否浓厚；能否既尊重事实尊重证据又大胆想象勇于创新；是否乐于合作与交流，是否乐于采纳别人的意见、改进自己的学习或研究等。

第三，科学知识。新课程对科学知识的评估，重点在生命科学、物质科学、地球与宇宙科学诸方面最基本的概念和技能的理解过程与应用情况，而不是检查学生最终记住了多少信息。与过去相比，本部分主要采用课堂观察、作业分析、必要的测验和专题考查等方法。

3. 灵活运用评价的方法

科学课程的学习评价，主要以真实的日常学习为基础，充分运用所有的课堂内外的学习活动，全面反映学生学习和发展情况。在科学课程的学习评价中，主要方法包括：教师观察、与学生谈话、杰出表现记录、测验与考试、活动产品分析、学生成长记录、评定量表、作业法、评议法等。

（六）基本观点

第一，科学学科能力为学生学业成就的核心内容之一。它的培养主要依赖于学校课程的学习。它可用结构和过程两个维度来描述，结构反映其全面性和完好性，过程反映其活力程度与发展状况，前者着重学科内容，后者着重表现形式与过程；情感态度既体现在结构中，又反映在形式与过程之中，是科学学科能力得以提高的主要动力。

第二，影响学生科学学科能力的因素众多，主要存在于学生个体、学校、家庭、社会政治经济文化环境等四个层面。学生个体层面包括性别、社会背景、自我认知（自我效能感、自我概念）、动机（学习兴趣、参与程度、自信心）以及教育期望等；学校层面包括学校类型、学校结构、学校资源（人文、教育和物质资源的质量；教师和电脑的可用性）、校风（学生及教师的行为和道德）、学校管理以及课堂实践（活动、学生评价、教学时间、教师监控）等[1]；其中教学层面包括教学策略、学生知觉到的课堂气氛、班级大小、教师支持、教材使用、学校组织和结构等。

第三，学生学业成就的提高既需要宏观监控给予深度反馈，又需要不断改善课堂评价方式，两者各有优势，相互补充，相得益彰。其中后者的研究主要通过案例来进行，案例研究要将总结旧经验和创造新经验同等重视，并注重理论提升。

第四，我国学生学业成就存在着广泛的地区差异和个体差异，保护差异，提升水平是教育的天职；寻找不利差异形成的因素，给予适宜的干预和补救，是本研究的初衷，也是为了实现真正的教育公平。

三、研究目的和方法

此次调查是基于标准的学生学业成就评价，其目的不外乎对外要能满足公众问责的要求；对内要能满足学生学习改善的要求。这两个目的的实现都离不开课程标准。课程标准是学生学业成就评价的有效基石，它承担着学生学业成就评价标准的功能和职责。

---

① 王蕾，焦丽亚. 学生能力国际评价项目（PISA）简介与香港 PISA 2003 评价报告的再评价 [J]. 中国考试，2006（9）：10.

（一）评估框架和测试工具开发

1. 评估框架

基于国内外学业成就评估框架的研究和我国课程改革的特点，开发出此次调查的评估框架，主要包括三个维度（如图2-3-3所示），即内容领域、科学能力和表现水平。有关学生科学态度、情感、价值观的调查则通过问卷调查完成。

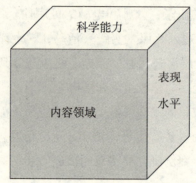

图2-3-3　此次调查的评估框架维度

（1）内容领域

主要依据《科学课程标准》中生命世界、物质世界、地球和宇宙世界3个内容领域；每个内容领域包括若干主题，每个主题中又包括若干具体内容标准。在生命世界中，通过对生命现象的初步了解，培养学生对生命世界的热爱，对生态可持续发展的关注，养成良好的个人卫生习惯和健康生活；在物质世界中，要了解水、金属等常见物质一些基本的性质与变化过程，"运动与力"部分使学生开始接触位置与运动的概念，知道力与运动变化的关系，了解常见的简单机械，"能量的表现形式"部分包括了声、热、光、电、磁这些物理现象，并使学生知道它们都是能量的不同表现形式，能量可以转换；在地球与宇宙世界中，使小学生获得有关地球的更完整的印象，包括了解地球的概貌和组成物质以及因地球的运动而引起的各种变化①。

---

① 中华人民共和国教育部. 全日制义务教育科学（3~6年级）课程标准（实验稿）[M]. 北京：北京师范大学出版社，2001：39，40.

（2）科学能力

科学能力的内涵和分类方法很多，此次调查主要根据课程标准中涉及的能力要求并加以分类，以及小学六年级学生科学能力发展的状况和身心发展的特点，侧重科学实践，着重评估学生的科学呈现（Presentation）、科学应用（Application）和科学探究（Inquiry）三个方面的能力，每个方面又包括若干具体能力或者说能够完成的主要任务，如科学应用能力包括应用所学科学知识解释生活中常见的现象、识别或辨别科学概念和原理的应用、分析事物之间的内在联系，以及利用所学知识和技能解决问题的能力；同样，科学呈现包括陈述内容和利用、构造模型加以呈现说明的能力；科学探究包括观察现象、分析资料和进行实验等能力。这种分类旨在不但要了解学生通过科学课的学习知道了什么，更要探查出他们能做什么。将科学能力进行细化得到表2－3－4。

表 2 – 3 – 4　科学能力及其具体描述

科学能力	具体能力（能完成的任务）
科学呈现（P）	陈述内容（P1）：下定义、列举、陈述、描述、举例说明、区分
	构造模型（P2）：图示、实物建模、数学建模
科学应用（A）	解释现象（A1）：识别、辨别、建立联系、解释（因果关系）、评判或评估
	解决问题（A2）：识别问题、寻求方法、列出备选方案、确定解决方案、执行解决方案、评估（结果）
科学探究（I）	观察现象（I1）：提出问题、观察、测量、记录、分类、类比或对比、得出结论
	分析资料（I2）：确定主题、检索资料、调查或访谈、阅读文字资料、识读图表、区别事实与观点、分析或推断或概括、证明、论证、评判或评估
	做实验（I3）：预测（提出问题）、确定变量、提出假设、列出实验步骤、选用材料和工具、实验操作、用图表整理数据、得出结论、讨论、评判或评估

（3）表现水平

依据 SOLO 分类法，分析学生能力发展情况，将学生对问题的反应水平划分为五个层次或称五种结构①，即前结构水平、单一结构水平、多元结构水平、关联结构水平、拓展抽象结构水平。其含义见总报告。

我们不可能单独评价学生掌握的科学内容和具备的科学能力，因为学生不可能面对一堆评价内容而毫无行为表现，也不可能作出没有内容指向的外显行为，两者的交叉即可表述为学生在不同内容领域中的"表现期望"或者是"能力要求"（如表 2-3-5 所示），以此作为编制试题的依据，通过学生在每一题目上的反应判断其各种能力不同的表现水平（单一结构水平、多元结构水平、关联结构水平），这也正是三个维度之间的内在关系。

表 2-3-5　三个维度之间的关系

科学能力　　内容领域	生命世界领域	物质世界领域	地球和宇宙世界
呈现	能力表现期望	能力表现期望	能力表现期望
应用	能力表现期望	能力表现期望	能力表现期望
探究	能力表现期望	能力表现期望	能力表现期望

2. 双向细目表的编制

根据评估框架，从生命世界、物质世界、地球和宇宙世界三大内容领域中，筛选出重点内容目标，将内容目标转化为学生学习的表现期望（能力要求），标出能力分类，然后再以测验题目将学习结果操作化，并依据 SOLO 分类法，按照 2∶2∶1 的比例，设计单一（U）结构水平、多元（M）结构水平、关联（R）结构水平的测试题目，形成双向细目表（见表 2-3-6）。

---

① 蔡永红. SOLO 分类理论及其在教学中的应用 [J]. 教师教育研究，2006（1）：34.

表2-3-6　小学六年级科学测试双向细目表

科学课程内容标准			表现期望（能力要求）（学生能）	能力分类	表现水平	题号/答案	构成比例
内容领域	主题	内容标准					
生命世界 11（数字代表数量，下同）	多样的生物	知道真菌是既不属于动物也不属于植物的一类生物	辨别出既不属于植物也不属于动物的生物	P1 区分	M	1/C	U：6 M：4 R：1
	生物的共同特征	了解不同生物的生命过程是不一样的	观察分析出菜粉蝶和蝗虫在生长变化过程最主要的区别	I1 观察	U	4/C	
		能指认植物的六大器官	识别常见蔬菜食用部分为哪个器官	A1 解释	U	3/A	
		知道生物的很多特性是遗传的	从一些特征中辨别出从父母那里遗传的特征	A1 辨别	M	8/C	
	生物与环境	观察植物的外形，并将观察结果和它们的生活环境建立联系	解释仙人掌的外形特征与生存环境的关系	A1 解释	U	2/B	
		懂得食物链的含义	分析、推断食物链中两成员之间的关系	I2 分析推断	U	41/B	
			分析、推断食物链中三者以上之间的关系	I2 分析推断	R	42/A	
	健康生活	了解人体呼吸的过程，知道常见呼吸系统疾病的产生和预防	识别肺的主要功能	P1 区分	M	5/B	
		知道常见呼吸系统疾病的产生和预防	辨别出吸烟容易引起哪种疾病	A1 辨别	U	6/C	
		关注科学技术的应用	分析出哪种戒烟方法是基于科学技术考虑的	A2 解决方案	M	7/D	
		了解影响健康的各种因素	辨别出饮用了被污染的水可能引起的疾病	A1 辨别	U	11/B	

续表

内容领域	主题	内容标准		表现期望（能力要求）（学生能）	能力分类	表现水平	题号/答案	构成比例
		物体的特征 了解物体通过加热或冷却可使物体的形状或大小发生变化，列举常见的热胀冷缩现象		分析、解释塘瓷乒乓球烫后鼓起的原因	I2 分析推断	M	23/C	U：5 M：9 R：5
		物质的变化 了解物质有三种常见的状态：固态、液态和气态；了解温度的改变可使物质的状态发生变化		分析折线图，识读出某种金属由固态变为液态所要达到的温度	I2 识读图表	M	29/B	
				分析折线图，识读出某种金属由液态变为气态所需要的时间	I2 识读图表	R	30/A	
				解释在沙漠比海边看到雾的机会少的原因	A1 解释	M	28/D	
物质世界 19	**运动与力**	**位置与运动** 能确定地描述一个物体的位置，理解物体的位置需要相对于另一个物体的位置来确定		识读图表，选定不同的参照物，描述三者之间的位置关系	I2 识读图表	R	38/C	
		常见的力 知道一些生活中常见的力，如风力、水力、重力、弹力、浮力、摩擦力等		计算出仪器在月球上失重后的重量	A2 计算	M	20/D	
				识别出撑杆带给运动员的力是哪种力	A1 辨别	U	21/B	
				找出日常生活中减小摩擦的办法	A2 解决	M	27/B	

续表

科学课程内容标准

内容领域	主题	内容标准	表现期望（能力要求）（学生能）	能力分类	表现水平	题号/答案	构成比例
物质世界 19	简单机械	知道利用机械可以提高工作效率，了解一些简单机械的使用，如斜面、杠杆、齿轮、滑轮等	分析常见工具，识别出哪项应用了杠杆原理	A1 解释	U	34/B	
			分辨出简单机械与复杂机械（机器人）	P1 区分	U	39/C	
	热现象	知道温度是表示物体冷热程度的，知道温度的单位，会使用温度计	筛选出最适合测量温水的温度计	I3 选择工具	M	25/D	
			正确地使用温度计测量物体的温度	I3 使用工具	M	35/D	
			正确读出温度计的示数，并按温度由低到高的顺序排列	I2 识读推断	R	40/B	
		了解热总是从高温物体传向低温物体，直到温度相等为止。了解常用的传热和隔热方法	应用热空气上升冷空气下降的知识分析实例，找到使汽水速凉的方法	A2 解决	M	22/D	
			分析数据，根据材料的隔热效果，推断出它们保温能力的强弱	I2 识读推断	R	24/A	
			分析实例，识别出哪项是根据热空气上升原理设计制作的	A1 解释	U	26/C	
			分析测量结果，判断所得结果中哪项是正确的	I3 得出结论	M	36/C	
			分析测量结果，判断所得结果中哪项是不正确的	I3 得出结论	R	37/D	
	简单电路	知道有的材料容易导电，有的材料不容易导电	筛选出导电能力差的材料	A2 解决	U	32/D	

能量的表现形式

续表

内容领域	科学课程内容标准		表现期望（能力要求）（学生能）	能力分类	表现水平	题号/答案	构成比例
	主题	内容标准					
地球宇宙世界 12	地球的概貌与地球的物质	知道地球是由小部分陆地和大部分水域构成	描述出地球表面的陆地与水域的构成分布	P1 描述	U	16/B	
		设计不同土壤对植物生长影响的实验	设计"绿色植物生长需要土壤里含有沙子"的控制变量的探究实验	I3 确定变量	M	19/D	
		知道土壤的构成	描述出土壤主要是由哪些物质构成的	P1 描述	M	12/D	
		意识到人类生存与陆地物质的密切关系及保护陆地物质的重要性	根据不同种类土壤的渗水能力，推断其保水能力的强弱	I2 识读推断	R	18/A	
			解释种树造林的主要目的	A1 解释	U	14/C	
		知道水域污染的危害及主要原因	推断蓄水池的主要作用	I2 识读分析	U	9/C	
			推断水净化过程中加氯的作用	I2 识读分析	R	10/A	
		能用一定办法证明空气的存在，了解人类对空气性质的利用	预测出实验结果，判断出哪个瓶中蜡烛先灭	I1 观察分析	M	33/C	
	地球运动与所引起的变化	知道地球不停地自传、自转一周的时间为一天，需24小时	描述出地球自转一周所需的时间	P1 描述	U	31/A	U：5 M：5 R：2
		认识到各种自然力量对地表改变的作用	识别出鹅卵石是在哪些自然力量作用下形成的	A1 解释	M	13/B	
		知道天气可以用一些可测量的量来描述	区分出沙尘暴的符号	P2 指认符号	U	15/B	
	天空中的星体	知道四季的代表星座	观察分析图表，辨认出北斗星在哪个星图中	P2 指认	M	17/D	

由双向细目表可得题量分布情况：

表 2 – 3 – 7　题量分布

	题量分布		总题量
内容领域	生命领域：11 道，约占总题量的 26%		42 道
	物质领域：19 道，约占总题量的 45%		
	地球领域：12 道，约占总题量的 29%		
科学能力	科学呈现：8 道，约占总题量的 19%		
	科学应用：16 道，约占总题量的 38%		
	科学探究：18 道，约占总题量的 43%		
表现水平	单一水平 U：16 道，约占总题量的 38%		
	多元水平 M：18 道，约占总题量的 42%		
	关联水平 R：8 道，约占总题量的 20%		

3. 测试工具开发流程

准备阶段

明确研究目的和研究方法，学习 SOLO 分类法，查阅 IEA、PISA 等国内外相关项目的研究成果，研究新课程改革的理念和小学科学课程标准，开展前期讨论交流。

编制阶段

依据课程标准的内容要求和 SOLO 分类法，编制小学六年级学生科学能力认知结构框架，包括涉及的内容领域，课程标准的要求，对学生的能力要求以及按一定比例设计相应的单一、多元和关联结构水平题目。

修改阶段

多次讨论交流，包括国外专家的指导，对认知结构框架中的内容和估计难度结构设计进行调整和修改，对一些较难把握的题目，根据学生试测的结果进行修改完善，并对题目的顺序、题目中选择答案的排序进行调整，补充一些更能体现题意的插图。

抽选北京朝阳区3所学校210名学生进行预试，记录测试时间，对结果统计分析。

根据预试的分析结果，对认知结构框架中的内容进行再次修改、筛选，删掉多数学生不易理解和难度过大的题目；将题量减至适量，题目结构水平进行相应调整。正确答案的排列顺序调整合理，完善评分标准。

定稿

形成最终小学六年级学生科学认知结构框架，测试题目，评分标准，订正排版印制中的问题，并作好正式测验前的一切准备。

在工具开发过程中遵循的原则如下。

（1）遵循学生的认知规律和年龄特点。

（2）全面考虑《科学课程标准》中各个领域的内容，选择各领域中的重点要求。

（3）用操作性强、可评价的显性动词描述对学生的能力要求。

（4）题干陈述的语言简洁、明了，附图清晰，尽量使所有水平的学生能够读懂题目要求，选项答案文字精准且数量相当。

（5）合理设计题目的结构水平、比例、题量、用时、评分标准。

同时，在题目编制时尤其要注意以下几点。

（1）实践性。科学技能实际上是一种实践加知识的转化、运用。空有知识，没有积极体验、主动实践、动手操作，是难以将知识真正运用于生活，解决实际问题的。因此，设计中力争凸显操作性、实践性特征。

（2）趣味性。避免枯燥的文字描述，努力创设能引起学生兴趣和联系自身生活实际的情境，尽量多地采用生动形象的图表呈现。

（3）问题性。避免测试单纯的知识记忆，力争测试出学生对社会现象和生活问题的分析和解决能力，及其所表现出的真实发展水平。

4. 测试题目的撰写

根据双向细目表，即选择《科学课程标准》中生命世界、物质世界、地球和宇宙世界三大内容领域中重要的内容目标，将内容目标表述为概括性能力要求，并将其转化为学生学习的预期结果，并依据 SOLO 分类法，按照 2：2：1 的比例，设计单一（U）、多元（M）、关联（R）结构水平的测试题目。通过预试，在分析预试结果的基础上，修改完善题干、选项、插图和答案，调整整套试卷的结构水平和容量，以确保在规定时间内完成测试。现就每一水平的题目举例说明。

（1）单一（U）结构水平的题目

第 15 题：下列天气符号中代表沙尘暴的是（　　　）。

A　　　　　B　　　　　C　　　　　D

此题属于科学课程中地球宇宙领域中的内容，根据《科学课程标准》中"知道天气可以用一些可测量的量来表示"的要求，为了鼓励学生关注天气，培养学生利用符号或文字观察记录天气变化的能力和习惯而设计的。认识、识别天气符号是基础，按照 SOLO 分类法，此题为单一（U）结构水平，学生根据已有的知识和经验［可能是从课堂上或电视节目（天气预报）中获得的信息］，直接识别出代表沙尘暴的符号（C）的单一元素，或者用排除法排除掉其他 3 个比较熟悉的符号。如果学生选择了其他答案，可视为前结构（P）水平，因为其不具备与题目有关的简单知识和能力。

（2）多元（M）结构水平的题目

第 8 题：在下面选项中，（　　　）是子女可以从其父母那里遗传来的。

A. 身高和体重　　　B. 爱好和发际　　　C. 肤色和头发颜色　　　D. 龋齿

此题属于科学课程中生命世界领域中的内容，根据《科学课程标准》中"知道生物的很多特性是遗传的"的要求，让学生从一些特征中辨别出子女从父母那里遗传来的特征。按照 SOLO 分类法，此题为多元（M）结构水平，学生根据已有的知识和经验，尽可能多地找到正确的相关特征，回答问题时联系多个孤立事件。答案中的肤色、头发颜色、发迹都是从父母那里遗传到的主要特性，因此选择答案 C 的两个特性为多元结构水平，而选择 B，即只选对了发迹这一元素，为单一（U）结构水平。而选择 A 或 D，可视为前结构（P）水平，因为其不具备与题目有关的简单知识和能力。

（3）多元（M）结构水平的题目

第 23 题：将瘪乒乓球放入热水里烫一烫就会鼓起来。这主要是因为（　　）。

A. 乒乓球壳受热后体积膨胀　　　　B. 受到大气压力的影响

C. 乒乓球内的空气受热后体积膨胀　D. 热水流入乒乓球内使其体积膨胀

此题属于科学课程中物质世界领域中的内容，根据课程标准中"了解通过加热或冷却可使物体的形状或大小发生变化，列举常见的热胀冷缩现象"的要求，让学生利用所学知识解释生活中遇到的问题。按照 SOLO 分类法，此题为多元（M）结构水平，学生根据已有的知识和经验，尝试解释瘪乒乓球放入热水里烫一烫就会鼓起来的主要原因，涉及固体（乒乓球壳）、气体（乒乓球内的空气）、甚至是液体的热胀冷缩。作答时如果学生能考虑到每个因素，并能比较出气体（乒乓球内的空气）的热胀冷缩比固体的更明显，是乒乓球鼓起来的主要原因（气儿撑起来的），即选择 C，为多元（M）结构水平；如果选择 A，即考虑到固体（乒乓球壳）的热胀冷缩这一因素，为单一（U）结构水平。

（4）多元（R）结构水平的题目

第 24 题：

为了达到相同的隔热效果，下列物质必须达到的厚度是：

空气		8mm
羽毛		8.5mm
兔子的皮毛		9mm
羊毛		12mm

不同材料的隔热效果不同，根据上表中的信息将四种材料按保温能力由强到弱排列为（　　）。

A. 空气—羽毛—兔子的皮毛—羊毛

B. 羊毛—兔子的皮毛—羽毛—空气

C. 羽毛—兔子的皮毛—羊毛—空气

D. 兔子的皮毛—羊毛—空气—羽毛

此题属于科学课程中物质世界领域中的内容，根据课程标准中"认识某些材料的性质（如是否导电，是否溶解，是否传热，沉浮性等），根据这些性质对材料进行分类"的要求，让学生分析数据，根据不同材料的隔热效果不同，推断出它们保温能力的强弱。按照 SOLO 分类法，此题为关联（R）结构水平，学生根据题目给出的图表，首先要明确图表中给出的是达到同样隔热效果所需四种材料的厚度是由少到多排列的，进而分析出在同样隔热效果情况下，所需材料的厚度越少，说明材料的保温能力越强，因此保温能力的由强到弱排列应该以所需材料厚度的由少到多也就是由薄到厚排列（答案 A）。此题涉及多个事件之间的联系，需要学生由隔热效果推断出不同材料的保温能力的强弱这一较为复杂的具体问题，因此为关联（R）结构水平；如果选择 B，为多元（M）结构水平，即学生分析出达到同样隔热效果时，所需材料由厚到薄的排序；如果选择 C 或 D，为单一（U）结构水平，即学生只能对单一事件进行判断，不能找出多个事件之间的正确关系。

（5）多元（R）结构水平的题目

第 42 题：下面是由四种生物构成的一条食物链。

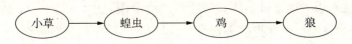

42. 如果这条食物链中的狼大量死亡，那么小草的数量会（　　　）

A. 大量增加　　　　　　　　　　B. 大量减少

C. 无明显变化　　　　　　　　　D. 无法判断

此题属于科学课程中生命世界领域中的内容，根据课程标准中"懂得食物链的含义"的要求，让学生分析食物链组成成员们之间的数量变化的关系。按照 SOLO 分类法，此题为关联（R）结构水平，学生根据题目给出一条食物链，首先要明确食物链中四个成员之间吃与被吃的关系，进而分析出如果狼大量死亡，鸡的数量会增加，从而会导致蝗虫的数量减少，最终会使小草的数量增加（答案 A）。此题涉及多个事件之间的联系，需要学生分析

中国小学生学业成就测评报告与测试工具

出他们之间的相互关系和数量变化，回答出较为复杂的问题，因此为关联（R）结构水平；如果选择 B，为多元（M）结构水平，即学生可能能够分析出两个成员之间数量变化关系，涉及三个或四个成员时，分析不够准确；如果选择 C，为单一（U）结构水平，即学生只能对单一事件作出判断，不能找出两个或多个事件之间的正确关系。

此题在预试中为开放题，只涉及三个成员之间的关系变化，要求学生分析出食物链中一个成员的数量大量减少后，其他几个成员数量会增加还是减少，并解释原因。通过分析预试结果，发现只要能回答出正确结论的学生，其解释原因的思维过程基本与上述分析过程一致，没有更多的解释，因此，可以改为选择题，给出可能的答案，通过选择答案可以判断学生的思维过程和能力水平。

5. 预试与修改

此次调查的预测在北京进行。在北京市朝阳区的安华里第二小学、和平街中心小学和慧新里小学发放了 210 份问卷进行了初测，回收 207 份。试卷回收率达 98.6%。由科学能力测验数据分析结果可知，科学测验试题的信度为 0.98，答题者信度为 0.80。一般情况下，学业能力测验的试卷信度要在 0.90 以上，本试卷信度符合要求。对科学测验题目进行分析，同时观察题目的难度及学生能力分布图和模型拟合指数图发现，科学测验的题目难度拟合指数均在可接受的范围，题目的难度分布范围为 − 1.83～3.08（4.91 个 logit 值），由此可以看出，科学测验的题目难度范围适中。进一步对各题目的难度、区分度及模型拟合指数进行分析，原第 13、22 题区分度低于 0.05，区分度较低。根据总课题组的要求及测试情况，我们对原题中区分度较低者进行了改造，同时删除了开放题目。最终确定本次试题量为 42 个。

本次调查中，纸笔测验与问卷调查结合进行。纸笔测验用于考查学生的学业成就，问卷调查在于分析影响学生学业成就的各种因素。

（二）工具的特征参数与测试卷测量指标

（1）测试题目难度、区分度、拟合指数

本次调查共对全国 31 个县 18600 名小学六年级学生进行正式测试（抽样方法见总报告），有效作答试卷为 16378 份，回收率为 88.1%，现根据测试结果，用 Winsteps3.63 进行题目参数及试卷信效度分析，结果见表 2 - 3 - 8。

表 2 - 3 - 8 测试题目难度、区分度、拟合指数等统计

题 目	难度值	区分度（点二列相关）	区分度	拟合指数	平均反应
1	0.46	0.42	1.12	0.97	0.58
2	- 1.81	0.21	0.99	0.99	0.91
3	0.57	0.28	0.58	1.11	0.56
4	- 1.27	0.29	1.02	0.98	0.86
5	1.84	0.32	0.85	1.06	0.3
6	- 1.09	0.35	1.07	0.94	0.84
7	0.54	0.38	0.95	1.02	0.56
8	- 0.40	0.35	1.03	0.99	0.74
9	0.40	0.42	1.14	0.96	0.59
10	1.22	0.34	0.81	1.06	0.42
11	- 0.90	0.34	1.05	0.97	0.82
12	0.24	0.31	0.79	1.06	0.62
13	0.59	0.33	0.77	1.06	0.55
14	- 0.89	0.36	1.07	0.94	0.82
15	- 2.73	0.20	1.03	0.96	0.96
16	- 1.06	0.40	1.13	0.89	0.84
17	0.20	0.31	0.80	1.06	0.63
18	0.71	0.47	1.29	0.92	0.53
19	- 0.31	0.32	0.96	1.02	0.73
20	0.01	0.38	1.05	0.98	0.67
21	- 0.83	0.27	0.96	1.02	0.81
22	0.80	0.27	0.52	1.13	0.51
23	- 0.16	0.38	1.05	0.98	0.70
24	1.50	0.39	0.96	1.01	0.37
25	1.49	0.17	0.39	1.24	0.37

续表

题　目	难度值	区分度（点二列相关）	区分度	拟合指数	平均反应
26	-1.51	0.32	1.06	0.94	0.89
27	0.74	0.40	1.02	1.00	0.52
28	-0.10	0.37	1.04	0.98	0.69
29	0.57	0.41	1.07	0.98	0.56
30	1.70	0.48	1.18	0.91	0.33
31	0.35	0.47	1.30	0.91	0.60
32	0.11	0.40	1.08	0.97	0.65
33	-0.54	0.39	1.11	0.94	0.77
34	-0.65	0.28	0.94	1.03	0.78
35	-0.43	0.40	1.11	0.94	0.75
36	-0.42	0.38	1.09	0.95	0.75
37	0.77	0.34	0.81	1.05	0.52
38	-0.04	0.42	1.15	0.94	0.68
39	-1.05	0.34	1.07	0.95	0.84
40	1.60	0.42	1.04	0.97	0.35
41	-1.05	0.35	1.07	0.94	0.84
42	0.80	0.31	0.66	1.09	0.51

注：题目信度为 1.00

对表 2-3-8 各列进一步计算，得到表 2-3-9。

表 2-3-9　主要参数统计

	最小值	最大值	平均值	标准差
难度值	-2.73	1.84	0.00	1.01
区分度（点二列相关）	0.17	0.48	0.35	0.07
区分度	0.39	1.30	0.98	0.19
拟合指数	0.89	1.24	1.00	0.07
平均反应	0.30	0.96	0.65	0.17

表 2 - 3 - 9 中第一列为题目序号，第二列是按 Rasch 模型估计的题目难度值（threshold），第三列为题目的区分度，以每个题目上的通过情况与通过的总题数的点二列相关方式呈现，用来表示题目对学生能力高低的区分性大小，第四列是另一种以 Discrimination 方式呈现的题目区分度，第五列是拟合指数，作为题目与 Rasch 模型拟合程度的指标，第六列是平均反应，用来表示与二值计分方式的题目一致的样本比例，在 Winsteps 中被解释为对题目（二值计分或多值计分方式）的平均反应。

由表 2 - 3 - 8 和表 2 - 3 - 9 可以得出如下结论。

A. 题目信度高。测试题目信度为 1.00，说明题目信度高。

B. 题目难度分布比较理想。题目难度最小值为 - 2.73，最大值为 1.84，难度平均值为 0.00，标准差为 1.01，说明题目难度分布比较理想。

C. 题目区分度比较理想。第一种区分度（点二列相关）的最小值为 0.17，最大值为 0.48，平均值为 0.35，标准差为 0.07；第二种区分度（Discrimination）的最小值为 0.39，最大值为 1.30，平均值为 0.98，非常接近 1.00，说明题目区分度比较理想，与 Rasch 模型关于题目难度的预期是一致的。

D. 测试卷效度高。测试卷对学生能力估计的总体信度为 0.83。关于测试结果的效度，采用两种方法：第一种是测试卷的内容结构效度，从表 2 - 3 - 9 中得出拟合指数（Infit mean square）的平均值为 1.00，标准差为 0.07，表 2 - 3 - 10 呈现出说明每个题目的拟合指数均接近 1，说明测试卷内容结构效度很高，符合 Rasch 模型能力的单维性假设，说明所测试的能力均为学生的科学能力。第二种以科学测试与其他三个学科（语文、数学、社会）测试结果的相关作为测试卷的实证效度指标，称之为相容效度，表明同种能力由不同测试工具所测结果之间的一致性程度。表 2 - 3 - 11 呈现出科学与语文、数学、社会的相关分别为 0.429、0.601、0.707，说明科学与数学、社会学科的测试结果相关性较高，测试卷效度较高。

表 2 - 3 - 10　题目拟合情况

```
INFIT
  MNSQ      0.63      0.71      0.83      1.00      1.20      1.40      1.60
-------------+--------+--------+--------+--------+--------+--------+----
   1 item 1                       .              * |                  .
   2 item 2                       .                *                  .
   3 item 3                       .                |        *         .
   4 item 4                       .              * |                  .
   5 item 5                       .                |    *             .
   6 item 6                       .            *   |                  .
   7 item 7                       .                |*                 .
   8 item 8                       .              * |                  .
   9 item 9                       .              * |                  .
  10 item 10                      .                |    *             .
  11 item 11                      .              * |                  .
  12 item 12                      .                |    *             .
  13 item 13                      .                |    *             .
  14 item 14                      .            *   |                  .
  15 item 15                      .              * |                  .
  16 item 16                      .        *       |                  .
  17 item 17                      .                |    *             .
  18 item 18                      .            *   |                  .
  19 item 19                      .                |*                 .
  20 item 20                      .              * |                  .
  21 item 21                      .                |*                 .
  22 item 22                      .                |        *         .
  23 item 23                      .              * |                  .
  24 item 24                      .                |*                 .
  25 item 25                      .                |            *     .
  26 item 26                      .            *   |                  .
  27 item 27                      .                *                  .
  28 item 28                      .              * |                  .
  29 item 29                      .              * |                  .
  30 item 30                      .        *       |                  .
  31 item 31                      .            *   |                  .
```

续表

```
INFIT
  MNSQ     0.63      0.71      0.83      1.00       1.20      1.40      1.60
---------------- +-------- +-------- +-------- +-------- +-------- +-------- +----
32 item 32           .                         * |                  .
33 item 33           .                         *  |                 .
34 item 34           .                            |  *              .
35 item 35           .                         *  |                 .
36 item 36           .                         *  |                 .
37 item 37           .                            |  *              .
38 item 38           .                         *  |                 .
39 item 39           .                         *  |                 .
40 item 40           .                         * |                  .
41 item 41           .                         *  |                 .
42 item 42           .                            |    *            .
--------------------------------------------------------------------------------
```

表 2 - 3 - 11　四个学科测试结果相关情况

		语　文	数　学	科　学	社　会
语文	皮尔逊相关系数	1	0.503**	0.429**	0.473**
	Sig. (2-tailed)	.	0.000	0.000	0.000
	N	16799	16543	15168	16617
数学	皮尔逊相关系数	0.503**	1	0.601**	0.611**
	Sig. (2-tailed)	0.000	.	0.000	0.000
	N	16543	17898	16253	17832
科学	皮尔逊相关系数	0.429**	0.601**	1	0.707**
	Sig. (2-tailed)	0.000	0.000	.	0.000
	N	15168	16253	16378	16315
社会	皮尔逊相关系数	0.473**	0.611**	0.707**	1
	Sig. (2-tailed)	0.000	0.000	0.000	.
	N	16617	17832	16315	18024

注：**表示达到 0.01 的显著性水平

表中呈现出科学与语文、数学、社会的相关分别为 0.429、0.601、0.707，说明科学与数学、社会学科的测试结果相关性较高。

（2）题目特征参数分析

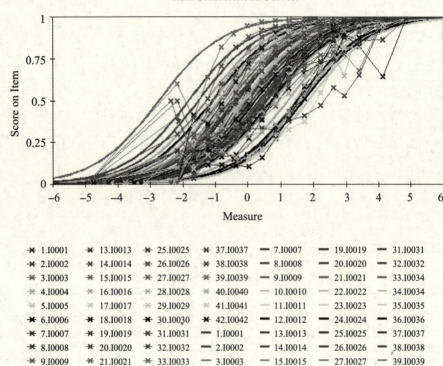

Item Characteristic Curves

1.I0001	13.I0013	25.I0025	37.I0037	7.I0007	19.I0019	31.I0031
2.I0002	14.I0014	26.I0026	38.I0038	8.I0008	20.I0020	32.I0032
3.I0003	15.I0015	27.I0027	39.I0039	9.I0009	21.I0021	33.I0034
4.I0004	16.I0016	28.I0028	40.I0040	10.I0010	22.I0022	34.I0034
5.I0005	17.I0017	29.I0029	41.I0041	11.I0011	23.I0023	35.I0035
6.I0006	18.I0018	30.I0030	42.I0042	12.I0012	24.I0024	36.I0036
7.I0007	19.I0019	31.I0031	1.I0001	13.I0013	25.I0025	37.I0037
8.I0008	20.I0020	32.I0032	2.I0002	14.I0014	26.I0026	38.I0038
9.I0009	21.I0021	33.I0033	3.I0003	15.I0015	27.I0027	39.I0039
10.I0010	22.I0022	34.I0034	4.I0004	16.I0016	28.I0028	40.I0040
11.I0011	23.I0023	35.I0035	5.I0005	17.I0017	29.I0029	41.I0041
12.I0012	24.I0024	36.I0036	6.I0006	18.I0018	30.I0030	42.I0042

图2-3-4 科学题目特征参数曲线

从图2-3-4可知，测试题目共42个，几乎所有题目特征曲线形态都符合项目反应理论（IRT）模式，表现出能力越高的学生，越能够答对难度大的题目（答对难度大的题目的概率越高），得分越高。题目难度范围大约在-3.1~4.8之间，分布区域比较广泛，有利于更好地将不同能力的学生实际水平测查出来。

（三）测试时间

小学科学测试时间为50分钟。

四、测试结果分析与讨论

（一）学生科学能力分布的总体情况

表 2-3-12　学生能力总体情况

	N	最大值	最小值	平均值	标准差
转换后的科学能力值	16378	-4.9	4.9	0.867	0.9821

通过对 16378 名学生科学能力测试结果分析得出，学生能力估计的平均值为 0.87，标准差为 0.98；学生能力估值分布范围在 -4.9 ~ 4.9 之间。

（二）学生科学能力表现的分布

本研究以学生的平均能力值为基点，平均能力值加减半个标准差即 0.87 ± 0.98/2 为平均能力组的区间（0.375 ~ 1.359）；以平均能力组为基准，以 1 个标准差为间隔，分别加、减 1 个标准差，得到平均能力以上组（高出一个水平）的区间（1.359 ~ 2.341）和低于平均能力以下组（低于一个水平）的区间（-0.607 ~ 0.375）；由此类推，在平均能力以上组再加上 1 个标准差，得到最高能力组的区间（2.341 ~ 最大值），在平均能力以下组再减去 1 个标准差，得到最低能力组的区间（最小值 -0.607）。5 个能力组的划分及每个能力组学生人数及占总体人数的比例和累积比例见表 2-3-13。

表 2-3-13　学生科学能力分布情况

组　别	能力值分组 能力值起点—终点	各组 学生数	各组学生占总体 百分比（%）	累积百分 比（%）
最高能力组（A）	2.341—最大值	1093	6.7	6.7
平均能力以上组（B）	1.359—2.341	3632	22.2	28.9
平均能力组（C）	0.375—1.359	6902	42.1	71.0
平均能力以下组（D）	-0.607—0.375	4037	24.6	95.6
最低能力组（E）	最小值—0.607	714	4.4	100.0

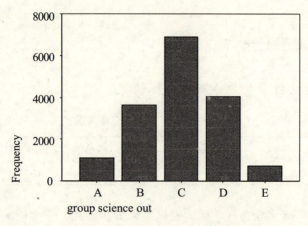

图 2 − 3 − 5　不同能力组学生频数分布

　　结合图 2 − 3 − 5 分析可得，学生能力基本呈正态分布。其中最高能力组（A）的学生数为 1093，占测试学生总体的 6.7%；低于最高能力而高于平均能力组（B）的学生数为 3632，占测试学生总体的 22.2%；平均能力组（C）的学生数为 6902，占测试学生总体的 42.1%；低于平均能力而高于最低能力组（D）的学生数为 4037，占测试学生总体的 24.6%；最低能力组（E）的学生数为 714，占测试学生总体的 4.4%。平均能力组及以上的累计学生数为 11627（6902 + 3632 + 1093），占测试学生总体的 71%（42.1% + 22.2% + 6.7%）；平均能力组以下的累计学生数为 4751（4037 + 714），占测试学生总体的 29%（24.6% + 4.4%）。

　　如果将上述 A、B、C、D、E 组学生能力表现分别对应为优秀、良好、合格、基本合格、不合格，那么参加测试的 16378 名学生中有 6.7% 的学生为优秀，22.2% 的学生为良好，42.1% 的学生为合格，24.6% 的学生表现为基本合格，4.4% 的学生为不合格。从总体上看，达到合格（及以上）的学生占 71%；达到基本合格（及以上）的学生占 95.6%；不合格的学生占 4.4%。也就是说，在新课程改革背景下，自 2001 年在三年级正式开设小学科学课以来，有七成（71%）的学生能够达到小学《科学课程标准》中主要内容的要求，具备基本的科学知识和能力，能够表达、识别科学概念和原理，能够应用科学知识和原理解释常见现象、解决生活中问题，能够实施简单的科学探究和技术设计；另外三成（29%）的学生具备一定的基础知识和能力，在实现课程标准中的内容标准和要求时，存在一定程度的困难，应用科学原理、实施科学探究的能力比较薄弱，其中有少数（4.4%）学生不具备小学六年级学生应该具备的基本科学知识和能力，只能识别简单的科学概念和原理，所具备的应用科学原理、实施科学探究的能力几乎是微乎其微。

（三）不同能力组学生的比例及其所能完成的任务

根据分析结果和双向细目表，可以得出不同能力组学生所能完成的主要任务。

A组（优秀组）

6.7%

· 能完成B、C、D、E组学生所能完成的所有任务

B组（良好组）

22.2%

· 能识别肺的主要功能（5 P1 M）
· 能分析折线图，识读出某种金属由液态变为气态所需要的时间（30 I2 R）
· 能正确读出温度计的示数，并按温度由低到高的顺序排列（40 I2 R）
· 能分析数据，根据材料的隔热效果，推断出它们保温能力的强弱（24 I2 R）
· 能推断水净化过程中加氯的作用（10 I2 R）
· 能筛选出最适合测量温水的温度计（25 I3 M）

C组（合格组）

42.1%

· 辨别出既不属于植物也不属于动物的生物（1 P1 U）
· 识别常见蔬菜食用部分为哪个器官（3 A1 U）
· 识别出鹅卵石是在哪些自然力量作用下形成的（13 A1 M）
· 分析出哪种戒烟办法是基于技术考虑的（7 A2 M）
· 找出日常生活中减小摩擦的办法（27 A2 M）
· 应用热空气上升冷空气下降的知识分析实例，找到使汽水速凉的方法（22 A2 M）
· 分析、推断食物链中三者以上之间的关系（42 I2 R）
· 分析折线图，识读出某种金属由固态变为液态所要达到的温度（29 I2 M）
· 根据不同种类土壤的渗水能力，推断其保水能力的强弱（18 I2 R）
· 推断蓄水池的主要作用（9 I2 U）

D组（基本合格组）

24.6%

- 能描述出土壤主要是由哪些物质构成的（12 P1 M）
- 能描述出地球自转一周所需的时间（31 P1 U）
- 能观察分析图表，辨认出北斗星在哪个星图中（17 P2 M）
- 能从一些特征中辨别出从父母那里遗传的特征（8 A1 M）
- 能解释在沙漠比海边看到雾的机会少的原因（28 A1 M）
- 能计算出仪器在月球上失重后的重量（20 A2 M）
- 能筛选出导电能力差的材料（32 A2 U）
- 能预测实验结果，判断出哪个瓶中蜡烛先灭（33 I1 M）
- 能分析、解释瘪乒乓球烫后鼓起的原因（23 I2 U）
- 能识读图表，选定不同的参照物，描述三者之间的位置关系（38 I2 R）
- 能分析测量结果，判断所得结果中哪项是正确的（36 I3 U）
- 能设计"绿色植物生长需要土壤里含有沙子"的控制变量的探究实验（19 I3 M）
- 能正确地使用温度计测量物体的温度（35 I3 M）

E组（不合格组）

4.4%

- 能分辨出简单机械与复杂机械（机器人）（39 P1 U）
- 描述出地球表面的陆地与水域的分布构成（16 P1 U）
- 区分出沙尘暴的符号（15 P2 U）
- 识别仙人掌的外形特征与生存环境的关系（2 A1 M）
- 辨别出吸烟容易引起哪种疾病（6 A1 U）
- 辨别出饮用了被污染的水可能引起的疾病（11 A1 U）
- 识别出撑杆带给运动员的力是哪种力（21 A1 U）
- 分析常见工具，识别出哪项应用了杠杆原理（34 A1 U）
- 分析实例，识别出哪项是根据热空气上升原理设计制作的（26 A1 U）
- 解释植树造林的主要目的（14 A1 M）
- 观察分析出菜粉蝶和蝗虫在生长变化过程最主要的区别（4 I1U）
- 分析、推断食物链中两成员之间的关系（41 I2 U）

图 2-3-6　不同能力的学生比例及其所能完成的任务

　　从上述不同能力组的学生所能完成任务的情况可以得出以下一些结论。

　　（1）随着能力组由低到高，学生对问题的反应水平由单一到关联。

　　从上图可以看到，不合格组（E组）的学生所能完成的题目多数（占83%）为单一结构水平的，而合格组（C组）的学生不但能完成单一结构水平的题目，还能完成一部分多元和关联结构水平的题目，而良好能力组（B组）的学生能完成的题目多数（近70%）为关联结构水平。即能力越高的学生，对题目反应水平更高，能完成和解决难度更大的任务及问题。

（2）随着能力组由低到高，学生科学探究能力逐渐增强。

此次调查涉及的内容领域是依据小学科学课程标准中生命、物质、地球和宇宙世界三个领域，调查的科学能力主要包括学生的科学呈现、科学应用和科学探究三个方面的能力，每个方面的具体能力见图2-3-7。

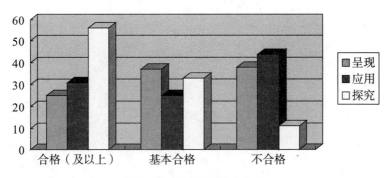

图 2-3-7　不同能力分布

每个能力组学生在完成的任务（试题）时表现出来的各方面能力所占比例不同。例如，不合格组学生能完成的12个题目中，有3道涉及呈现能力，7道涉及应用能力，2道涉及探究能力，分别占各方面能力题目总数量（8道、16道、18道）的38%、44%和11%。

根据图2-3-7和评估框架中有关能力分类（表）进行分析可得，占总样本七成（及以上）的合格学生在科学探究能力相对明显突出，即学生不但具有一定的科学呈现和应用能力，而且具备较强的探究能力。学生能表现出较强的区分、识别、描述科学概念和原理的能力，应用科学知识和原理解释现象的能力，进行科学观察和分析的能力，综合利用计算、分析、推理等解决相对复杂问题的能力，以及恰当使用仪器、工具进行实验、控制变量、用数据对实验解释和推断复杂结论的能力以及开展科学探究的能力。而占总样本4.4%不合格组的学生相对于合格组的学生而言，在具备的三类能力中，科学呈现和应用能力相对突出，而探究能力非常薄弱。即学生只能对简单的科学概念和原理加以区分和识别，通过观察图例找出区别，分析简单数据或图表，利用所学科学知识和原理解释简单的现象，解决简单的问题，推断简单结论，只达到了四年级或五年级学生应具备的能力而没有达到六年级学生应该达到的能力要求。而基本合格的学生具体的能力介乎于合格与不合格学生能力之间，所具备的三类能力所占比例大致相当。

（四）学生实际能力表现与题目的目标测试水平的对应分析

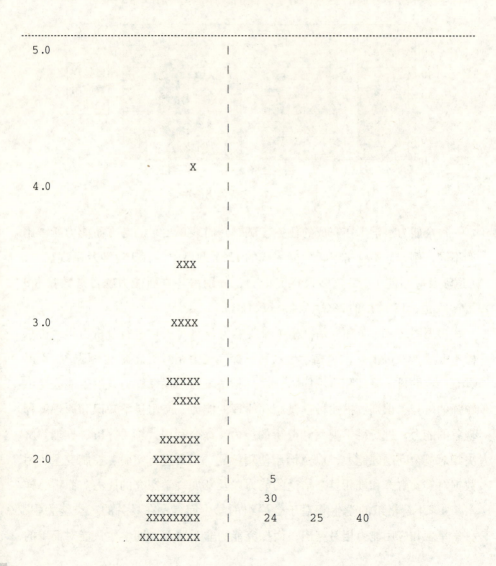

```
          XXXXXXXXX        |    10
1.0       XXXXXXXXX        |
          XXXXXXXXX        |
XXXXXXXXXXXXXXXXXXXXXXXX    |    22    27    37    42
          XXXXXXXXXX       |    13    18
          XXXXXXXXX        |     1     3     7    29
          XXXXXXXXX        |     9    31
    XXXXXXXXXXXXXXXXXX      |    12    17
0.0       XXXXXXX          |    20    32
          XXXXXX           |    23    28    38
          XXXXX            |    19
          XXXXXXXX         |     8    35    36
            XXX            |    33
            XX             |    34
            XX             |    11    14    21
-1.0        XX             |    16    39    41
            X              |     6
            X              |     4
            X              |
                           |    26
                           |
                           |     2
-2.0                       |
                           |
                           |
                           |
                           |    15
                           |
-3.0                       |
```

"X"代表 88 名学生

图 2 - 3 - 8　题目难度分布及学生能力分布

从图 2 - 3 - 8 中可以发现，科学能力测试题目实际难度呈正态分布，不同能力的学生在题目难度表现上呈正态分布。从总体上看，测试题目难度设计比较合理。当然，如果难度值在 2.0 以上的题目再多一些，就更为理想。

根据图 2-3-8，分析学生实际能力表现与题目的目标测试水平（难度）的对应关系，并分析对应关系不一致的主要原因，形成表 2-3-14。

表 2-3-14　题目分析与说明

题号	目标测试水平	难度值	分析与说明
1	M	0.46	• 达到 M 水平的学生占 58%，平均能力为 1.22；达到 U 水平的学生占 19%，平均能力为 0.55 • 实际难度和学生能力符合目标测试水平，说明仍有四成学生辨别植物、动物、真菌特征的能力不够，不能达到《科学课程标准》要求
2	U	-1.81	• 达到 U 水平的学生占 91%，平均能力为 0.93 • 实际难度和学生能力符合目标测试水平，说明学生识别植物某一器官特化后的功能的能力较强
3	U	0.57	• 达到 U 水平的学生只有 56%，平均能力为 1.11 • 实际难度高于目标预期，说明学生可能只能识别课堂上展示的植物六大器官特征和功能，而且联系生活实际识别胡萝卜食用部分是根的能力较差
4	U	-1.27	• 达到 U 水平的学生占 86%，平均能力为 0.98 • 实际难度和学生能力符合目标测试水平，说明大多数学生观察图例找出区别的能力较强
5	M	1.84	• 达到 M 水平的学生占 30%，平均能力为 1.35；达到 U 水平的学生占 30%，平均能力为 0.73 • 实际难度高于目标预期，说明七成学生不能准确识别肺的主要功能
6	U	-1.09	• 达到 U 水平的学生占 84%，平均能力为 1.02 • 实际难度和学生能力符合目标测试水平，说明大多数学生辨别出吸烟易引起哪种疾病的能力较强

续表

题号	目标测试水平	难度值	分析与说明
7	M	0.54	• 达到 M 水平的学生占 56%，平均能力为 1.19；达到 U 水平的学生占 30%，平均能力为 0.48 • 实际难度和学生能力符合目标测试水平，说明有近六成学生能分析出哪种解决问题的办法是基于技术考虑的
8	M	− 0.40	• 达到 M 水平的学生占 74%，平均能力为 1.07；达到 U 水平的学生占 8%，平均能力为 0.16 • 实际难度和学生能力符合目标测试水平，说明近八成学生辨别遗传特征的能力较强
9	U	0.40	• 达到 U 水平的学生只占 59%，平均能力为 1.21 • 实际难度高于目标预期，说明四成学生对水净化过程和所需技术不够了解，关注科学技术的应用不够，在解释技术流程方面的技能薄弱；也可能污水净化过程对发达地区学生较生疏或对 6 年级学生来说较难理解
10	R	1.22	• 达到 R 水平的学生占 42%，平均能力为 1.26；达到 M 水平的学生占 26%，平均能力为 0.75；达到 U 水平的学生占 3%，平均能力为 0.12 • 实际难度和学生能力符合目标测试水平，说明近六成学生对水净化过程和所需技术不够了解，关注科学技术的应用不够，解释技术流程方面的技能薄弱；也可能污水净化过程对发达地区学生较生疏或对 6 年级学生来说较难理解
11	U	− 0.90	• 达到 U 水平的学生占 82%，平均能力为 1.02 • 实际难度和学生能力符合目标测试水平，说明大多数学生辨别出饮用污水易引起哪种疾病的能力较强
12	M	0.24	• 达到 M 水平的学生占 62%，平均能力为 1.10；达到 U 水平的学生占 20%，平均能力为 0.64 • 实际难度和学生能力符合目标测试水平，说明多数学生识别土壤构成的能力较强

续表

题号	目标测试水平	难度值	分析与说明
13	M	0.59	• 达到 M 水平的学生占 55%，平均能力为 1.16；达到 U 水平的学生占 13%，平均能力为 0.38 • 实际难度和学生能力基本符合目标测试水平，说明近六成学生分析自然力量作用的能力较强
14	U	-0.89	• 达到 U 水平的学生占 82%，平均能力为 1.03 • 实际难度和学生能力符合目标测试水平，说明大多数学生理解植树造林的目的，环保意识较强
15	U	-2.73	• 达到 U 水平的学生占 96%，平均能力为 0.91 • 实际难度和学生能力符合目标测试水平，说明几乎所有学生识别天气符号的能力较强
16	U	-1.06	• 达到 U 水平的学生占 84%，平均能力为 1.04 • 实际难度和学生能力符合目标测试水平，说明大多数学生对表面构成的表述能力较强
17	M	0.20	• 达到 M 水平的学生占 63%，平均能力为 1.10；达到 U 水平的学生占 21%，平均能力为 0.65 • 实际难度和学生能力符合目标测试水平，说明六成学生观察星图的能力较强
18	R	0.71	• 达到 R 水平的学生占 53%，平均能力为 1.31；达到 M 水平的学生占 37%，平均能力为 0.44；达到 U 水平的学生占 6%，平均能力为 0.15 • 实际难度和学生能力符合目标测试水平，说明四成多的学生通过观察实验结果推断结论的能力比较薄弱
19	M	-0.31	• 达到 M 水平的学生占 73%，平均能力为 1.06；达到 U 水平的学生占 7%，平均能力为 0.26 • 实际难度和学生能力符合目标测试水平，说明七成学生控制对比实验变量的能力较强

续表

题号	目标测试水平	难度值	分析与说明
20	M	0.01	• 达到 M 水平的学生占 67%，平均能力为 1.13；达到 U 水平的学生占 24%，平均能力为 0.43 • 实际难度和学生能力符合目标测试水平，近七成学生对失重的计算能力较强
21	U	−0.83	• 达到 U 水平的学生占 81%，平均能力为 1.00 • 实际难度和学生能力符合目标测试水平，说明大多数学生对识别力的应用能力较强
22	M	0.80	• 达到 M 水平的学生占 51%，平均能力为 1.13；达到 U 水平的学生占 34%，平均能力为 0.71 • 实际难度和学生能力符合目标测试水平，说明一半学生解决生活实际问题的能力较强
23	M	−0.16	• 达到 M 水平的学生占 70%，平均能力为 1.11；达到 U 水平的学生占 17%，平均能力为 0.38 • 实际难度和学生能力符合目标测试水平，七成学生解释热胀冷缩原理应用的能力较强
24	R	1.50	• 达到 R 水平的学生占 37%，平均能力为 1.37；达到 M 水平的学生占 54%，平均能力为 0.64；达到 U 水平的学生占 4%，平均能力为 0.15 • 实际难度和学生能力符合目标测试水平，说明六成多的学生通过观察实验结果推断结论的能力比较薄弱
25	M	1.49	• 达到 M 水平的学生占 37%，平均能力为 1.08；达到 U 水平的学生占 22%，平均能力为 0.96 • 实际难度高于目标预期，说明学生根据实际需要，选择恰当测量工具的应用能力较弱
26	U	−1.51	• 达到 U 水平的学生占 89%，平均能力为 0.98 • 实际难度和学生能力符合目标测试水平，大多数学生解释热空气原理适用的能力较强

续表

题号	目标测试水平	难度值	分析与说明
27	M	0.74	• 达到 M 水平的学生占 52%，平均能力为 1.25；达到 U 水平的学生占 15%，平均能力为 0.50 • 实际难度和学生能力符合目标测试水平，只有一半学生具备辨别减少摩擦在生活中应用实例的能力
28	M	−0.10	• 达到 M 水平的学生占 69%，平均能力为 1.11；达到 U 水平的学生占 14%，平均能力为 0.37 • 实际难度和学生能力符合目标测试水平，说明七成学生解释天气变化的能力较强
29	M	0.57	• 达到 M 水平的学生占 56%，平均能力为 1.23；达到 U 水平的学生占 19%，平均能力为 0.40 • 实际难度和学生能力符合目标测试水平，说明近六成学生识读、分析实验数据图表回答简单问题的能力较强
30	R	1.70	• 达到 R 水平的学生占 33%，平均能力为 1.54；达到 M 水平的学生占 40%，平均能力为 0.59；达到 U 水平的学生占 14%，平均能力为 0.58 • 实际难度和学生能力符合目标测试水平，说明近七成学生识读图表回答复杂问题的能力薄弱
31	U	0.35	• 达到 U 水平的学生占 60%，平均能力为 1.25 • 实际难度高于目标预期，约四成学生对地球自转一周所需时间不清楚，学生能力略低于目标测试水平，说明学生对地球宇宙的空间感和基本常识的掌握有困难，不能达到《科学课程标准》的要求；当然不排除课标要求过高，在小学生几乎不具备宇宙空间感的情况下，不理解而只凭简单记忆不能形成牢固的科学概念的原因

续表

题号	目标测试水平	难度值	分析与说明
32	U	0.11	• 达到 U 水平的学生占 65%，平均能力为 1.15 • 实际难度高于目标预期，学生对金属导电、普通塑料不导电的判断能力应该是具备的，而有 34% 的学生选择了金属用做电源开关盒材料，反映出学生联系实际解决问题的能力薄弱；不排除审题不清造成的，题目要求学生选出适合用做电源开关盒而不是电源开关的材料
33	M	−0.54	• 达到 M 水平的学生占 77%，平均能力为 1.08 • 达到 U 水平的学生占 9%，平均能力为 0.21 • 实际难度和学生能力接近目标测试水平 • 说明学生通过观察分析预测实验结果的能力较强，大多数学生能判断出体积小、密封的容器中空气少，蜡烛先灭
34	U	−0.65	• 达到 U 水平的学生占 78%，平均能力为 1.01 • 实际难度和学生能力符合目标测试水平，说明大多数学生分析常见工具，解释、识别所应用的原理的能力较强
35	M	−0.43	• 达到 M 水平的学生占 75%，平均能力为 1.09；达到 U 水平的学生占 14%，平均能力为 0.24 • 实际难度和学生能力符合目标测试水平，说明多数学生具备正确使用温度计测量和读数方法的实验能力
36	M	−0.42	• 达到 M 水平的学生占 75%，平均能力为 1.09；达到 U 水平的学生占 11%，平均能力为 0.28 • 实际难度和学生能力符合目标测试水平，说明多数学生分析实验数据得出简单结论的能力较强
37	R	0.77	• 达到 R 水平的学生占 52%，平均能力为 1.20；达到 M 水平的学生占 19%，平均能力为 0.49；达到 U 水平的学生占 17%，平均能力为 0.64 • 实际难度和学生能力基本符合目标测试水平，说明近一半学生分析实验数据作出复杂推论的能力较弱

续表

题号	目标测试水平	难度值	分析与说明
38	R	-0.04	<ul><li>达到 R 水平的学生占 68%，平均能力为 1.15；达到 M 水平的学生占 8%，平均能力为 0.33；达到 U 水平的学生占 9%，平均能力为 0.20</li><li>实际难度低于目标预期，学生能力略高于目标测试水平，近七成学生判断方位的能力较强，不排除 SOLO 分类法的局限，涉及三者之间位置关系属于关联结构水平</li></ul>
39	U	-1.05	<ul><li>达到 U 水平的学生占 84%，平均能力为 1.02</li><li>实际难度和学生能力符合目标测试水平，说明大多数学生判断机器人特征的能力较强</li></ul>
40	R	1.60	<ul><li>达到 R 水平的学生占 35%，平均能力为 1.44；达到 M 水平的学生占 33%，平均能力为 0.70；达到 U 水平的学生占 24%，平均能力为 0.46</li><li>实际难度和学生能力符合目标测试水平，说明只有三成半的学生准确读出温度计测到的温度并排序的能力较强，其他学生对准确读出零度以下的温度及与零度以上的温度进行比较的能力较弱</li></ul>
41	U	-1.05	<ul><li>达到 U 水平的学生占 84%，平均能力为 1.02</li><li>实际难度和学生能力符合目标测试水平，说明大多数学生分析食物链中两种生物之间数量变化关系的能力较强</li></ul>
42	R	0.80	<ul><li>达到 R 水平的学生占 51%，平均能力为 1.16；达到 M 水平的学生占 17%，平均能力为 0.63；达到 U 水平的学生占 7%，平均能力为 0.56</li><li>实际难度和学生能力符合目标测试水平，说明近一半学生分析食物链中三种以上生物之间数量变化关系的能力较强</li></ul>

从对 42 个题目的总体作答情况看——

1. 学生在 6 个题目（第 3、5、9、25、31、32 题）上的实际能力表现低于目标测试水平（难度）；

中国小学生学业成就测评报告与测试工具

2. 学生在 1 个题目（第 38 题）上的实际能力表现高于目标测试水平（难度）；

3. 学生在其余 35 个题目上的实际能力表现与目标测试水平（难度）基本一致。

其原因分析见表 2 – 3 – 14 中逐个题目的"分析与说明"。

五、主要发现

自 2001 年开始新一轮课程改革以来，在课程设置、教材、教学方式和学习方式都发生变化的背景下，根据此次小学六年级科学学业成就调查结果分析，我们主要得到以下一些发现。

（一）总体状况

1. 有七成（占 71%）的学生能够达到小学《科学课程标准》中主要内容的要求

有七成（占 71%）学生能够达到小学《科学课程标准》中主要内容的要求，具备基本的科学知识和能力，能够表达、识别科学概念和原理，能够应用科学原理解释现象、解决问题，能够实施简单的科学探究和技术设计；另外三成（占 29%）学生具备一定的基础知识和能力，在实现《科学课程标准》中的内容标准和要求时，存在一定程度的困难，应用科学原理、实施科学探究的能力比较薄弱，其中有少数（占 4.4%）学生不具备小学六年级学生应该具备的基本科学知识和能力，只能识别简单的科学概念和原理，所具备的应用科学原理、实施科学探究的能力几乎是微乎其微。

2. 随着学生科学能力水平的不断提高，学生对问题的反应水平由单一到关联

利用 SOLO 分类法分析学生认知能力发展情况，将学生对问题的反应水平划分为五个层次，即前结构、单一结构、多元结构、关联结构和扩展结构水平。从图 2 – 3 – 7 可以看到，不合格组（E 组）的学生所能完成的题目多数（占 83%）为单一结构水平的，而合格组（C 组）的学生不但能完成单一结构水平的题目，还能完成一部分多元和关联结构水平的题目，而良好能力组（B 组）的学生能完成的题目多数（近 70%）为关联结构水平。即能力越高的学生，对题目反应水平更高，能完成和解决难度更大的任务及问题。

3. 学生在物质世界、地球与宇宙世界三个领域中的能力表现无明显差异，比较平均

学生在生命世界领域中的 2 个题目上表现出的实际能力低于题目的目标水平，在物质世界领域中的 3 个题目上表现出的实际能力低于题目的目标水平，在地球与宇宙领域中的 1 个题目上表现出的实际能力低于题目的目标水平。

4. 随着学生科学能力水平的不断提高，学生科学探究能力逐渐增强

针对主要调查的科学呈现、应用和探究三方面能力，优秀、良好组的学生在具备较强的科学呈现能力的同时还具备更强的科学应用能力和探究能力，合格和基本合格组的学生表现出较强的科学呈现能力和一般的科学应用和探究能力；不合格组的学生只表现出一般的科学呈现和应用能力，探究能力非常薄弱。

（二）有所进步的方面

1. 学生观察事物的能力及形象思维能力有所增强

从学生对一些题目的反应发现，学生借图例观察、区分事物特征的能力有所增强。例如，有 86% 的学生能通过观察图例，找出完全变态和不完全变态的生物之间的主要区别；有七成学生能观察地图，判断出甲乙丙之间的位置关系；几乎所有学生都能识别出代表沙尘暴的天气符号。可以说，这与新课程科学实验教材图文并茂、形象生动有助于科学课的学习有关，也是新课程实施以来，在小学科学课中注重培养学生的观察、记录能力和习惯，亲历科学活动的结果。

2. 学生识读图表，实验分析的能力普遍提高

从学生对一些题目的反应发现，学生识读各种图表、分析简单数据、得出结论、正确使用测量工具、控制实验变量的能力普遍提高。近六成学生能识读

折线图，找出某种金属熔化的时间与温度的关系；75%的学生能正确使用温度计进行测量和读数；73%的学生能正确控制对比实验中的变量。这与新课程改革以来，倡导和实施的尽可能多地提供学生主动参与活动机会，加强动手实验、探究，注重培养学生分析数据、用实验事实解释和结论的能力密不可分。

3. 学生对生命健康的关注程度和卫生常识的掌握比较理想

有八成多的学生都能识别出大量吸烟最可能增加人患支气管炎的风险；八成学生能意识到饮用了被污染的水最有可能引起腹泻；七成多的学生能正确辨别出子女从父母那里得到的遗传特征。可以看出通过开展科学教育，有利于儿童从小养成良好的卫生和生活习惯，注重健康生活，尊重生命，热爱生命，从而实现人的全面发展。

（三）需要加强的方面

1. 学生对基础知识、基本常识和基本能力的掌握存在不足

从学生对一些题目的反应发现，有些学生对一些基本科学概念的理解、掌握不到位，缺乏一些必备的科学常识，在描述和表达时不准确。例如，有四成学生不能辨别出蘑菇是一类既不属于植物也不属于动物的生物；有七成学生不能准确识别肺的主要功能；约四成学生不能正确回答出地球自转一周所需的时间，其中28%的学生认为地球自转一周需要1年，不能达到课程标准中要求的"知道地球在不停地自转，自转一周为1天，需要24小时"，小学生在几乎不理解宇宙空间中星球运动状况下，只凭简单记忆是不能形成正确而牢固的科学概念的。究其原因不外乎两个方面，一方面是由于学生的识记、理解水平较低，不能很好地掌握一些基本和科学概念；另一方面也不排除正在试用的小学《科学课程标准》中的个别内容要求存在着脱离或超出小学生实际认知水平和能力，为学生在理解的基础上，建立和形成正确而牢固的科学概念带来困难。这也正是课程标准修订工作中值得关注的问题。

2. 学生运用所学知识联系生活，分析、解释实际问题和现象的能力相对薄弱

从学生对一些题目的反应发现，课堂上看似掌握的知识和技能一旦与生活实际相联系，学生在实际运用中就会暴露出问题。例如，在识别哪种常见蔬菜食用部分为植物的根时，只有56%的学生回答正确（胡萝卜），平均能力为1.11，实际难度超出目标水平，有24%的学生选择土豆。学生可能只会识别课堂上展示的典型植物六大器官特征和功能，而在联系生活实际不能充分利用所学的有关根、茎的关系特征去识别。只有半数学生能正确选择使汽水尽快变凉的最有效办法；近半数学生不能辨别出生活实际中帮助减少摩擦的做法，其中近两成学生误认为用干布盖住饮料瓶来拧开是减少摩擦的做法；有34%的学生选择了金属而不是塑料用做电源开关盒的材料，不能利用所学的金属适合做导电材料、塑料等非金属适合做绝缘材料作出正确选择。因此，通过科学课程教学和学习，不断加强培养学生运用所学知识联系生活，分析、解释实际问题和现象的能力是十分必要的，这也是培养创新人才的前提和基础。

3. 学生综合运用多种技能（能力），处理复杂问题的能力有待增强

从学生对一些题目的反应发现，需要学生在综合运用描述、表述、识读图表、分析资料和数据、实验、得出结论等能力处理相对复杂的问题时，表现出困难较大。例如，只有三成半的学生准确读出用温度计分别测到的四种液体的温度，并能按由低到高的顺序排出来，多数学生对准确读出零度以下的温度及与零度以上的温度进行比较的能力较弱；近半数学生分析几组实验数据并作出相对复杂推论的能力较弱；近半数学生分析食物链中三种以上生物之间数量变化关系的能力较弱。另外，有些学生对与技术有关的知识和技能比较薄弱，尤其是分析有关技术流程（如污水处理）中主要环节的目的和作用时有困难。

六、对策与建议

（一）从"科教兴国"的战略高度重视义务教育阶段科学教育

尽管新一轮课程改革方案中明确从小学三年级开始开设科学课程，但通过调查发现一些地区和学校不能正常开设科学课，无论是思想上还是行动上

都没有充分认识到对学生进行科学启蒙教育的重要性，忽视科学教育在我国现代化建设中重要地位，更没有充分理解"科教兴国"的国策方针。因此，在科技迅猛发展的今天，进一步提升科学教育在义务教育阶段的地位，加强科学教育研究，注重对科学教育者培训，推进科学课程改革，以培养学生科学素养，促进学生全面发展，提高我国的核心竞争力是首要解决的问题。

（二）加强学生对科学基础知识、基本能力的训练和掌握

国际、国内科学教育改革和评价的经验告诉我们，无论怎样"改"，科学基础知识、基本原理和基本能力的学习与建构是科学教育中牢固的基石。利用学生已有的知识和经验，结合生活实际，在学生发展的不同阶段，根据其身心发展特点，改变教学方式和学习方式，帮助学生学习、建构基本的科学概念、原理，训练、掌握基本的科学能力是每位科学教育者的责任和义务，是培养学生良好科学素养、实现科学教育目标的前提。

（三）培养学生综合运用多种技能，处理复杂问题的能力，全面提升学生综合素质

未来社会发展需要具备综合素质的人才。科学教育者要从融合、横跨和互渗的视角重新审视科学教育。注重科学与哲学、人文、艺术的结合，跨学科、跨领域地培养学生综合运用多种技能，解决和处理复杂问题的能力，充分利用校内外资源，让学生有更多的机会参与和投入到与生活密切相关的科技活动中，爱科学，用科学，尊重科学，将科学与技术教育整合，进一步培养和提高学生实践能力和创造力，全面提升学生综合素质。这正是每一位科学教育工作者努力的方向和奋斗的目标。

品德与社会测评报告

一、研究背景

为应对日新月异的时代要求和来自社会、经济的各种挑战，世界各国的教育改革均将如何切实提高基础教育质量作为其共同愿景和追求。而在国家宏观层面进行基于学生学业成就的调查与评价的基础教育质量监测，无疑是各国提升教育质量的基础性工程。通过这种评价与监测，可以在一定程度上把握基础教育的质量状况，科学诊断基础教育质量存在的问题和原因，为政府的教育决策提供科学依据，为教育教学实践进一步明确发展方向，最终有利于基础教育质量的提高。

当前，随着我国新课程改革的深化和持续推进，如何对课程进行有效评价的问题得到了人们广泛的关注。《基础教育课程改革纲要（试行）》明确将课程评价改革作为课程改革的目标之一，学生学业成就评价是课程评价的核心内容。实践表明，课程评价不仅是课程改革的重要内容，同时也是推进新课程的重要制度保障。因此，如何尽快建立并完善与新课程相配套的课程评价体系，包括设计与编制基于各门学科课程标准的学生学业评价框架与标准，以科学、客观地评价我国新课程实施以来学生的学业成就状况，指导课程实施，改进教育教学，无疑是关涉到课程改革是否能良性发展的迫在眉睫的重大问题。

小学品德与社会课程是在小学中高年级开设的一门综合学科，同时也是此次课程改革新开设的课程，相较于语文、数学等课程，它的开设历史还相当短暂，因此对学生通过本课程的学习所取得的成效进行了解与把握就更为必要。国家层面的《全日制义务教育品德与社会课程标准（实验稿）》（以下简称《品德与社会课程标准》）是教材编写、教学、评估和考试命题的依据，是国家管理和评价课程的基础，体现了国家对作为未来合格公民的小学学生在知识与技能、过程与方法、情感态度与价值观等方面的基本要求。对学生品德与社会学科学业成就的调查与评价就是要将这样一些要求与教育教学实际相结合，将课程标准切实转化为明确的、具有可操作性的评价目标和评价内容，采用恰当的评价方式，对学生是否达到课程目标及其达到目标的程度进行价值判断。这将有助于我们较全面、真实地把握与判断小学生在品德养成和社会性发展等基本公民素养方面的现实状况，同时了解并分析影响学生学业成就的相关因素如该课程的实施状况、课程目标的达成情况、学生学习与教师教学状况，寻找提高学生学业成就的政策建议和相应路径，以便改进品德与社会课程的教学，更好地促进学生发展。

二、关于学生社会性发展评价的理论架构

本研究虽是以问卷调查和试题测试为主要评价方法的实证研究，但同样需要深入的理论研究作为其支撑与依托，需要通过文献研究了解学界当前对于本学科的已有研究成果，需要切实把握本学科在评价研究上的现状，更需要明确所要评价的核心能力的概念、内在结构和内容维度、表现特征等，在这样一些基础研究之上，才可能生成评价的基本指标体系。

（一）以学生社会性发展作为品德与社会学科的基本评价范畴和能力

品德与社会是一门"以儿童社会生活为基础，促进学生良好品德形成和社会性发展的综合课程"，课程的开设旨在"为学生成为……社会主义合格公民奠定基础"①。由以上国家对于本课程性质的规定，我们不难推断出，学生品德养成和社会性发展状况在一定程度上反映了其公民素养的高低，也可以作为衡量学生学习本门课程后取得发展与进步的两个主要指标。

一直以来，对学校开设的以发展学生道德情感、态度与价值观为价值取

---

① 中华人民共和国教育部. 全日制义务教育品德与社会、品德与生活课程标准（实验稿）[M]. 北京：北京师范大学出版社，2001：1.

向的道德类课程如何进行评价，始终是困扰德育研究者和学校实践的问题。无论是国内、还是国外，适用于对学生进行这方面评价的实证研究也颇为少见，远没有其他学科领域活跃。考虑到品德测评（即测量与评价）的复杂性，当前的品德测评方法还存在着信效度、预测度、可行度等问题①，再加上影响学生品德发展的路径和因素众多，归因复杂，依照现有的品德测评方式难以有效地测评出课程对于学生品德发展状况的影响，因此，我们选择了"有限研究"，侧重对学生的社会性发展状况进行评价，以《品德与社会课程标准》的内容要求为基本依据，研制反映学生社会性发展水平的相关表现标准和评价框架，进而采用适宜的评价方法对学生进行测试与评价。

对学生社会性发展进行评价具有十分重要的理论价值和实践意义。通过这种评价研究，可以在国家宏观层面判断学生社会性发展状况，揭示学生社会性发展的规律，剖析影响学生社会性发展的因素；同时在一定程度上可以观照教学实践中品德与社会课程的实施状况、教师教与学生学的状况与存在的问题，有利于进行国家有效调控和教学干预，共同促进学生社会性的健康发展。

（二）基于课程标准的社会性发展的概念界定与内容结构

通过文献检索与分析可见，相关学者对人的社会性发展的研究主要集中于人类学、心理学和社会学领域。而本次评价是一种目标参照评价，即对学生的评价将依据相应的国家课程标准来研制具有可操作性的评价目标和评价内容，以考查学校教学是否达到了课程标准规定的基本要求，考查学生是否获得了应该获得的基本知识与技能，情感、价值观是否发展与进步及其程度水平。因此，尽管《品德与社会课程标准》中使用了"社会性发展"的概念，但其在本质内涵和内容结构上与心理学层面的理解有着很大的不同，但这种不同究竟如何在这门课程中体现，课程标准并没有给出具体的解释与说明。因此，在开展评价研究之前，我们既需要把握心理、社会学界对它的研究，更需要依据《品德与社会课程标准》及其他相关课程标准来重新界定其

---

① 林崇德. 教育与发展 [M]. 北京：北京师范大学出版社，2002：611.

概念，厘定其基本的内容维度，以增强社会性发展评价的"课程化"和适应性。

1. 社会性发展的概念界定

人的社会性、社会化，是人类学、社会学、心理学等领域共同关心的课题，只是各个领域的视角和借助的理论基础不同。文化人类学侧重于社会化过程中的文化继承，如人类学家胡森（Husen）指出，"社会化是人类'接受'周围环境的文化或亚文化的价值观、习惯、观点等的过程"[①]。社会学偏重于从人与社会的互动关系出发，考察人的社会性与社会化，认为个体的社会化是"个人通过学习群体文化、学习承担社会角色，来发展自己的社会性的过程"[②]。心理学，尤其是发展心理学偏重于社会化过程中的个人成长，关注人的人格与自我形成及一般的社会学习过程。发展心理学家墨森（Mussen）等认为，社会化是儿童青少年学习他们的文化或社会中的标准、价值所期望的行为的过程。[③]

可见，社会性与社会化是两个既密切相关又互有差异的概念。通常认为，社会性是个体能动地与他人、社会进行互动过程中形成和表现出的在情感、思维、认知、能力和行为等方面的综合社会特性；社会化是对个体施加社会影响以使其具备社会性的过程。个体的社会性是在社会化过程中形成和发展起来的。

综上所述，有研究者对社会性发展的内涵予以概括，认为个体的社会性发展主要是指个体与社会相互作用过程中，通过学习和内化社会文化，逐渐形成适应该社会的行为方式，履行该社会所期待的角色行为，发展自身社会性的过程，是个体从自然人转化为符合该社会要求的合格社会成员的过程。[④]

在人生的不同阶段，社会性发展的内容和任务都有不同，就小学阶段来讲，从《品德与社会课程标准》的目标要求和内容范畴角度出发，我们认

---

① 胡森. 国际教育百科全书：第八卷 [M]. 丁廷森，等，译. 贵阳：贵州教育出版社，1991：311.
② 吴增基，等. 现代社会学 [M]. 上海：上海人民出版社，1997：111.
③ 黄希庭. 人格心理学 [M]. 台北：东华书局，1988：138－146.
④ 中华人民共和国教育部. 全日制义务教育品德与社会课程标准（实验稿）[M]. 北京：北京师范大学出版社，2001：3.

为，学生的社会性发展是指作为社会成员的学生在与社会的相互作用下，初步理解和掌握社会规范，认识社会关系和社会环境，了解社会生活方式，逐渐习得基本的社会生活技能，具备有效参与社会能力、自身行为与社会相适应的一种动态发展过程。

2. 社会性发展的结构与内涵

关于社会性发展的结构，中外学者从不同的角度进行了卓有成效的研究。国内外较有代表性的是发展心理学家墨森的"复合说"，该理论认为社会性包括社会性情绪、对父母的依恋、气质、道德观、道德标准、自我意识、性别角色、亲善行为、对自我和攻击性的控制、同伴关系等；我国学者提出的观点则包括由人际关系、社会规范和自我发展三个维度构成的"三维结构说"；由社会认知、社会情感、社会行为、自我和社会性的发生机制组成的"五领域说"[1]；以及由陈会昌提出的"七维度说"，后者将儿童的社会性发展分为七个主要维度，即社会技能、自我概念、道德品质、意志品质、社会认知、社会适应能力和社会性情绪[2]。

这些结构划分为我们对学生社会性发展结构的分类提供了积极的启示和借鉴。在如前所述的学生社会性发展概念和内涵的基础上，从《品德与社会课程标准》的目标要求和内容范畴角度出发，我们认为，学生的社会性发展在结构内容上主要包括社会认知、社会技能、社会能力、社会情感和态度、社会行为五个维度。

如果进行进一步的描述，学生的社会性发展在各个结构维度上可具体表现为以下若干方面。

（1）具备基本的社会认知、理解基本的社会规范

对社会及其规范的认知和理解是思考和行为的基础。课程中需要认知基本的历史知识、地理、劳动、社会等方面的知识，人与自然、环境的相互依存关系、人类社会面临的共同问题、中外重大历史事件；需要认知并理解政治制度、法律、风俗习惯、生活准则、宗教等社会规范。通过这些社会规范，

---

① 张文新. 儿童社会性发展［M］. 北京：北京师范大学出版社，1999：2.
② 陈会昌. 儿童社会性发展量表的编制与常模制订［J］. 心理发展与教育，1994（4）：62.

才能领悟自己的社会角色及相关的权利与义务。

（2）习得基本的社会技能

习得基本的社会技能即具有一定的适应现代社会生活的基本技能，包括学生要具备顺利适应家庭生活、学校生活以及社会生活等方面的基本技能，如保障生命健康和安全的社会技能、自理生活社会技能等。

（3）具有分析和思考社会现象、参与社会生活、解决社会问题的能力

作为有效的社会成员，学生应具备的基本社会能力包括学习与探究的能力、民主和有效参与社会的能力、社会评判与推理能力、获取信息和使用资料的能力，学会关联地、综合地、切合实际地分析、思考和解决社会问题的方法。

（4）形成关心社会的情感、态度、价值观

这是社会行为产生的动力机制。包括国家认同感、社会责任感、国际意识和环保意识；在复杂多变的社会环境中，明辨是非，有正确的价值判断，具有民主、法制、规则意识。

（5）参与社会生活的行为

参与社会生活的行为指关注社会，参与社会实践，一切在社会交往中有利于社会和他人的行为如谦让、互助、合作和分享等。

综上所述，一个社会性发展良好的学生应该是具有基本的社会认知与社会理解，习得基本的社会技能，初步具备评判、思考社会现象和解决社会问题的能力，形成关心社会的态度，表现出积极参与社会生活的行为。

（三）关于学生社会性发展评价的构想

1. 学生社会性发展评价的含义

学生社会性发展评价是学生学业成就评价的重要组成部分，它是依据国家《品德与社会课程标准》所确立的社会性发展目标，运用教育评价的理论和方法，对学生社会性发展进行有目的、有计划的价值判断的过程。其评价的范围可以是学生整个社会性发展的全貌，也可以是学生社会性发展的某个侧面。

2. 学生社会性发展评价的主要内容框架

社会性发展的评价内容十分广泛丰富。本次评价是涉及全国范围抽样且样本达 18000 人次的较大规模的学业成就监测活动。考虑到评价实施的可行性、简约性、操作性和评价方法的要求，我们在社会性发展评价的内容上主要侧重两个方面：一是基于《品德与社会课程标准》中反映学生社会性发展的核心内容领域；二是评价维度的厘定上利于通过问卷和试题测试的方式进行检测的方面如社会认知、社会技能和能力、社会情感和价值观等方面。

基于上述考虑，最终生成了包含内容领域、能力表现、情感态度在内的三个维度的评价框架，见图 2-4-1。

（1）内容领域

这里的内容领域维度相当于社会性发展中的社会认知（社会知识），主要规定学生应该知道什么和能够做什么。内容领域主

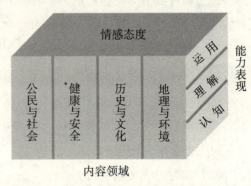

图 2-4-1　社会性发展评价框架三维图

要选取了《品德与社会课程标准》中那些具有普适性的、最为基本的、为未来进入社会生活奠基的，同时又与学生现实生活息息相关的方面进行评价与测试。内容维度分为四个领域，每个领域又有具体的主题和目标。

公民与社会：包括合格公民应具有的国家意识、全球化意识、社会规则意识、民主参与意识；了解相关的法律知识；了解社会事物和现象，能利用相关信息对社会事物、现象或问题进行综合的、关联的思考和推断。

健康与安全：基本掌握维护自身健康与安全的知识，具备维护自身健康、保护自身安全的基本技能。

历史与文化：初步了解具代表性的世界历史文化；知道基本的历史知识、重要的历史事件及其所产生的影响；能够借助相关材料和信息，对历史事物进行初步分析与判断。

地理与环境：基本的地理知识与技能，如地球、比例尺、地形、气候、

识看地图、辨别方向等，并能运用相关地理知识与技能分析地理事物、地理现象；了解中国和世界一些基本的地理概况，初步了解自然环境与人们生活的关系；知道人类面临的一些环境、资源等问题；具有初步的环保意识，并能在日常行为中有所体现。

（2）能力表现

这里的能力表现维度相当于社会性发展中的社会认知、社会技能与能力，主要是要清楚地表明期望学生在达成内容维度时所应具有的社会理解力的水平。能力维度共分为三级：认知、理解、运用。不同层级的能力表现通常由不同的显性行为动词所描述。

"认知"主要表现为对一些事实性知识如基本的社会知识、地理历史知识、概念的了解和再认，通常用知道、识别、辨认、描述、举例、确认等行为动词来表示。

"理解"主要表现为对相关社会信息和资料、核心概念和社会原理、社会现象，能够解释、说明、判断、区别、比较和分类。

"运用"主要表现为在问题情境中能灵活地、综合地运用所学知识和概念原理，提取有效信息，能在社会事物和现象间建立联系，从具体的事件中归纳事物的本质特征，评价、预测和推论事物的发展等。

（3）情感、态度与价值观

这里的情感、态度与价值观包含两个部分，一是包含了社会性发展中的社会态度和价值观的内容，如国家认同感、社会责任感、国际意识和环保意识，在复杂多变的社会环境中明辨是非，有正确的价值判断，具民主、法制、规则意识，关心社会、爱护环境；二是包含了学生进行品德与社会课程学习的态度、兴趣等。

3. 关于学生社会性发展水平的界定

基于学生在以上内容领域、能力表现、情感态度三个维度的表现状况，可以将学生的社会性发展水平分为"合格"、"良好"、"优秀"三个层级，以具体的文字表述对每个层级的表现加以区分，这可以在一定程度上反映学生在品德与社会学科的学业成就水平，详见表2－4－1。

表 2 - 4 - 1　小学生社会性发展水平描述

等级	发展水平的具体描述
合格水平	初步具有国家意识、全球化意识、社会规则意识、民主参与意识；基本了解相关的法律知识；能利用相关信息对社会事物、现象或问题进行初步分析、思考及判断。 基本掌握维护自身健康与安全的知识，具备维护自身健康、保护自身安全的基本技能。 初步了解具代表性的世界历史文化；知道历史知识，知道重要的历史事件及其所产生的影响；能够借助相关材料和信息，对历史事物进行初步分析与判断。 知道基本的地理知识与技能，如地球、比例尺、地形、气候、识看地图、辨别方向等，并能运用相关地理知识与技能分析地理事物、地理现象；知道中国和世界一些基本的地理概况，初步了解自然环境与人们生活的关系；知道人类面临的一些环境、资源等问题；具有初步的环保意识，并能在日常行为中有所体现。
良好水平	具有一定的国家意识、全球化意识、社会规则意识、民主参与意识；较为了解相关的法律知识；有效利用相关信息对社会事物、现象或问题进行关联的、综合的、切合实际的分析、思考和判断。 掌握维护自身健康与安全的知识，能用较恰当、正确的方式方法解决自己遭遇的安全问题，以较合理的方式保护自身健康。 能够了解具代表性的世界历史文化；初步理解历史知识，了解重要的历史事件及其所产生的影响；能够借助相关材料和信息，对历史事物进行较为正确的分析与判断。 掌握基本的地理知识与技能，如地球、比例尺、地形、气候、识看地图、辨别方向等，并能运用相关地理知识与技能分析地理事物、地理现象，初步解决生活中的一些问题；初步理解中国和世界一些基本的地理概况，以及自然环境与人们生活的关系；能够理解人类面临的一些环境、资源等问题以及可持续发展的重要性，具有一定的环保意识，表现出基本的关心和爱护环境的行为。

续表

等级	发展水平的具体描述
优秀水平	具有公民应有的国家意识、全球化意识、社会规则意识、民主参与意识；清晰了解相关的法律知识；有效利用相关信息对社会事物、现象或问题进行关联的、综合的、切合实际的分析和思考，在此基础上能合理地评判与推断、预测。 掌握维护自身健康与安全的知识，能用恰当、正确的方式方法解决自己遭遇的安全问题，以合理的方式保护自身健康。 能够清晰了解具有代表性的世界历史文化；理解历史知识，了解和理解重要的历史事件及其所产生的影响；能够借助相关材料和信息，对历史事物进行正确分析与判断。 正确掌握基本的地理知识与技能，如地球、比例尺、地形、气候、识看地图、辨别方向等，并能灵活运用相关地理知识与技能分析地理事物、地理现象、初步解决生活中的一些问题；初步理解中国和世界一些基本的地理概况，以及自然环境与人们生活的关系；能够理解人类面临的一些环境、资源等问题以及可持续发展的重要性，具有较强的环保意识，表现出基本的关心和爱护环境的行为。

4. 学生社会性发展评价的方法

对学生社会性发展的评价涉及诸多方面，对于不同的评价内容，需要采取与之相适宜的多样的评价方式。如要评价学生的"社会性情感与态度、社会性行为"，则适宜通过长期和短期的定向观察（日常情境与课堂教学）、访谈、作品呈现等方式进行表现性评价和过程评价；对某些社会技能的评价则适宜创设具体情境进行表现性评价。就上述所涉及的本次调查与评价的内容范畴和全国范围的大规模抽样情况，我们采用的评价方式是标准化试题测试和问卷调查。

三、评价工具的研制与测试

在以上基于《品德与社会课程标准》的目标和内容要求所作的社会性发展评价框架基础上，我们采用了 SOLO 分类理论和方法作为测评的基本技术路线，以此研制和开发反映学生社会性发展水平的相应的测评指标体系及测试题。

（一）关于 SOLO 分类的理论和方法

"可观察的学习成果的结构"（Structure of the Observed Learning Outcome，简称 SOLO 分类法）是一个人在回答某个具体问题时表现出来的思维结构，由澳大利亚教育心理学家、香港大学教育心理学教授毕格斯（Biggs）及其同事经过长期的研究和探索提出。SOLO 分类理论是对皮亚杰认知发展理论的一种继承和发展，它试图通过学生显性的、可观察的学习成果来反映其认知能力发展的水平。这一理论假定：学生学习许多概念和技能有一种结构复杂性的普遍增长顺序，这个顺序可引导教师用来调整具体的教学目标或对具体学习结果进行评价。这一理论将学生学习的成果（或对问题的反应）划分为五个层次或称五种结构水平，即前结构水平、单一结构水平、多元结构水平、关联结构水平、拓展抽象结构水平。五种结构水平紧密联系，逐层提高。见图 2 - 4 - 2。

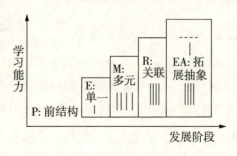

图 2 - 4 - 2　可观察的学习成果的结构

处于小学阶段的学生其认知结构主要表现为单一、多元和关联三种结构水平。那么，各个学科通过设计和编制反映三种结构水平的测试题对学生学习结果进行检测，就可以在一定程度上反映出学生在该学科的认知发展水平和学业成就状况。

（二）评价工具开发流程

准备阶段

明确研究目的和研究方法，研究国内外社会性发展理论与评价的研究成果，研究新课程改革的理念和小学品德与社会课程标准，学习SOLO分类法，开展前期讨论交流。

编制阶段

依据课程标准的要求和SOLO分类法，编制小学六年级学生社会性发展评价的基本框架，生成认知结构框架，包括涉及的内容领域和相关主题，课程标准的要求，对学生的能力要求以及按一定比例设计相应的单一、多元和关联结构水平题目。

修改阶段

反复讨论修改，包括国内外专家的指导，对认知结构框架中的内容和估计难度结构设计进行调整和完善，对一些较难把握的题目，根据学生试测的结果进行修改完善，并对题目的顺序、题目中选择答案的排序进行调整，补充一些更能体现题意的插图。

预试阶段

抽选北京朝阳区3所学校195名学生进行预试，记录测试时间，对结果统计分析。

再修改阶段

根据预试的分析结果，对认知结构框架中的内容进行再次修改、筛选，删掉了易产生理解歧义或回答不理想的题目（如开放题），同时将1.3倍的题量减至适量，题目结构水平作相应调整。正确答案的排列顺序调整合理，完善评分标准。

定稿

形成最终小学六年级学生社会性发展认知结构框架、测试题目、评分标准，订正排版印制中的问题，并作好正式测验前的一切准备。

（三）双向细目表的编制

设计科学、清晰的评价框架是编制试题的前提和基础。社会性发展评价框架的设计依据是《品德与社会课程标准》和 SOLO 分类法。即根据《品德与社会课程标准》的内容，从中选取核心内容划分为公民与社会、健康与安全、历史与文化、地理与环境四大内容领域，将内容目标表述为概括性能力要求，并将其转化为学生学习的预期结果，然后再以测验题目将学习结果操作化，并依据 SOLO 分类法，按照 2：2：1 的比例，设计单一（U）、多元（M）、关联（R）结构水平的测试题目，形成如下认知结构框架（见表 2 - 4 - 3）。

表 2 - 4 - 2　各领域题量及能力、SOLO 结构水平分布情况

	题量分布		总题量
内容领域	公民与社会：10 题，约占总题量的 24%		42 题
	健康与安全：9 题，约占总题量的 18%		
	历史与文化：7 题，约占总题量的 21%		
	地理与环境：16 题，约占总题量的 38%		
能力表现	认知能力：12 题，约占总题量的 29%		
	理解能力：21 题，约占总题量的 50%		
	运用能力：9 题，约占总题量的 21%		
结构水平	单一水平：16 题，约占总题量的 38%		
	多元水平：18 题，约占总题量的 43%		
	关联水平：8 题，约占总题量的 19%		

表2-4-3　小学社会性发展认知结构框架

内容领域	一级指标（内容标准）	二级指标（能力要求）	对应题号	能力表现	结构水平	构成比例
	知道一些国际组织，了解其作用	认识联合国的标志	1	认知	U	
	了解与少年儿童有关的法律常识，学习运用法律保护自己	知道《中华人民共和国义务教育法》《中华人民共和国未成年人保护法》的有关内容	7	认知	U	
	了解集体生活中规则的作用，初步形成规则意识	懂得打扫班级卫生的规则	21	理解	M	
	理解公平、民主等在社会生活中的现实意义	了解与感受班级生活中的民主	20	理解	R	
	初步了解人口急剧增长是世界面临的共同问题之一	能够根据对话信息进行人口问题的相关判断	15	理解	R	U：3 M：3 R：4
公民与社会	了解一些经济活动的特点	懂得活鸡价格变化受供求关系的影响	42	理解	R	
	能运用相关信息分析社会事物和现象	从电话统计图中求取有关电话发展的信息	19	运用	M	
		从表中信息预测未来受教育程度人口状况	30	运用	R	
	知道改革开放以来我国取得的成就	通过各种票证的使用了解改革开放以来的变化	23	认知	U	
	体会世界经济的发展与联系及其给人们生活带来的影响	通过日常生活用品，了解全球化影响	17	理解	M	

续表

内容领域	一级指标（内容标准）	二级指标（能力要求）	对应题号	能力表现	结构水平	构成比例
健康与安全	了解有关安全的常识，有初步的安全意识和自救自护能力	确认骑自行车的年龄规定	2	认知	U	
		掌握火灾中的自救自护方法	3	理解	U	
		对日常生活中的烫伤情形会正确处理	6	理解	M	
		面临危险情境如何自护和救人	11	理解	M	
		判断事件的真伪，不轻信他人	9	理解	M	U：3
	学习在自然灾害面前自护与互助的方法，形成相应的能力	辨别在雷雨天气正确的自护办法	4	理解	U	M：4
		懂得地震时最佳的逃生方法	14	理解	M	R：2
	学习选购商品的初步知识，具备初步的消费者保护意识	从食物包装袋上获取质保期信息	10	运用	R	
	了解不良生活习惯的危害，爱护自己的身体和生命	推断吸烟对健康的危害程度	13	运用	R	
历史与文化	知道我国是一个具有几千年历史的文明古国	能够理解"公元前后"概念的意义	18	理解	R	
		根据考古资料推断北京人的生存状态	38	运用	M	
	感受中华民族对世界文明的重大贡献	知道我国的四大发明	28	认知	U	U：3
	珍视祖国的历史文化传统	确认我国重要节日及其代表饮食	29	认知	M	M：3
	了解一些人类的文明遗产	辨别世界著名的历史建筑	12	认知	U	R：1
	知道近代以来列强对中国的侵略给中国人民带来的屈辱和危害	了解虎门销烟的历史事件	5	认知	U	
		了解火烧圆明园的历史事件	39	认知	M	

续表

内容领域	一级指标（内容标准）	二级指标（能力要求）	对应题号	能力表现	结构水平	构成比例
地理与环境	初步知道世界的海陆分布及主要地形等基本常识	确认圣诞节在南北半球的气候差异	25	理解	M	U：7 M：8 R：1
		根据图上太阳所在位置辨认学校平面图呈现的信息	27	运用	M	
		依据开心岛图上方向辨认河流走向	31	运用	U	
		依据开心岛两地实际距离确认城市	32	运用	U	
		根据开心岛平面图呈现的基本信息判断城市情形	33	运用	M	
		了解海拔与气温的关系	35	理解	U	
	了解我国不同地区的差异，探究这些差异对人们生产和生活的影响	明确我国南北方的气候特点与农业生产的关系	16	理解	M	
		了解我国西藏自治区的自然状况	34	认知	U	
	知道我国的领土面积等	确认我国陆地面积的大小	37	认知	U	
	了解不同民族的生活习惯和风土人情	辨别朝鲜族的服饰特征	8	认知	U	
	理解人与自然应和谐共存	知道人类是自然的一部分	22	理解	M	
		懂得不同的自然环境影响到了人们的居住方式	36	理解	M	
	了解生态环境的一些问题，树立环保意识和社会责任感	知道垃圾的不同分类	26	理解	M	
		了解经济发展与环境保护之间的冲突	40	理解	M	
	初步了解环境恶化、资源匮乏是当今世界的共同问题	了解因全球气候变暖造成了积雪减少	24	理解	U	
		了解导致温室效应、地球变暖的主要因素	41	理解	R	

（四）测试题目的撰写与举例

依据课标和 SOLO 分类理论，我们与相关专家经过反复商讨和广泛交流，在对一些基本问题达成共识的基础上首先尝试进行了预测试卷的编制。预测试卷包括两种题型：单项选择题和开放题。以下略举几例，从中可以观照出题的思路。

1. 选择题

例题一（U 水平）：

在日常生活中，我们经常会遇到雷雨天气。当电闪雷鸣时，应当（　　）。

A. 收起晾晒在铁丝上的衣服

B. 如果在家中，最好靠近门窗

C. 如果在野外空旷处，最好躲在高大的树下

D. 如果在野外空旷处，最好在地势低洼处蹲下

正确答案：D

【说明】此题属于健康与安全领域，难度水平较低，结构为 U 水平，即只有 D 项才是唯一正确答案。出题意图在于考查学生在一些常见的自然灾害如雷阵雨来临时，是否了解有关防雷电的安全性常识，具有基本的自护能力。如知道铁丝会导电；为防止雷电直击室内，应远离门窗等；在野外空旷处时，由于高大的树木易首先感应到天空云层电荷，而知道选择远离树木。

例题二（M 水平）：

我国北方主要的农作物是小麦，而南方主要的农作物是稻米，这种不同主要是因为：

A. 耕作传统　　　　　　　B. 地形因素

C. 气候因素　　　　　　　D. 人们的饮食习惯

正确答案：C

【说明】社会问题和现象往往具有复杂性、多维性，需要学生在思维的广度和深度上拓展，但学生常常只看到事物的表层，而难以洞察事物的本质，触及事物间的内在联系。此题属于地理与环境领域，难度水平为 M 水平，主

要考查学生对于气候与农作物二者之间的内在逻辑关系的认识与理解。设计的四个选项分别代表学生对这个问题的不同认识水平。选项 C 为正确答案，选项 A 和 D 属于前结构水平，只是看到事物的表层联系；选项 B 考虑到了影响农作物种植类型的因素之一，达到了 U 水平。

例题三（R 水平）：

考古学家在北京人曾经生活过的山洞里，发现了厚厚的灰烬堆，烧裂的兽骨，这些发现说明了（　　　）。

A. 北京人身材矮小　　　　　　B. 北京人吃兽类的肉为生

C. 北京人的生存能力提高了　　D. 北京人懂得使用火

正确答案：C

【说明】这是一道涉及社会历史知识的题，难度结构达到 R 水平，主要是考查学生透过事物表象而对社会事物本质进行分析与合理推断与评判的能力。设计的四个选项代表了认知水平的四个层次。选项 A 的表述与主题无关，属于前结构水平；选项 B 只是看到表象的部分特征，基本上是就事论事，认知能力只有 U 水平；选项 D 则能依据线索推断出"北京人懂得使用火"，这种使用的寓意不仅表现在会烧烤食物，而且还能以火御寒取暖，显然，这种认知能力已到了 M 水平；选项 C 在选项 D 基础上更进一步提升了"懂得使用火"的意义：食用熟食、以火御寒取暖，可以使人们增强体质、抵御疾病，减少死亡，提高生活质量；火还可以驱赶其他动物的威胁，保障生命安全；火可以照明，给人们生活提供方便……总之，"北京人的生存能力提高了"，如能认识到这一点，其认知发展结构应该说达到了 R 水平。

2. 开放题

为真实有效地检测出学生在面对实际问题时的理解能力、图表分析能力、文字表达能力、逻辑思维能力及思维的发散性与创造性等综合性能力，我们特意设计了让学生自由作答的开放题。开放题一般设计为 R 水平。

例题四（R 水平）：

1989 年世界环境日的主题宣传画是——"地球出汗了"。你知道地球为什么会"出汗"吗？

根据以下示意图中呈现的情形和你平时的了解，尽可能多地列出原因。

因为：

_____

_____

_____

_____

_____

【说明】这是一道涉及环保问题的题。当今的学生常常会觉得自己所享受的一切是理所当然，对发生的一切习以为常，却不知道人类活动包括自己的某些行为常常对环境造成不同性质和程度的影响。此题正是通过学生对图的解读，来引发学生关注身边的环境问题，反省自己的行为，增强环境亟须保护的忧患意识。此题难度结构达到 R 水平，设为开放题，旨在对学生思考问题的角度、认知水平发展的程度差异更好地予以呈现。三种水平分别确定为：

U 水平——能够列举出多种现象，如由于汽车、航空使用、工厂生产、火力发电、人们生活（如空调、冰箱等）需要而排出的废气增加，或大量砍伐森林和树木等人类行为所导致即可。

M 水平——能够解释人类的这些行为因其增加了煤炭、石油和天然气等资源的大量消耗，使得排入大气中的二氧化碳急剧增加，产生了温室效应，导致地球"发低烧"或"出汗"；或因全世界森林面积的快速减少，使得树木吸收二氧化碳的能力降低，这是地球出汗的另一个重要原因。

R 水平——能将这两个方面综合起来进行分析。

（五）预试与修改

2009 年 4 月，我们对北京市教学质量分别为较高、中等、较薄弱各一所小学的学生（合计 195 人）进行了试题的预测。根据预测结果分析，我们对预测试题进行了三类不同处理：对那些信效度、难度、区分度较好的试题给予保留，如例 1、例 2；对那些不拟合、太难、太易、区分度太低的题进行了删除；对那些内容较好、结构层次较好但尚有不足的题进行了局部改造，如上面提及的例 3 和开放题。

例 3 中，按照 SOLO 分类法编制的四个选项，从理论上讲应该是比较清晰地反映出了四个结构水平。但从反馈回来的测试结果，却有些出乎意料。有 34% 的能力最强的学生选择了选项 D（而不是预设的 C），有 21% 的能力较强的学生选择了选项 B，仅有 35% 的能力较弱的学生才选择了预设的正确选项 C，这说明我们按照 SOLO 分类标准所作出的预设与学生的实际思维状况存在着偏差；再从试题的实际难度水平看，只达到了 M 水平。经过认真分析，我们认为，C 选项可能已经远远超越了小学生现有的认知发展水平，而达到了拓展结构水平，是学生现有能力所难以企及的，至于那些能力弱势的学生反倒答对了，极有可能是猜测的结果，并不能反映其真实的能力水平。因此可以说这个选项是无效的，而整道题在 M 水平上的设计还是较为理想的，因此，我们将试题进行了改造，使之成为 M 水平的题。改造后的试题如下：

38. 考古学家在北京人曾经生活过的山洞里，发现了厚厚的灰烬堆，烧裂的兽骨，这些发现说明了（　　）。

A. 北京人身材矮小　　　　　B. 北京人吃兽类的肉为生

C. 北京人以吃熟食为主　　　D. 北京人懂得使用火

其中，D 项为正确选项（M 水平），B 或 C 选项为 U 水平。

预测中还发现，有近九成的学生没有作答开放题，可能是受时间局限，也可能是懒于动笔。为避免测试的无效，在正式试题时我们便不再让学生作答，而是将开放题尽量转化为具有 R 水平的选择题型，如例 4。

41. 右图呈现的情形反映了 1989 年世界环境日的宣传主题——"地球出汗了"。下列哪一项因素与这种情形的发生有着最直接的关系（　　）。

A. 大气中的二氧化碳急剧增加　　　B. 生态环境日益遭到污染

C. 森林面积的快速减少　　　　　　D. 世界人口的迅速增长

（六）测试工具的特征参数与测试卷测量指标

1. 测试题目信度、难度、区分度、拟合指数

根据课题研究需要，共对全国 30 个县 600 所学校 18024 名学生进行正式测试，有效试卷为 18024 份。根据测试结果，用 Winsteps3.63 进行题目参数及试卷信效度分析，在此基础上，得到每个学生的能力参数，结果见下列诸表。

表 2-4-4　测试题目信度统计

	学生测试结果	题目本身
信度	0.80	1.00
平均数	0.68	
标准差	0.87	

从表 2-4-4 可知，测试题目信度为 1.00，测试卷对学生能力估计的总体信度为 0.80，试卷的信度较为满意。

中国小学生学业成就测评报告与测试工具

表2-4-5　测试题目难度、区分度、拟合指数、题目特征参数等统计

	题目难度估计值	区分度（点二列相关）	拟合指数	区分度（多值记分方式题目区分度估计值）	平均反应
1	-2.20	0.23	0.96	1.04	0.93
2	-0.15	0.32	0.97	1.10	0.67
3	-0.57	0.34	0.94	1.11	0.75
4	0.09	0.26	1.02	0.96	0.62
5	-0.62	0.33	0.95	1.10	0.76
6	0.73	0.22	1.06	0.76	0.49
7	-1.46	0.19	1.00	0.99	0.87
8	-0.80	0.21	1.03	0.96	0.78
9	-0.38	0.08	1.14	0.67	0.71
10	-1.51	0.12	1.04	0.94	0.87
11	0.90	0.22	1.07	0.72	0.45
12	-0.05	0.30	0.99	1.05	0.65
13	-0.39	0.31	0.97	1.07	0.72
14	0.51	0.18	1.09	0.64	0.53
15	0.49	0.28	1.01	0.97	0.54
16	-0.25	0.34	0.95	1.13	0.69
17	0.35	0.27	1.02	0.94	0.57
18	1.78	0.34	0.93	1.11	0.28
19	-0.87	0.29	0.96	1.05	0.79
20	-0.27	0.27	1.01	0.99	0.69
21	-1.52	0.24	0.97	1.03	0.88
22	0.52	0.31	0.98	1.07	0.53
23	-0.54	0.33	0.95	1.11	0.74
24	-0.92	0.39	0.90	1.15	0.80
25	-0.20	0.40	0.91	1.24	0.68
26	0.17	0.14	1.12	0.58	0.60

续表

	题目难度估计值	区分度（点二列相关）	拟合指数	区分度（多值记分方式题目区分度估计值）	平均反应
27	1.57	0.22	1.05	0.89	0.31
28	-1.25	0.33	0.93	1.09	0.84
29	0.19	0.39	0.92	1.27	0.60
30	1.88	0.15	1.07	0.84	0.26
31	-0.30	0.35	0.94	1.14	0.70
32	1.04	0.23	1.04	0.83	0.42
33	0.12	0.33	0.97	1.12	0.62
34	0.25	0.37	0.94	1.24	0.59
35	-0.37	0.34	0.95	1.13	0.71
36	1.61	0.23	1.05	0.89	0.31
37	-1.50	0.23	0.97	1.02	0.87
38	0.27	0.31	0.98	1.06	0.59
39	-0.92	0.37	0.91	1.14	0.80
40	0.59	0.22	1.06	0.74	0.52
41	1.27	0.17	1.10	0.70	0.37
42	2.69	0.06	1.10	0.86	0.15

表 2-4-6 描述性统计

	题 量	最小值	最大值	平均值	标准差
难度	42	-2.2	2.69	0.00	1.03
区分度（点二列相关）	42	0.06	0.40	0.27	0.09
拟合指数	42	0.90	1.14	1.00	0.06
区分度	42	0.58	1.27	0.99	0.17
平均反应	42	0.15	0.93	0.63	0.19

由表 2-4-6 可知，题目难度的最小值为 -2.2，最大值为 2.69，难度平均值为 0.00，标准差为 1.03，难度分布较为广泛，比较理想。

　　表中题目的区分度以两种方式给出，一种是每个题目的通过与否与总分的相关，也就是点二列相关，用来表示题目对学生能力高低的区分性大小，从表中可见本试卷题目的区分度平均值为 0.27，接近 0.30，较为理想。

　　区分度还可以用另一种方式 Discrimination 给出，Winsteps 采用 Rasch 模型的假定，认为所有题目的区分度相等，并等于 1.00，以此为基础来拟合 Rasch 模型，但经验的题目区分度从来不会恰好相等，所以，Winsteps 会报告区分度的 post-hoc 检验结果（一种拟合统计量），用来说明实际的区分度与 1.00 差距量，以此作为题与 Rasch 模型拟合的程度指标。区分度为 1.00 与 Rasch 模型关于题难度的预期是一致，而大于 1 或小于 1 都表明题目的区分度与 Rasch 模型对这种难度的题目之区分度的预期不一致。从表中可见试题的区分度平均为 0.99，非常接近于 1。

　　表中的另一重要统计量平均反应，经常被用来表示与二值计分方式的题目一致的样本比例，在 Winsteps 中被解释为对题目（二值计分或多值计分方式）的平均反应。从表中可见题目的平均反应的平均值为 0.63。

表 2 - 4 - 7　题目拟合指数

```
INFIT
  MNSQ     0.63     0.71     0.83     1.00     1.20     1.40     1.60
------- + -------- + -------- + -------- + -------- + -------- + -------- + ----
    1 item 1           .              * |                    .
    2 item 2           .              * |                    .
    3 item 3           .              *  |                   .
    4 item 4           .               |*                    .
    5 item 5           .              *  |                    .
    6 item 6           .               |  *                  .
    7 item 7           .                  *                  .
    8 item 8           .               |*                    .
    9 item 9           .               |        *            .
   10 item 10          .               | *                   .
   11 item 11          .               | *                   .
   12 item 12          .              *|                      .
   13 item 13          .              *  |                    .
   14 item 14          .               |      *              .
```

中国小学生学业成就测评报告与测试工具

续表

```
INFIT
    MNSQ     0.63      0.71      0.83      1.00      1.20      1.40      1.60
    -------- + ------- + ------- + ------- + ------- + ------- + ------- + ----
    15 item 15            .                    *
    16 item 16            .                 *  |                 .
    17 item 17            .                    |*                .
    18 item 18            .                 *  |                 .
    19 item 19            .                  * |                 .
    20 item 20            .                    *                 .
    21 item 21            .                   *|                 .
    22 item 22            .                   *|                 .
    23 item 23            .                 * |                  .
    24 item 24            .            *      |                  .
    25 item 25            .            *      |                  .
    26 item 26            .                   |     *            .
    27 item 27            .                   | *                .
    28 item 28            .                 * |                  .
    29 item 29            .                 * |                  .
    30 item 30            .                   |  *               .
    31 item 31            .                 * |                  .
    32 item 32            .                   | *                .
    33 item 33   .        .                * |                   .
    34 item 34            .                 * |                  .
    35 item 35            .                 * |                  .
    36 item 36            .                   |  *               .
    37 item 37            .                  *|                  .
    38 item 38            .                  *|                  .
    39 item 39            .               *   |                  .
    40 item 40            .                   |  *               .
    41 item 41            .                   |     *            .
    42 item 42   .        .                   |    *             .
    -----------------------------------------------------------------------
```

关于测试结果的效度，我们采用了两种方法来检验。第一种是测试卷的
内容结构效度，从表 2 - 4 - 7 可见各题拟合指数全部界于 0.90 ~ 1.14 之间，

得出的平均值为1.00，标准差为0.06，说明测试卷内容结构效度很高，符合Rasch模型能力的单维性假设。

第二种以社会测试与其他三个学科测试结果的相关（见表2－4－8）作为测试卷的实证效度指标，可以称之为相容效度，表明同种能力由不同测试工具所测结果之间的一致性程度。从下表所列可见，社会能力与其他学科能力之间存在着普遍的、极其显著的正相关，与科学的相关为0.707，与数学的相关为0.611，与阅读的相关为0.473，这表明社会学科与其他学科测试的结果具有较高的一致性。

表2－4－8　社会学科与其他学科的相关分析

		阅　读	数　学	科　学	社　会
阅读	皮尔逊相关系数	1	0.503**	0.429**	0.473**
	Sig. (2-tailed)		0.000	0.000	0.000
	N	16799	16543	15168	16617
数学	皮尔逊相关系数	0.503**	1	0.601**	0.611**
	Sig. (2-tailed)	0.000		0.000	0.000
	N	16543	17898	16253	17832
科学	皮尔逊相关系数	0.429**	0.601**	1	0.707**
	Sig. (2-tailed)	0.000	0.000		0.000
	N	15168	16253	16378	16315
社会	皮尔逊相关系数	0.473**	0.611**	0.707**	1
	Sig. (2-tailed)	0.000	0.000	0.000	
	N	16617	17832	16315	18024

注：表示达到0.01的显著性水平

2. 题目特征参数分析

从图2－4－3可得，测试题目共42个，几乎所有题目特征曲线形态都符合IRT模式，表现出能力越高的学生，越能够答对难度大的题目（答对难度大的题目的概率越高），得分越高。题目难度范围大约在－3.0～4.2之间，分布区域比较广泛，有利于能够更好地将不同能力的学生实际水平测查出来。

中国小学生学业成就测评报告与测试工具

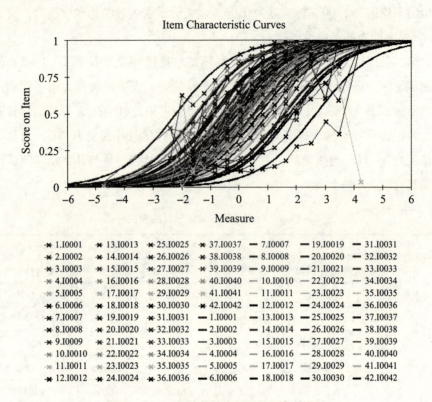

图2-4-3　品德与社会题目特征参数曲线

（七）典型题目上学生作答情况分析

典型题目1

在日常生活中，我们经常会遇到雷雨天气。当电闪雷鸣时，应当（　　）。

A. 收起晾晒在铁丝上的衣服

B. 如果在家中，最好靠近门窗

C. 如果在野外空旷处，最好躲在高大树下

D. 如果在野外空旷处，最好在地势低洼处蹲下

考查领域：健康与安全

考查能力：估计水平为 U 水平，实际难度 M 水平

正确答案：D

表 2 - 4 - 9　典型题目 1 作答情况统计（说明："0"表示未作答）

题　号	选项分析			
	选项	选择人数	百分比（%）	平均能力
第4题	C	137	0.80	- 0.30
	B	826	4.60	0.17
	0	137	0.80	0.22
	A	5695	31.50	0.34
	D	11229	62.30	0.91

【分析】从被测试学生的作答情况看，尽管有 62% 的学生选择了正确答案，但却另有三成多的学生选择了错误答案"A 收起晾晒在铁丝上的衣服"，这说明这部分学生对于雷电现象和导电类物质间的联系还未真正建立起来，从而增加了题目的难度。

典型题目 2

昨天放学后，刘畅路过一小商店，看到自己常买的一种饼干比平时便宜了 2 元钱，再看包装袋上印着"生产日期 2008 年 11 月 10 日，保质期 6 个月"。刘畅应该买吗？（　　　）。

A. 没过保质期，又便宜，买回去吃　　B. 不买，因为已经过了保质期

C. 刚过保质期，但便宜，买回去吃　　D. 不买，并建议售货员阿姨别再卖

考查领域：健康与安全

考查能力：估计水平为 R 水平，实际难度 U 水平

正确答案：D

表 2 - 4 - 10　典型题目 2 作答情况统计（说明："0"表示未作答）

题　号	选项分析			
	选项	选择人数	百分比（%）	平均能力
第10题	C	73	0.40	- 0.57
	A	328	1.80	- 0.07
	0	72	0.40	0.01
	B	1788	9.90	0.42
	D	15763	87.50	0.73

【分析】根据 SOLO 分类标准，此题涉及对保质期概念的理解，对保质期时间的计算以及商品价格、消费者自我保护意识等多因素，确定为 R 水平。实际上学生对食品保质期的知识还是很了解，自我保护意识还是很强，选择正确答案的学生占到了 87%，使得题目实际难度降到了 U 水平。

典型题目3

根据下面的图表信息，推测 2003 年电话数量的变化趋势可能是（　　　）。

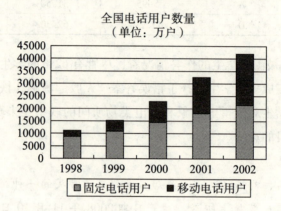

A. 固定电话不变，移动电话增加

B. 固定电话数量比移动电话增长快

C. 移动电话数量比固定电话增长快

D. 移动电话数量和固定电话的增长一样快

考查领域：公民与社会

考查能力：估计水平为 M 水平，实际难度 U 水平

正确答案：C

表 2-4-11　典型题目3作答情况统计（说明："0"表示未作答）

题　号	选项分析			
	选项	选择人数	百分比（%）	平均能力
第 19 题	A	583	3.20	-0.16
	B	1206	6.70	0.09
	D	1736	9.60	0.17
	0	176	0.90	0.52
	C	14323	79.60	0.83

【分析】根据 SOLO 分类标准，确定为 M 水平。实际上选择正确答案的学生占到了 79%，表明学生根据统计图示分析问题的能力较强，从而将题目的实际难度降低到 U 水平。

典型题目 4

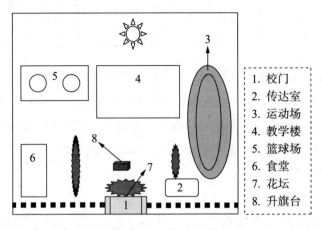

1. 校门
2. 传达室
3. 运动场
4. 教学楼
5. 篮球场
6. 食堂
7. 花坛
8. 升旗台

根据以上光明小学的校园平面图回答以下问题：

假如图中所示太阳是早晨太阳升起的位置，那么，小明在篮球场，要去传达室接电话，他怎样走最近？（   ）。

A. 先直接朝南走到食堂，再往东沿花坛方向走

B. 先直接朝西走到食堂，再往南沿花坛方向走

C. 沿东南方经升旗台方向走

D. 沿西南方经升旗台方向走

- 考查领域：地理与环境
- 考查能力：估计水平为 M 水平，实际难度 R 水平
- 正确答案：D

表 2－4－12　典型题目 4 作答情况统计（说明："0"表示未作答）

题　号	选项分析			
第	选项	选择人数	百分比（%）	平均能力
27	A	1582	8.80	0.13
题	0	88	0.50	0.23

续表

题　号	选项分析			
第 27 题	选项	选择人数	百分比（%）	平均能力
	B	1916	10.60	0.38
	C	8785	48.70	0.59
	D	5653	31.40	1.07

【分析】根据 SOLO 分类标准，因为要考虑到辨别方位和行走距离两个因素，所以确定为 M 水平。但选择正确答案的学生仅占 31%，其他有 49% 的学生未能借助图例中的太阳位置正确地辨别方位；另有 11% 的学生虽方位正确，但未顾及行走距离。共有近七成学生不能正确解答问题，使得题目的难度水平增加到了 R 水平。

典型题目 5

根据右侧开心岛地图回答下列问题。

某人从<u>乙城</u>出发去下一个城市游玩，已知两城之间的实际距离约 750 千米。根据图上比例尺推算，这个城市应该是（　　）。

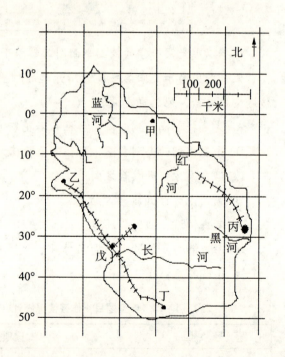

A. 甲城

B. 丙城

C. 丁城

D. 戊城

考查领域：地理与环境

考查能力：估计水平为 U 水平，实际难度 R 水平

正确答案：B

中国小学生学业成就测评报告与测试工具

表 2 - 4 - 13　典型题目 5 作答情况统计表（说明："0"表示未作答）

题　号	选项分析			
	选项	选择人数	百分比（%）	平均能力
第32题	0	216	1.20	0.10
	A	1443	8.00	0.29
	C	3731	20.70	0.44
	D	5055	28.00	0.51
	B	7579	42.10	1.00

【分析】此题是根据图上所示比例尺来丈量两个城市的距离，是一个具单一结构的题，确定为 U 水平，但选择正确答案的学生仅占 42%，致使题目难度增加，达到了 R 水平。这可能是学生缺乏依据比例尺计算实际距离的能力，或是教学或教材中未曾涉及，使难度增加；再有是学生未用尺子进行测量。

典型题目 6

根据上面开心岛地图回答下列问题。

开心岛上最繁忙的港口城市是（　　　）。

A. 丁城　　　　　B. 戊城　　　　　C. 甲城　　　　　D. 丙城

考查领域：地理与环境

考查能力：估计水平为 M 水平，实际难度 M 水平

正确答案：B

表 2 - 4 - 14　典型题目 6 作答情况统计表（说明："0"表示未作答）

题　号	选项分析			
	选项	选择人数	百分比（%）	平均能力
第33题	0	114	0.60	- 0.07
	C	1431	7.90	0.02
	A	1578	8.80	0.09
	D	3802	21.10	0.41
	B	11099	61.60	0.95

【分析】此题主要考查学生获取图中信息并综合利用图上信息来解答问题的能力。从测试结果来看，62%的学生能全面地利用图示所给的铁路、河流信息来确认繁忙的城市，21%的学生能利用部分信息，估计难度水平与实际难度水平吻合。

典型题目7

有这样一段文字"当地高山耸立，十分寒冷荒凉，几乎看不到树木，一种毛很长的牛是居民重要的运输工具，必须依赖它负重载送与外界交换物质……"，这是描述的我国哪一个省区的自然状况？（　　）

A. 西藏自治区　　　　　　　　　B. 内蒙古自治区

C. 宁夏回族自治区　　　　　　　D. 广西壮族自治区

考查领域：地理与环境

考查能力：估计水平为 U 水平，实际难度 M 水平

正确答案：A

表 2-4-15　典型题目7作答情况统计表（说明："0"表示未作答）

题 号	选项分析			
	选项	选择人数	百分比（%）	平均能力
第 34 题	0	126	0.70	-0.03
	D	1814	10.00	0.22
	C	1967	10.90	0.23
	B	3519	19.60	0.25
	A	10598	58.80	0.99

【分析】从被测试学生的作答情况看，尽管这是一道 U 水平的题，但学生的答题表现并不理想，只有59%的学生选择了正确答案，答错的学生主要是受了干扰项 B、C 和 D 的影响。这说明另有四成多的学生对于我国西藏地区的典型自然状况缺乏准确了解，导致选项错误，使得题目难度增加为 M 水平。

四、学生社会性发展的现状分析与讨论

（一）学生社会性发展的总体状况

本次调查对 18024 名学生的社会能力进行了测试，测试结果如表 2 - 4 - 16 所示。

表 2 - 4 - 16　描述性统计

	N	最小值	最大值	平均值	标准差
转换后的能力值	18024	- 4. 88	4. 25	0. 6780	0. 87013
有效样本	18024				

从上表可见，对 18024 名学生社会能力测试结果分析得出结论：学生能力估计的平均值为 0. 68，标准差为 0. 87。

（二）学生社会性表现的分组分析

根据 18024 名学生对不同难度题目的反应，以能力估计的平均值（0. 68）为中点，以 1 个标准差为间隔，由高（A）到低（E）将学生分为 5 个能力组，每组区间范围按原始能力值划分，每个能力组学生人数及占总体人数的比例和累积比例见表 2 - 4 - 17。

表 2 - 4 - 17　各能力组学生人数及其比例

组　别	原始能力值 分组能力值 起点—终点	各组 学生数	各组学生占 总体百分比（%）	累积百 分比（%）
最高能力组（A）	1. 983—最大值	1182	6. 6	6. 6
平均能力以上组（B）	1. 113—1. 983	3570	19. 8	26. 4
平均能力组（C）	0. 243—1. 113	7371	40. 9	67. 3
平均能力以下组（D）	- 0. 622—0. 243	5040	28. 0	95. 2
最低能力组（E）	最小值—0. 622	861	4. 8	100. 0

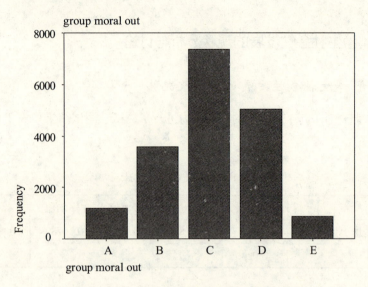

图2－4－4　五个能力组学生频数分布长方图

　　结合五个能力组学生频数分布的长方图，分析可知，学生能力基本呈正态分布。其中最高能力组（A）的学生数为1182，占测试学生总体的6.6%；低于最高能力而高于平均能力组（B）的学生数为3570，占测试学生总体的19.8%；平均能力组（C）的学生数为7371，占测试学生总体的40.9%；低于平均能力而高于最低能力组（D）的学生数为5040，占测试学生总体的28.0%；最低能力组（E）的学生数为861，占测试学生总体的4.8%。平均能力组及以上的累积学生数为12123（7371＋3570＋1182），约占测试学生总体的67%（40.9%＋19.8%＋6.6%）；平均能力组以下的累积学生数为5901（5040＋861），约占测试学生总体的33%（28.0%＋4.8%）。

　　如果将上述A、B、C、D、E组分别对应为优秀、良好、达标、基本达标、未达标，那么可以得出，参加测试的18024名学生中有6.6%的学生能力表现为优秀，19.8%的学生表现为良好，40.9%的学生表现为达标，28%的学生表现为基本达标，4.8%的学生表现为未达标。

　　概括起来，本次依据新课程标准对18024名小学六年级学生社会能力所做的调查，从总体结果上分析，有近七成（67%）的学生完全能够达到课程标准中的内容和能力要求，掌握了基本的社会知识和技能，具有一定的社会分析、思考和判断推理能力，初步形成了国家意识、全球化意识、社会规则意识、民主参与意识；有近三成（28%）的学生基本能够达到课程标准的要求，社会能力尚有一定差距；社会能力较为薄弱，还有少数的学生（4.8%）未能达标。

（三）不同能力组学生的比例及其学业成就水平描述

为了对学生学业成就表现水平进行一个直观而形象的描述，以下分别从高到低（即 A→E）就不同能力组学生所能完成的任务做了一个分组，不同的分组代表了学生能够达成的不同学业水平。其中 A 组为优秀能力组，能完成包括 A、B、C、D、E 组在内的所有任务；B 组为良好能力组，能完成包括 B、C、D、E 组在内的所有任务，C 组为合格组，能完成包括 C、D、E 组在内的所有任务；D 组为基本合格组，能完成包括 D、E 组在内的所有任务；E 组为不合格组，只能完成本组任务。具体如图 2 - 4 - 5 所示。

A组（优秀组）	**公民与社会**
6.6%	· 从表中信息预测未来受教育程度人口状况
	· 懂得活鸡价格变化受供求关系的影响
	历史与文化
	· 能够理解"公元前后"概念的意义
	· ……

B组（良好组）	**地理与环境**
19.8%	· 懂得不同的自然环境影响到了人们的居住方式
	· 根据图上太阳所在位置辨认学校平面图呈现的信息
	· 依据开心岛两地实际距离确认城市
	· 了解导致温室效应、地球变暖的主要因素
	· ……

C组（达标组）

40.9%

公民与社会
· 能够根据对话信息进行人口问题的相关推断
· 通过日常生活用品，了解全球化影响
健康与安全
· 懂得地震时最佳的逃生方法
历史与文化
· 根据考古资料判别北京人的生存状态
地理与环境
· 知道人类是自然的一部分
· 了解我国西藏自治区的自然状况
· 了解经济发展与环境保护之间的冲突
· ……

D组（基本达标组）

24.6%

公民与社会
· 通过各种票证的使用了解改革开放以来的变化
· 了解与感受班级生活中的民主
健康与安全
· 知道吸烟对健康的危害
· 判断事件的真伪，不轻信他人
· 辨别在雷雨天气正确的自护办法
· 掌握火灾中的自救自护方法
· 确认骑自行车的年龄规定
历史与文化
· 辨别世界著名的历史文化建筑
· 确认我国重要节日及其代表饮食
地理与环境
· 了解海拔与气温的关系
· 根据开心岛平面图呈现的基本信息判断城市情形
· 依据开心岛图上方向辨认河流走向
· 知道垃圾的不同分类
· 确认圣诞节在南北半球的气候差异
· 明确我国南北方的气候特点与农业生产间的关系
· ……

E组（未达标组）
4.4%

公民与社会
·辨别联合国的标志
·从电话统计图中获取有关电话发展的信息
·懂得打扫班级卫生的规则
·知道《中华人民共和国义务教育法》《中华人民共和国未成年人保护法》的有关内容
健康与安全
·掌握火灾中的自救自护方法
·从食物包装袋上获取保质期信息
历史与文化
·了解虎门销烟的历史事件
·知道我国的四大发明
·了解火烧圆明园的历史事件
地理与环境
·了解因全球气候变暖造成了积雪减少
·辨别朝鲜族的服饰特征
·确认我国陆地面积的大小
· ……

图2-4-5 不同能力学生的比例及其能够完成的任务

从以上不同能力组的学生所能完成的试题内容可以看出，从未达标组（E组）到优秀组（A组）的五个水平的能力组别，确实反映出学生能力上的显著变化，代表了学生不同的学业成就水平。

（1）从描述达成度的行为动词的运用上，反映出学生认知水平的渐进变化。E组（未达标组）较多呈现的是反映对事物的一般性了解和认知的行为动词，如"再认、辨别、确认"等；而在C组（达标组）动词较多呈现的是对于事物的理解程度，如"知道、初步分析与判断"等；在A组（优秀组）呈现较多的是对于事物的深层次理解、事物间内在关系的认知、对未来的预测，如"清晰了解"、"真正懂得"、"预测"、"推断"、"评判"等。

（2）从达成SOLO分类的结构水平上看，不同分组中学生所能完成的任务呈现出了学生认知能力从单一结构到关联结构水平的渐进变化趋势。E组（未达标组）学生大多能回答的是那些仅需记忆和简单识别单一事物、处于U水平的试题（11道U题、1道M题）；C组（达标组）学生能回答的大多是能联系两个以上事件来对问题进行判断、分析，但还不具备有机整合能力、处于M水平的试题（16道U题、19道M题）；而A组（优秀组）学生则具有了解决较为复杂的具体问题的能力，已经能够回答那些处于需要联想多个相关事件，并能将多个事件联系起来的 R 水平的试题（16 道 U 题、19 道 M 题、7 道 R 题）。

（3）从不同能力分组人群所在比例来看，学生整体的社会性发展水平呈现出正态分布状况。从上图可见，参加测试的 18024 名学生中有 6.6% 的学生能力表现为优秀，19.8% 的学生表现为良好，40.9% 的学生表现为达标，28% 的学生表现为基本达标，4.8% 的学生表现为未达标，呈现出能力水平高、低段人数较少，中等水平段突出的正态分布状况，其统计意义与现实中学生人群能力的分布状况相吻合。

（四）学生实际能力表现与题目的目标测试水平的对应分析

从图 2-4-6 可以发现，品德与社会测试题目实际难度呈正态分布，不同能力的学生在题目难度表现上呈正态分布，难度区间分布较为广泛。说明从总体上看，测试题目难度设计比较科学、合理。

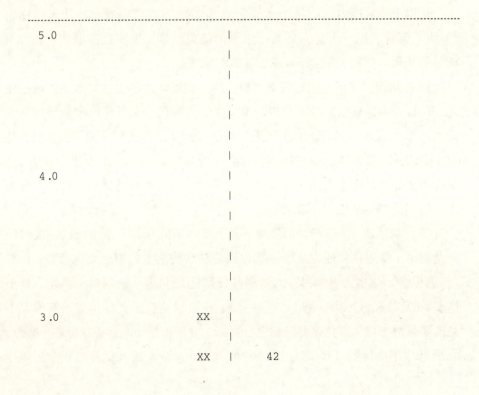

```
                                        |
                              XX        |
                                        |
                            XXXX        |
2.0                        XXXXX        |
                                        |      18      30
                         XXXXXX         |
                         XXXXXX         |      27      36
                       XXXXXXXX         |
                       XXXXXXXX         |      41
1.0                   XXXXXXXXX         |      32
                     XXXXXXXXXX         |      11
                    XXXXXXXXXXX         |       6
        XXXXXXXXXXXXXXXXXXXXXXX         |      40
                     XXXXXXXXXX         |      14      15      22
                      XXXXXXXXX         |      17
                       XXXXXXXX         |      26      29      34      38
0.0                     XXXXXXX         |       4      33
               XXXXXXXXXXXXXX           |       2      12
                         XXXXX          |      16      20      25      31
                          XXXX          |       9      13      35
                           XXX          |       3      23
                         XXXXX          |       5
                            XX          |       8      19
-1.0                         X          |      24      39
                             X          |
                             X          |      28
                                        |       7      37
                                        |      10      21
                                        |
-2.0                                    |
                                        |       1
                                        |
```

-3.0

"X"代表 112 名学生

图 2 - 4 - 6　题目难度及学生能力表现分布

根据图 2 - 4 - 6，分析学生实际能力表现与题目的目标测试水平（难度）的对应关系，并分析对应关系不一致的主要原因，列举在"分析说明"栏中，形成表 2 - 4 - 18。

表 2 - 4 - 18　学生实际能力与题目的目标测试水平的对应分析

题号	测试能力描述	目标测试水平	实际难度值	分析说明
1	认识联合国的标志	U	-2.2	达到 U 水平的学生占 93%，平均能力为 0.74 实际难度和学生能力符合目标测试水平
2	确认骑自行车的年龄规定	U	-0.15	达到 U 水平的学生占 67%，平均能力为 0.91 可能是现实生活中骑行的状况影响了学生对于某些规定的正确认知，增加了实际难度
3	掌握火灾中的自救自护方法	U	-0.57	达到 U 水平的学生占 75%，平均能力为 0.87 实际难度和学生能力符合目标测试水平
4	辨别在雷雨天气正确的自护办法	U	0.09	达到 U 水平的学生占 62%，平均能力为 0.91，约三成的学生可能是囿于生活经验的误导而选择了错误答案，使题目增加了实际难度
5	了解虎门销烟的历史事件	U	-0.62	达到 U 水平的学生占 76%，平均能力为 0.86 实际难度和学生能力符合目标测试水平
6	对日常生活中的烫伤情形会正确处理	M	0.73	达到 M 水平的学生占 49%，平均能力为 0.95 实际难度和学生能力符合目标测试水平

续表

题号	测试能力描述	目标测试水平	实际难度值	分析说明
7	知道《中华人民共和国义务教育法》和《中华人民共和国未成年人保护法》的有关内容	U	-1.46	达到 U 水平的学生占87%，平均能力为0.76 实际难度和学生能力符合目标测试水平
8	辨别朝鲜族的服饰特征	U	-0.8	达到 U 水平的学生占78%，平均能力为0.80 实际难度和学生能力符合目标测试水平
9	判断事件的真伪，不轻信他人	M	-0.38	达到 M 水平的学生71%，平均能力为0.76 达到 U 水平的学生占24%，平均能力为0.53 实际难度和学生能力符合目标测试水平
10	从食物包装袋上获取保质期信息	R	-1.51	达到 R 水平的学生占87%，平均能力为0.73 达到 M 水平的学生占10%，平均能力为0.42 根据 SOLO 分类标准，确定为 R 水平，实际上学生对食品保质期的知识还是很了解
11	面临危险情境如何自护和救人	M	0.9	达到 M 水平的学生占45%，平均能力为0.95 达到 U 水平的学生占44%，平均能力为0.53 实际难度和学生能力符合目标测试水平
12	辨别世界著名的历史文化建筑	U	-0.05	达到 U 水平的学生仅占65%，平均能力为0.91 约三成的学生缺乏对于世界著名历史文化建筑的准确认知而选择了其他错误答案，从而增加了实际难度
13	知道吸烟对健康的危害	R	-0.39	达到 R 水平的学生占72%，平均能力为0.88 达到 M 水平的学生占20%，平均能力为0.32 根据 SOLO 分类标准，确定为 R 水平，实际上学生根据图表提取相关信息与分析能力较强

续表

题号	测试能力描述	目标测试水平	实际难度值	分析说明
14	懂得地震时最佳的逃生方法	M	0.51	达到 M 水平的学生占 53%，平均能力为 0.89 达到 U 水平的学生占 39%，平均能力为 0.48 实际难度和学生能力符合目标测试水平
15	能够根据对话信息进行人口问题的相关判断	R	0.49	达到 R 水平的学生占 54%，平均能力为 0.96 达到 M 水平的学生占 23%，平均能力为 0.46 根据 SOLO 分类标准，确定为 R 水平，实际上学生根据题目信息分析问题的能力较强
16	明确我国南北方的气候特点与农业生产间的关系	M	−0.25	达到 M 水平的学生占 69%，平均能力为 0.91 达到 U 水平的学生占 11%，平均能力为 0.28 实际难度和学生能力符合目标测试水平
17	通过日常生活用品，了解全球化影响	M	0.35	达到 M 水平的学生占 57%，平均能力为 0.94 达到 U 水平的学生占 22%，平均能力为 0.60 实际难度和学生能力符合目标测试水平
18	能够理解"公元前后"概念的意义	R	1.78	达到 R 水平的学生占 28%，平均能力为 1.26 达到 M 水平的学生占 14%，平均能力为 0.74 达到 U 水平的学生占 27%，平均能力为 0.44 实际难度和学生能力符合目标测试水平
19	从电话统计图中获取有关电话发展的信息	M	−0.87	达到 M 水平的学生占 79%，平均能力为 0.83 达到 U 水平的学生占 1%，平均能力为 0.52 根据 SOLO 分类标准，确定为 M 水平，实际上学生根据统计图示分析问题的能力较强
20	了解与感受班级生活中的民主	R	−0.27	达到 R 水平的学生占 69%，平均能力为 0.87 达到 M 水平的学生占 7%，平均能力为 0.34 达到 U 水平的学生占 13%，平均能力为 0.29 根据 SOLO 分类标准，确定为 R 水平，实际上学生有较高的综合分析问题能力

续表

题号	测试能力描述	目标测试水平	实际难度值	分析说明
21	懂得打扫班级卫生的规则	M	-1.52	达到 M 水平的学生占88%，平均能力为0.77 达到 U 水平的学生占2%，平均能力为0.04 根据 SOLO 分类标准，确定为 M 水平，实际上学生有较强的自主意识和能力
22	知道人类是自然的一部分	M	0.52	达到 M 水平的学生占53%，平均能力为0.99 达到 U 水平的学生占22%，平均能力为0.51 实际难度和学生能力符合目标测试水平
23	通过各种票证的使用了解改革开放以来的变化	U	-0.54	达到 U 水平的学生占74%，平均能力为0.87 实际难度和学生能力符合目标测试水平
24	了解因全球气候变暖造成了积雪减少	U	-0.92	达到 U 水平的学生占80%，平均能力为0.86 实际难度和学生能力符合目标测试水平
25	确认圣诞节在南北半球的气候差异	M	-0.20	达到 M 水平的学生占68%，平均能力为0.94 达到 U 水平的学生占11%，平均能力为0.14 实际难度和学生能力符合目标测试水平
26	知道垃圾的不同分类	M	0.17	达到 M 水平的学生占60%，平均能力为0.83 达到 U 水平的学生占17%，平均能力为0.60 实际难度和学生能力符合目标测试水平
27	根据图上太阳所在位置辨认学校平面图呈现的信息	M	1.57	达到 M 水平的学生仅占31%，平均能力为1.07 达到 U 水平的学生占49%，平均能力为0.59 说明学生对于地理方位的辨别及其平面图的掌握上还存在欠缺，从而增加了题目的实际难度
28	知道我国的四大发明	U	-1.25	达到 U 水平的学生占84%，平均能力为0.81 实际难度和学生能力符合目标测试水平

题号	测试能力描述	目标测试水平	实际难度值	分析说明
29	确认我国重要节日及其代表饮食	M	0.19	达到 M 水平的学生占 60%，平均能力为 0.99 达到 U 水平的学生占 4%，平均能力为 0.25 实际难度和学生能力符合目标测试水平
30	从表中信息预测未来受教育程度人口状况	R	1.88	达到 R 水平的学生占 26%，平均能力为 1.04 达到 M 水平的学生占 38%，平均能力为 0.63 达到 U 水平的学生占 17%，平均能力为 0.48 实际难度和学生能力符合目标测试水平
31	依据开心岛图上方向辨认河流走向	U	−0.30	达到 U 水平的学生占 70%，平均能力为 0.91 实际难度和学生能力符合目标测试水平
32	依据开心岛两地实际距离确认城市	U	1.04	达到 U 水平的学生仅占 42%，平均能力为 1.00 说明学生缺乏依据比例尺计算实际距离的能力，或是教学或教材中未曾涉及，使难度增加
33	根据开心岛平面图呈现的基本信息判断城市情形	M	0.12	达到 M 水平的学生占 62%，平均能力为 0.95 达到 U 水平的学生占 21%，平均能力为 0.41 实际难度和学生能力符合目标测试水平
34	了解我国西藏自治区的自然状况	U	0.25	达到 U 水平的学生仅占 59%，平均能力为 0.99 说明学生在教学或生活中对于我国其他区域的自然情况了解甚少，增加了实际难度
35	了解海拔与气温的关系	U	−0.37	达到 U 水平的学生占 71%，平均能力为 0.90 实际难度和学生能力符合目标测试水平
36	懂得不同的自然环境影响到了人们的居住方式	M	1.61	达到 M 水平的学生占 31%，平均能力为 1.07 达到 U 水平的学生占 21%，平均能力为 0.79 说明学生对于环境与人们生活之间的关系缺乏深度理解，增加了实际难度

题号	测试能力描述	目标测试水平	实际难度值	分析说明
37	确认我国陆地面积的大小	U	-1.50	达到 U 水平的学生占 87%，平均能力为 0.77 实际难度和学生能力基本符合目标测试水平
38	根据考古资料判别北京人的生存状态	M	0.27	达到 M 水平的学生占 59%，平均能力为 0.95 达到 U 水平的学生占 25%，平均能力为 0.38 实际难度和学生能力基本符合目标测试水平
39	了解火烧圆明园历史事件	M	-0.92	达到 U 水平的学生占 80%，平均能力为 0.85 说明学生对这个历史事件较为了解，较低地估计了他们的水平
40	了解经济发展与环境保护之间的冲突	M	0.59	达到 M 水平的学生占 52%，平均能力为 0.93 达到 U 水平的学生占 43%，平均能力为 0.48 实际难度和学生能力符合目标测试水平
41	了解导致温室效应、地球变暖的主要因素	R	1.27	达到 R 水平的学生占 37%，平均能力为 0.96 达到 M 水平的学生占 38%，平均能力为 0.68 达到 U 水平的学生占 9%，平均能力为 0.29 实际难度和学生能力符合目标测试水平
42	懂得活鸡价格变化受供求关系的影响	R	2.69	达到 R 水平的学生占 15%，平均能力为 0.96 达到 M 水平的学生占 70%，平均能力为 0.68 达到 U 水平的学生占 7%，平均能力为 0.44 实际难度和学生能力符合目标测试水平

由表 2 - 4 - 18 分析可知以下一些结论。

1. 共有 7 道题的实际难度超过了估计难度。其中由 U 水平上升为 M 水平的有 4 道题，分别是第 2 题确认骑自行车的年龄、第 4 题雷雨天安全的自护办法、第 12 题辨别世界著名的建筑、第 34 题确认西藏的自然状况，这说明学生还囿于前经验的影响，缺乏一些基本的常识教育；同时在知识面、视野的开阔性上还存在欠缺。由 U 水平上升为 R 水平的有 1 道题，即第 32 题关于比例尺的运用问题，此题表现异常，估计与学生缺乏度量工具于是只好凭空猜测有关。由 M 水平上升为 R 水平的有 2 道试题，分别是第 27 题根据图示和平面图辨认方位、第 36 题了解居住方式与生活环境关系，两题均为"地理与环境"领域，说明学生在灵活运用知识、对于社会现象之间的本质联系的认识上还存在不足。

2. 共有 6 道题的实际难度低于估计难度。其中由 M 水平降为 U 水平的有两道，分别是第 21 题掌握班级规则、第 19 题从统计图获取电话发展的相关信息；由 R 水平降为 M 水平的有三道，分别是第 13 题从统计图获取吸烟与健康关系的相关信息、第 15 题根据对话信息进行人口问题的判断、第 20 题班级生活中的民主意识；由 R 水平降为 U 水平的有 1 题，为考察保质期的问题。这种种变化说明：第一，怎样将 SOLO 分类法与具体学科中学生的能力表现更好地融合尚需进一步的实践探索；第二，从信息的多种呈现方式上，学生能够较为有效地解读图表本身所传递的信息，并能将要求的问题与图表上的各种表征信息有机联系起来，进而进行思考和分析，具有较强的图表分析能力；从问题指向分析，学生对与自己生活相关的问题表现出较强的解决问题能力。这可能与新课程改革后教材的呈现方式更为形象、多元，内容更为贴近生活，师生的教学方式更加注重实践、探究、注重与生活的联系有密切相关。

从上述分析来看，尽管有一些题目的估计难度与实际难度有一些差距，但并不影响总体的题目难度分析。

五、主要发现

根据此次调查结果分析，主要的发现有以下几方面。

（一）学生社会性发展水平基本达到《品德与社会课程标准》要求，但学生的社会能力整体偏低

本次依据新课程标准对 18024 名小学六年级学生社会能力所作的调查，从总体结果上分析，有近 7 成（67%）的学生完全能够达到课程标准中的内容和能力要求，掌握了基本的社会知识和技能，具有一定的社会分析、思考

和判断推理能力，初步形成了国家意识、全球化意识、社会规则意识、民主参与意识；还有近三成（28%）的学生基本能够达到课程标准的要求，在社会知识的掌握和社会能力的具备上尚有一定差距；社会能力较为薄弱，未能达到课程标准基本要求的学生还有少数（4.8%）。与此同时，我们也发现，学生在社会科测试中表现出整体能力偏低的状况，社会科达到完全合格及以上水平的学生只占67.8%，有近三分之一学生的社会性发展处于基本合格状态，在社会性基本知识和基本技能的掌握上尚存在较多欠缺。这种状况对于学生在现实社会中的生存和未来的可持续发展都将产生较大影响，应该引起我们的足够重视。

（二）学生对各领域内容的掌握较为均衡，地理与环境部分较为薄弱

在所测试的公民与社会、健康与安全、历史与文化、地理与环境四个领域中，学生能力在各领域呈现出以下态势。

表 2-4-19　社会性发展各领域得分率

得分率 领域	最小值	最大值	平均值	标准差
公民与社会	0	1	0.64	0.16
健康与安全	0	1	0.65	0.19
历史与文化	0	1	0.65	0.23
地理与环境	0	1	0.59	0.18

从内容领域来看，学生在四个领域内的得分率均未达到七成，说明学生的学业表现水平整体偏低；其中在公民与社会（64%）、健康与安全（65%）、历史与文化（65%）三个领域的平均得分情况较为接近，说明学生在以下这些内容上能力表现较好且较为均衡：如国家意识、全球化意识、社会规则意识、民主参与意识，了解相关的法律知识，掌握维护自身健康与安全的知识，了解具代表性的世界历史文化，理解历史知识，了解和理解重要的历史事件及其所产生的影响，对历史事物及事件进行分析与判断等。在四

个领域中，地理与环境领域的能力达成度最低（59%），说明学生在以下这些内容的学习上，能力表现相对较弱：如掌握基本的一些地理知识与技能，理解中国和世界一些基本的地理概况，以及自然环境与人们生活的关系，理解人类面临的一些环境、资源等问题。

（三）学生社会基本知识、基本技能的掌握较综合运用所学知识解决问题的能力仍有待加强

从能力领域来看，学生在认知能力方面的得分率（76%）要明显高于理解和运用能力，其差异达到了非常显著的水平。（见表2-4-20）

表2-4-20　社会能力表现水平得分率

能力 ＼ 得分率	最小值	最大值	平均值	标准差
认知	0	1	0.76	0.18
理解	0	1	0.57	0.16
运用	0	1	0.59	0.19

表2-4-20数据表明，就认知能力而言，绝大多数学生对基本的社会知识和基本技能如国际知识、法律知识、历史史实、地理常识、生活技能等方面的了解与掌握较为理想。而在理解能力（57%）、运用能力（59%）方面的得分率则较低，解答正确率均未达到六成，说明这两种能力表现较弱且较为平均。在解答这两部分试题中，发现学生普遍对于与自己生活经验切近的试题（如班级中的民主规则、保质期问题、安全技能、气候变暖的后果），或事物间关系较为直接、单一的试题（如海拔与气温的关系、气候与农作物的关系等），或呈现有图和表的试题解答的正确率高（均在60%以上），如第19题从统计图获取电话发展的相关信息，第13题从统计图获取吸烟与健康关系的相关信息，实际难度水平较估计难度均有所下降；而对那些略为超越了自己现实生活或目前经验的试题（如地震与逃生方式、居住方式与环境的关系），凸显事物间内在逻辑关系较为复杂、多元、抽象的试题（如公元前后的概念理解、人类与自然的关系、价格变化与供求间的关系、气候与人类

活动关系），需要灵活地、综合地、运用多种知识和多种能力来解决问题的试题（如结合现实情境进行的方位辨别、两难情境中的自护选择、从信息中提取有效信息进行未来预测等）的试题得分率则不高（均在60%以下）。这说明学生具有利用生活经验和借助图表信息对事物及其现象进行初步的分析和思考的能力，但在思维的广度和深度上有待提升，灵活运用所学知识，综合解决问题方面的能力和意识有待加强。

（四）社会性发展测试卷具有较高的稳定性和科学性

无论从测试卷本身还是学生反馈的统计结果均表明，本社会测试卷均具有较高的信度和效度，难度分布较广，题目的区分度较为合理，拟合度等指标较为理想，题目特征曲线的形态均符合 IRT 模型，本学科与其他学科之间的相关系数也达到了非常显著的水平，测试题的质量较稳定，从而在测试工具上最大限度地保证了本次大规模测试的科学性和有效性。

六、对策与建议

基于本次以学生社会性发展状况为主的对品德与社会课程的教学质量监控与学生发展水平的测试结果，结合相关的影响因素分析，我们对于提高品德与社会课程的教学质量，促进学生社会性发展，提出如下对策与建议。

（一）重视和加强品德与社会课程与教学，有效保障其学科地位

本次测试结果在总体上表明学生的社会性发展能力是偏低的，只有近七成（67%）的学生完全能够达到课程标准中的内容和能力要求。这样一种结果和状况是与当前品德与社会课程所处的学科地位与生存状态直接相关的。目前不少教育部门和学校，对于本课程认识不足，重视不够，致使本课程地位不保，常常被边缘化而处境尴尬。由此而产生了本学科教师队伍不稳、专业化程度低、教学水平及质量堪忧、课时被随意占用、教学评价与监控不力等诸多派生性问题。本次调查也进一步表明，挪用或挤占品德与社会课时的

现象仍普遍存在，高达42%的学校表示存在课时减少现象。

品德与社会是一门"以儿童社会生活为基础，促进学生良好品德形成和社会性发展的综合课程"，课程的开设旨在"帮助学生参与社会、学习做人"，进而"为学生成为社会主义合格公民奠定基础"，其对于一个人的道德成长、人格健全、社会适应性发展的作用是至关重要的，在西方发达国家的类似课程均是备受重视的核心课程之一。要改善品德与社会课程现状，提高学生学业成就水平，首先要求各级教育部门和学校在思想和制度上重视本课程，加强本课程建设，坚持实施国家统一的课程标准和教学计划，保障开设本课程，开足规定课时，完成教学任务，将教学真正落到实处。

（二）建立相对稳定的教师专业队伍，提升教师的专业化发展水平

本次调查表明，品德与社会学科教师年龄分布状况：30岁以下的教师占21%，31～40岁的教师占42%，41岁以上的教师占37%。与语、数学科比较，中间年龄段的教师减少了大约10个百分点，刚入职教师和年龄偏大的教师比例偏大；绝大多数教师兼任其他课程的教学或管理工作，而教师主要将精力投入到所教的"主科"上；与其他三个学科相比，品德与社会学科教师参与培训的机会最少，尤其是农村学校教师的培训机会较城市少了一半左右。另外，据北京市2008年的一项调查表明，"任课教师的背景知识与相关教育心理学理论知识相对欠缺，对于本课程的教学目标与要求还需要深入理解。"

这种种结果表明品德与社会学科教师队伍既有其内部自身的先天不足，也受着外界客观环境的种种制约，这使得教师的专业发展面临极大的阻力与挑战。为从根本上改变教师队伍专业化程度不高的现状，提升教师专业发展水平，建议国家从政策与制度上进一步保障品德与社会学科教师队伍的专业化，如建立以专职教师为核心的教师队伍（各乡镇中心小学至少配备1～2名品德与社会课专职教师，县城和各市、州、地区内的完全小学至少有2名品德与社会专职教师），保障品德与社会学科教师在评职、晋级、获奖、培训、待遇方面与其他学科教师有同等的权利与机会等。只有教师队伍的专职化，才能逐步保障教师心无旁骛地追求专业，"一心一意"地钻研课程与教材，

大胆积极地进行教学探索与创新，学习专业基础知识，参加专业培训等；只有教师队伍素质得到了整体提升，才能在根本上改善品德与社会课程的教育教学质量，最终促进学生的学习，提高其学业成就水平。

（三）转变教学观念与方式，关注对学生内在思维水平和综合解决问题能力的培养

新课程实施已十多年，新课程理念是否在教学中真正得以践行呢？本次调查专门对教学方式的变革情况进行了了解，结果表明，在品德与社会课中，47.3%的学生认为教师经常"鼓励学生提问"；35.0%的学生认为教师经常"让学生组成小组讨论问题"；41.7%的学生常常觉得"大部分课堂时间是在听教师讲"；35%的学生认为教师经常"让我们查资料，汇报交流"等。这些数据表明实施品德与社会课程以来，教师教的方式确实发生了一定的变化，学生学的方式具有了一定的自主性，但这种自主性与语文、数学学科相比，程度表现上是较低的，也就是说，传统的教学理念与教学方式仍然在品德与社会课程中继续着。

本次调查发现，教师教学对学生自主学习的支持程度越高，学生的学业成就水平也越高。因此我们可以说，学生在品德与社会课程的学业成就表现整体偏低，为什么只有不到5%的学生喜欢品德与社会课，绝大多数学生对本课程兴趣不大，这是与本课程教师教学方式的改变程度有着直接关系的。

培养学生对社会事物和现象的思考和分析能力、对社会问题的解决能力是品德与社会课程的主要教学目标之一，通过测试可以看到，学生在这方面的表现还与理想状态存在着较大差距。为此，在品德与社会课的教学中，应继续深化教师对新课程改革目的与意义的认识，促使教师在课程理念和教师角色上的深刻变革，切实转变教学方式，引导学生自主学习、探究学习，在探究中发现和解决问题，在自主中获得学习的乐趣；面向社会与生活，积极创造条件让学生参与社会实践，体验社会生活，观察和思考社会现象，分析和评判社会问题。如此，才能逐步提高学生的思维水平，促进其社会性发展。

（四）建立学科教学质量监控评价的管理机构和长效考查制度

教育部门和学校要加强对品德与社会课程教学过程和学期考核的管理，以避免教师随意教学与应付教学，进而增强教师进行教学研究的意识和行为，最终达到提高教育教学质量、促进学生发展的目的。为督促各学校强化对课程的管理工作，建议各省、地市应建立针对本地区教学的督导制度（教学过程）和定时抽测制度（学年考试）等；为在宏观上对学生学业成就水平进行有效监控，国家也应建立相应的义务教育教学质量监控机构和制度，探索形式多样的评价方式，连续性地、跟踪性地对全国范围内的学校和学生进行监测和评价，以确保国家基础教育的发展水平和质量。

第三部分

学业成就影响因素调查报告

一、前言

本次学业成就调查在学科测试之外，对影响学生学习结果的潜在因素进行了问卷调查。问卷调查对象为参与测试的学生和学校。参加学科测试的学生在完成测试后填写一份学生问卷，问卷内容为学生个体背景信息、家庭背景信息与家庭支持、学习兴趣、态度和自我效能感、学科课堂教学方式、自主学习能力、校外活动、学习负担等。学校问卷由学校负责人填写，内容为学校基本信息、校长基本情况、分学科教师队伍质量、教师流动性、学校办学条件、教育教学活动等。

参与学科调查的学校为372所，有效学校问卷为310份，其中47.25%的学校为市区学校，11.33%为县城学校，26.21%为乡镇学校，15.21%为村校，其中小学272所，一贯制学校20所，初中11所（五四制初一，或者初中附设小学高年级班的学校）；在城乡对比分析过程中，县城学校划分到城市类别。有效学生问卷为17258份（18226名学生参加了测试）。学生问卷来源于351所学校，学校问卷和学生问卷相匹配的学校数量为303所。

数据分析方法：首先，对成绩相关因素进行描述性分析，呈现学生学习的环境和状态。其次，对所有成绩影响因素进行单因素分析，以检验其与成绩的相关性是否显著，显著的变量参与多元回归分析，多元回归分析的方法采用单因变量多水平线性模型，多元回归分析方法详见报告正文。统计软件为 SPSS17.0 和 MLWIN2.10。

二、结果与发现

（一）成绩总体分布特征

1. 学生成绩的区域和城乡分布特征

采用单因素非参数检验发现，东部学生成绩显著好于西部和中部学生，西部和中部学生之间没有显著差异。东部学生中，成绩处于水平 5 的学生比例达到 26.58%，分别高于中部和西部 9.4 和 10.07 个百分点。而中部和西部的学生中成绩处于水平 1 的比例都接近 1/4。城市学校学生成绩显著高于农村（$Z = -6.663$，$P < 0.01$）。

表 3-1　区域学生成绩分布（%）

	总成绩等级比例（5 为最高等级）					
	1	2	3	4	5	总计
东部	11.26	18.97	20.06	23.13	26.58	100
中部	24.04	20.32	19.55	18.92	17.17	100
西部	23.40	21.12	21.17	17.83	16.48	100

表 3-2　城乡学生成绩分布（%）

	总成绩等级比例（5 为最高等级）					
	1	2	3	4	5	总计
城市	19.20	19.60	20.00	20.40	20.80	100
农村	23.00	21.50	19.70	17.70	18.10	100

为了降低抽样偏差的影响，将城乡变量和区域变量同时放入多水平模型中检验，并且模型中仅包含常数和城乡、区域变量；数据层次设为样本区县、学校和学生三个水平。检验发现，东部学生成绩分别显著高于中部和西部成

绩 1.755 个标准分（标准误 = 0.718，P < 0.05，n = 13110）、2.134 个标准分（标准误 = 1.024，P < 0.05，n = 13110）；在相同地区，农村学生成绩比城市学生低 0.735 个标准分（标准误 = 0.335，P < 0.05，n = 13110）。中部和西部之间学生成绩差异不显著，差异系数为 0.379 个标准分（标准误 = 0.96，P > 0.05，n = 13110）。

2. 学生性别成绩分布概况

采用非参数检验性别差异，发现数学学科男女生之间没有显著的性别差异（Z = − 0.10，P > 0.05），科学成绩男生高于女生（Z = − 3.86，P < 0.05），阅读和品德与社会学科女生显著高于男生（Z = − 11.48，P < 0.05；Z = − 2.19，P < 0.05）。经统计效力检验（effect size），男女生成绩差异不显著。

表 3 − 3　分性别学生成绩分布——阅读（％）

性　别	阅读成绩等级（5 为最高等级）				
	1	2	3	4	5
男	10.59	30.69	34.52	22.74	1.47
女	7.16	26.48	36.65	27.14	2.58

表 3 − 4　分性别学生成绩分布——数学（％）

性　别	数学成绩等级（5 为最高等级）				
	1	2	3	4	5
男	2.66	19.29	48.70	19.69	9.66
女	2.28	19.00	50.14	19.25	9.33

表 3 − 5　分性别学生成绩分布——科学（％）

性　别	科学成绩等级（5 为最高等级）				
	1	2	3	4	5
男	4.15	23.79	41.68	23.71	6.67
女	4.54	25.43	42.52	20.83	6.68

表3-6　分性别学生成绩分布——品德与社会（%）

性　别	品德与社会成绩等级（5为最高等级）				
	1	2	3	4	5
男	5.26	28.58	39.90	19.58	6.67
女	4.36	27.44	41.70	20.04	6.46

表3-7　性别差异统计效力检验

	cohen's d	effect size r
阅读成绩	-0.2	-0.1
数学成绩	0.01	0.00
科学成绩	0.05	0.02
社会成绩	-0.03	-0.02

（二）学生的学校学习条件和环境

1. 学生的学校学习环境

参与调查的完全小学和不完全小学272所，一贯制学校等31所；校均学生规模达1194人，最少为44人，最大规模达5148人。

（1）校长队伍素质

校长为女性的比例是37.1%，平均年龄为43.79岁，教龄平均为23.82年，95.79%的教师学历合格，其中，59.55%的校长学历为本科及以上。

表3-8　校长队伍学历分布（%）

	地　区			学校所在地	
	东部	中部	西部	城市	农村
高中及以下	0.00	0.00	0.00	0.00	0.00
中专	0.90	7.50	0.00	1.11	8.59
大专	32.43	32.50	63.16	27.78	48.44
大学本科	61.26	51.25	36.84	60.56	42.19
研究生及以上	5.41	8.75	0.00	10.56	0.78

本学年度校长参加县级及以上培训的次数平均为 2.82 次，其中 12.5% 的校长参加培训的次数为 0。69.2% 的样本学校的校长兼课。

校长每学期平均听课次数为 36.14 节（标准差 17.3，n = 295）。

表 3 - 9 校长每学期听课课时数

	每学期听课课时	
	平均数	标准差
东部	39	14
中部	37	18
西部	23	14
城市	39	17
农村	32	17

（2）教师队伍质量

学历

无论农村还是城市，样本校教师学历合格率均为 99%；拥有本科或以上学历的教师比例也达到了 45.51%，农村和城市学校之间的学历差距主要体现在高学历水平上，拥有本科或以上学历教师的比例，城市学校为 50.39%，农村为 32.38%。

六年级任课教师中拥有本科及以上学历的教师比例，语文科总体为 40.80%，城市和农村分别为 42.59% 和 35.89%；数学科总体为 33.76%，城市和农村分别为 35.98% 和 27.92%；科学科总体为 31.66%，城市和农村分别为 37.55% 和 23.03%；品德与社会科总体为 37.31%，城市和农村分别为 43.01% 和 27.19%。总体来说，语文学科的教师学历不论是农村还是城市都比较高，而科学学科的农村学校教师学历比较低。

职称

六年级任课教师中没有中级及以上职称教师的学校在样本学校中的比例，语文、数学、科学、品德与社会分别为 12.8%、14%、32.7%、29%。其中语文学科没有中级及以上职称教师学校比例城乡分别为 8.3%、19.5%；数学学科城乡分别为 11.3%、18%；科学学科城乡分别为 32%、32.8%；品德与社会学科城乡分别为27.1%、31.1%。

教师队伍年龄结构

各学科均以中青年教师为主体，尤其是语文学科教师40岁及以下教师占到总体的76.44%，高于其他三门学科12个百分点左右。西部51岁及以上教师比例较高，均在15%以上，分别高于各科平均数，语文为8.33个百分点，数学6.53个百分点，科学4.58个百分点，品德与社会7.32个百分点。教师老龄化问题城乡差异不大。

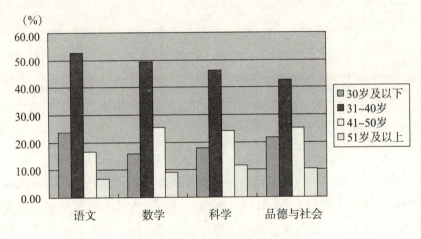

图3-1　分学科教师年龄分布

表3-10　分学科教师年龄分布（%）

	30岁及以下	31~40岁	41~50岁	51岁及以上
语文	23.74	52.70	16.65	6.91
数学	15.97	49.47	25.53	9.03
科学	17.88	46.14	24.28	11.70
品德与社会	21.63	42.63	25.32	10.42

骨干教师

六年级任课教师中没有县级及以上骨干教师的学校在样本校的比例，语文、数学、科学、品德与社会分别为53.25%、57%、80.73%、79.8%。其中语文学科没有骨干教师的学校比例城乡分别为51.38%和56.35%；数学学科城乡分别为54.44%和61.11%；科学学科城乡分别为77.65%和85.95%；品德与社会学科城乡分别为77.01%和84.43%。

代课教师

六年级任课教师中聘请了代课教师的学校比例，语文、数学、科学、品德与社会分别占样本学校的11.61%、12.01%、3.97%、6.04%。

教师培训机会

六年级各学科任课教师本学年度参加培训的平均人次，语文、数学、科学、品德与社会均为1次左右，品德与社会学科培训人次最低。农村学校的教师培训机会明显少于城市教师，各科参加培训的人次均低于城市，尤其是科学、品德与社会的培训机会少了一半左右。

表3-11 本学年度六年级各学科任课教师参加县级及以上培训平均人次

	学校数量	语 文	数 学	科 学	品德与社会
城市	174	1.15	1.12	1.40	1.03
农村	124	1.11	0.95	0.73	0.54
总体	298	1.14	1.07	1.12	0.85

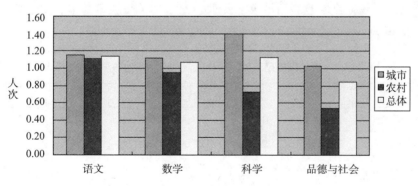

图3-2 分学科教师培训机会

（3）学校办学条件

样本地区平均每11名学生拥有1台计算机，生机比东部为7.99人，中部为13.67人，西部为15.77人；城市为10.77人，农村为11.85人。总体每 2.3 名教师拥有 1 台备课电脑，具体数值在东部为 1.4 人，中部为 3.8 人，西部为 5 人；城市为 2.2 人，农村为 2.8 人。

生均功能教室面积学校之间差异比较大，个别学校的极值拉高了平均数，而实际上，总体来说，75% 的学校生均功能教室面积在 1.36 平方米以下。生均功能教室面积平均为 1.31 平方米（标准差 = 2 平方米），东部地区生均功能教室面积平均为 1.94 平方米（标准差 = 2.5 平方米），中部为 0.89 平方米（标准差 = 1.47 平方米），西部为 1.04 平方米（标准差 = 1.85 平方米）；城市生均 1.35 平方米（标准差 = 2.06 平方米），农村生均 1.27 平方米（标准差 = 2 平方米）。

生均图书册数为 15.89 册（标准差 = 12.82 册），东部地区生均图书册数平均为 21.03 册（标准差 = 10.22 册），中部为 11.32 册（标准差 = 12.54 册），西部为 19.62 册（标准差 = 14.02 册）；城市为 17.64 册（标准差 = 14.28 册），农村为 13.55 册（标准差 = 9.97 册）。

46% 样本校的实验设备不能满足教材规定的分组实验教学要求，东部和西部学校选择"基本能够满足"的比例相近，为 52% 以上，其原因是西部学校在国家大力扶植下导致办学条件大幅上升，还是西部教师对教材规定的分组实验教学要求理解有误或者标准较低造成的，需要探讨。东部发达地区也有少部分学校完全不能够满足教学要求，为 7.62%。城市基本和完全能够满足教学要求的比例略高于农村 7.23 个百分点。

表 3 - 12　实验设备是否满足教材规定的分组实验教学要求（%）

	总体	城市	农村	东部	中部	西部
完全不能满足	20.62	16.87	25.00	7.62	30.26	17.65
不太能满足	25.43	25.90	25.00	21.90	32.24	5.88
基本能满足	41.58	44.58	37.90	52.38	31.58	52.94
完全能满足	12.37	12.65	12.10	18.10	5.92	23.53

（4）教研活动与家校交流

样本校实行新课程标准的年限平均为 6.38 年（标准差 = 1.18，n = 303）。所有学校都参加或者组织各类教研活动。52.98% 的学校学科组每周组织至少 1 次教研活动，42.23% 的学校年级组每周组织至少 1 次教研活动，全校教师教研活动和参加学区及以上教研活动频率较低，但是 43.79% 的学校每学期组织 2～3 次全校教师教研活动，62.25% 的学校每学期参加 2～3 次学区以上的活动。东部、中部、西部学校的教研活动频率依次降低，学科组每周至少组织一次教研活动的学校比例，东部和中部分别比西部高 30 和 20 个百分点。参加学区活动的比例，选择每月 1 次的学校在东部和中部都达到 30% 以上，而在西部只有 8%。城市学校教研活动频率也明显高于农村学校，教研活动一周至少 1 次的比例，在学科组一级相差 10 个百分点，在年级组一级相差 24 个百分点。参加学区及以上教研活动每月 1～2 次的比例，城市高于农村 10 个百分点。

表 3-13　学校教研活动（%）

		总体	地　区			学校所在地	
			东部	中部	西部	城市	农村
学科组教研活动	一周至少 1 次	52.98	63.06	50.97	30.56	56.74	47.15
	每月 1～2 次	38.08	34.23	34.84	63.89	37.64	39.02
	每学期 2～3 次	8.94	2.70	14.19	5.56	5.62	13.82
	1 次没有	0.00	0.00	0.00	0.00	0.00	0.00
年级组教研活动	一周至少 1 次	42.23	55.56	35.48	30.30	51.98	27.12
	每月 1～2 次	35.14	37.04	36.77	21.21	35.03	35.59
	每学期 2～3 次	16.89	5.56	21.29	33.33	10.17	27.12
	1 次没有	5.74	1.85	6.45	15.15	2.82	10.17
全校教师教研活动	一周至少 1 次	15.69	13.51	18.35	10.81	17.98	11.81
	每月 1～2 次	39.87	43.24	33.54	56.76	38.76	41.73
	每学期 2～3 次	43.79	42.34	47.47	32.43	42.13	46.46
	1 次没有	0.65	0.90	0.63	0.00	1.12	0.00

续表

		总体	地　　区			学校所在地	
			东部	中部	西部	城市	农村
参加学区 教研活动	一周至少1次	4.64	6.48	4.43	0.00	6.21	2.42
	每月1~2次	30.79	38.89	30.38	8.33	35.03	25.00
	每学期2~3次	62.25	54.63	63.92	77.78	55.93	70.97
	1次没有	2.32	0.00	1.27	13.89	2.82	1.61

　　所有样本校被调查学科的任课教师每学期听课的课时数为：数学 16.99 课时，语文 17.31 课时，科学 12.85 课时，品德与社会 12.83 课时；总体来讲，东、中、西部听课的课时数依次降低，东部分别高于中部和西部，数学学科 2.11 和 8.05 课时，语文学科 3.03 和 8.92 课时，科学学科 2.57 和 6.19 课时，品德与社会学科 2.09 和 6.75 课时；西部与东部、中部相比有比较大的差距。城市教师听课课时数高于农村，数学 2.97 课时、语文 2.20 课时、数学 4.45 课时、品德与社会 4.38 课时；学科之间比较来看，语文和数学作为主课，听课课时相近，并且高于科学和品德与社会学科，后二者的听课课时数相近，东部和中部学校比西部学校、城市学校比农村学校更重视科学、品德与社会课的交流活动。

表3-14　各学科任课教师每学期听课平均课时数

		数学	语文	科学	品德与社会
总体	均数	16.99	17.31	12.85	12.83
	标准差	7.67	7.63	7.90	8.06
东部	均数	19.07	19.98	14.92	14.72
	标准差	7.66	7.62	8.07	8.20
中部	均数	16.97	16.95	12.36	12.63
	标准差	7.57	7.35	7.87	8.05
西部	均数	11.03	11.05	8.73	7.97
	标准差	4.21	4.17	5.26	5.21

中国小学生学业成就测评报告与测试工具

续表

		数学	语文	科学	品德与社会
城市	均数	18.15	18.15	14.72	14.67
	标准差	7.41	7.26	7.17	7.45
农村	均数	15.18	15.95	10.27	10.29
	标准差	7.45	7.74	8.19	8.23

95.8%的学校一学期组织家长会一次及以上，东中西地区之间差异不大，中部有2.5%的学校从来不组织家长会；城市学校家长会一学期两次及以上的比例高于农村10个百分点，农村另有3.13%的学校不组织家长会。

表3-15　多长时间组织一次家长会（%）

	总体	地　区			学校所在地	
		东部	中部	西部	城市	农村
一学期两次及以上	38.19	36.94	38.13	42.11	42.78	32.03
一学期一次	57.61	61.26	55.63	55.26	55.00	60.94
一学年一次	2.91	1.80	3.75	2.63	2.22	3.91
没有	1.29	0.00	2.50	0.00	0.00	3.13

2. 教育教学因素

（1）教学方式

在四个学科中，学生对数学教学方式支持自主学习的评价最高，对品德与社会和科学学科的教学评价最低。

关于科学课的教学方式，29%的学生认为科学课教师很少或者从不鼓励他们提问题，35%的学生报告从不或者很少看老师做演示实验，36%的学生报告从不或者很少在老师指导下制订科学实验或调查计划，46%的学生报告从不或者很少自己独立进行科学实验或者调查，38%的学生报告很少或者从不与同学组成小组做科学实验或者调查，43%的学生报告课堂上大部分时间听老师讲。

关于品德与社会课的教学方式，28%的学生认为老师很少或者从不鼓励提问题，20%的学生报告老师经常让学生自己看书自学，14%的学生报告品德与社会课经常变为自习课，做其他科的作业，32%的学生报告老师从不或者很少让学生查资料，然后在上课时汇报交流，40%的学生报告老师从不或者很少组织与同学组成小组讨论问题、做各种社会调查，63%的学生报告从不或者很少全班同学一起外出参观或开展社会实践活动，55%的学生报告老师从不或者很少根据学习内容组织同学表演或者演练，27%的学生报告课堂上大部分时间听老师讲。

教师教学方式对自主学习的支持程度越高，学生成绩越高。分地区看，中部教师教学方式相比东部和西部较为不大支持学生的自主学习，鼓励学生提问的比例低于东部和西部，满堂灌的现象比较严重。城乡教师教学方式上，城市对学生自主学习的支持略好，其差异没有东中西部差异程度大。

表3-16 教学方式与学生成绩相关程度

		数学教学方式对自主学习的支持程度	语文教学方式对自主学习的支持程度	科学教学方式对自主学习的支持程度	品德与社会教学方式对自主学习的支持程度
阅读成绩	积差相关	0.172**	0.145**	0.091**	0.113**
	P值（双尾）	0.000	0.000	0.000	0.000
	学生数	15400	15543	15385	15362
数学成绩	积差相关	0.230**	0.169**	0.150**	0.165**
	P值（双尾）	0.000	0.000	0.000	0.000
	学生数	16511	16679	16501	16475
科学成绩	积差相关	0.172**	0.140**	0.119**	0.142**
	P值（双尾）	0.000	0.000	0.000	0.000
	学生数	15025	15180	15018	14985
品德与社会成绩	积差相关	0.212**	0.189**	0.161**	0.193**
	P值（双尾）	0.000	0.000	0.000	0.000
	学生数	16577	16743	16567	16538

注：**表示达到0.01的显著性水平

表 3 – 17 教学方式（%）

	从不	很少	有时	经常
数学课，老师鼓励我们提问题	2.26	8.90	28.80	60.05
数学课，老师鼓励我们采用多种方法解决问题	0.99	4.21	18.89	75.91
数学课，老师喜欢我们大胆说出自己的想法，说错了也不要紧	1.56	3.55	9.67	85.22
数学课，老师能够从我们熟悉的生活和学习环境中提出数学问题	1.99	8.24	27.68	62.09
数学课，老师让我们组成小组讨论问题	6.86	17.21	30.86	45.07
数学课，老师总是急着把答案告诉我们	65.09	25.87	5.32	3.72
数学课，老师讲新知识的时候，让我们从生活中找例子	2.20	7.73	27.71	62.37
数学课，课堂上，大部分时间听老师讲	5.54	19.20	34.97	40.29
语文课，老师鼓励我们提问题	2.25	6.99	21.69	69.08
语文课，老师引导我们用多种方式朗读课文	2.71	8.57	22.34	66.39
语文课，老师要求我们独立默读课文	1.97	8.44	28.09	61.50
语文课，老师引导我们抓住关键词句领会文章内容	0.75	2.33	10.85	86.10
语文课，老师让我们组成小组讨论问题	4.81	13.65	30.26	51.28
语文课，老师允许我们对课文所表达的思想情感有不同的理解	4.59	9.41	26.29	59.71
语文课，老师指导我们阅读课外读物	2.71	8.03	22.44	66.82
语文课，课堂上，大部分时间听老师讲	6.83	17.23	33.47	42.47
科学课，老师鼓励我们提问题	10.27	19.31	25.48	44.94
科学课，看老师演示的科学实验	13.69	21.59	27.85	36.87
科学课，在老师指导下指导科学实验或调查计划	15.01	20.86	26.85	37.28
科学课，自我独立进行科学实验或调查	18.32	27.29	28.36	26.03
科学课，与同学组成小组做科学实验或调查	17.35	20.68	25.62	36.35
科学课，自己记录实验调查过程和结果	17.09	23.62	26.66	32.64
科学课，课上汇报并与同学分享自己的成果	15.91	20.35	24.55	39.19
科学课，课堂上，大部分时间听老师讲	7.73	17.82	31.86	42.60

续表

	从不	很少	有时	经常
品德与社会课，老师鼓励我们提问题	10.49	17.61	24.65	47.25
品德与社会课，我们看书自学	23.42	29.53	27.46	19.58
品德与社会课，一般是上自习，做其他科作业	44.73	25.40	16.34	13.54
品德与社会课，老师让我们自己查资料，然后在课上汇报与交流	13.87	18.29	31.21	36.63
品德与社会课，与同学组成小组讨论问题，做各种社会调查	18.65	21.66	24.68	35.02
品德与社会课，全班同学一起外出参观或开展社会实践活动	38.51	24.11	18.50	18.88
品德与社会课，根据学习内容，老师组织同学表演或演练	30.16	24.52	22.27	23.05
品德与社会课，课堂上，大部分时间听老师讲	9.32	18.17	30.86	41.66

表 3 – 18　区域和城乡的教学方式（%）

		地　区			学校所在地	
		东部	中部	西部	城市	农村
		百分比	百分比	百分比	百分比	百分比
数学课，老师鼓励我们提问题	从不	1.86	2.69	1.62	2.16	2.30
	很少	8.16	9.18	9.69	8.14	10.27
	有时	27.45	29.89	28.12	27.76	31.21
	经常	62.53	58.24	60.57	61.94	56.22
语文课，老师鼓励我们提问题	从不	1.46	2.93	1.70	2.29	2.10
	很少	5.96	7.69	6.94	6.48	7.87
	有时	19.80	23.57	19.48	19.96	24.97
	经常	72.78	65.81	71.89	71.28	65.06
科学课，老师鼓励我们提问题	从不	7.14	12.98	8.07	10.06	10.57
	很少	17.62	20.47	19.26	17.52	22.60
	有时	24.57	25.77	26.71	24.51	27.60
	经常	50.68	40.78	45.97	47.91	39.24

		地 区			学校所在地	
		东部	中部	西部	城市	农村
		百分比	百分比	百分比	百分比	百分比
品德与社会课，老师鼓励我们提问题	从不	7.56	13.05	8.34	10.64	9.79
	很少	15.98	19.21	15.73	16.53	19.43
	有时	23.87	24.86	25.82	23.06	27.74
	经常	52.59	42.87	50.10	49.78	43.03
数学课，课堂上，大部分时间听老师讲	从不	6.64	4.64	6.13	6.29	3.90
	很少	22.16	15.75	24.55	19.89	18.37
	有时	35.77	34.32	35.39	35.13	35.51
	经常	35.43	45.30	33.93	38.69	42.22
语文课，课堂上，大部分时间听老师讲	从不	7.27	5.64	10.13	7.95	4.81
	很少	20.46	14.49	19.25	17.40	17.63
	有时	34.33	33.21	32.30	33.51	34.35
	经常	37.93	46.66	38.33	41.14	43.22
科学课，课堂上，大部分时间听老师讲	从不	7.97	7.83	6.79	8.46	5.30
	很少	19.88	14.96	23.20	18.64	17.23
	有时	32.72	31.24	31.99	31.45	33.11
	经常	39.44	45.97	38.03	41.44	44.36
品德与社会课，课堂上，大部分时间听老师讲	从不	9.36	9.53	8.42	10.27	7.21
	很少	19.72	15.48	24.22	18.88	16.94
	有时	31.24	30.29	31.98	30.20	32.75
	经常	39.68	44.70	35.37	40.65	43.10

（2）课时安排

60%左右的学生认为教师能够遵守课程表规定

认为每周实际上课节数与课程表相同的学生比例为：数学61%、语文57%、科学58%、品德与社会56%；科学和品德与社会分别有40%和42%

的学生提出被减少课时，而数学和语文分别有 36% 和 41% 的学生提出被加课时。与东部和西部相比，中部地区教师对课时计划的遵守情况最差，在数学和语文课上加课时，均高于其他地区 10 个百分点左右，在科学和品德与社会课上减课时的行为严重，科学减课时高于东部 16 个、西部 14 个百分点，品德与社会减课时比例高于东部 18 个、西部 11 个百分点。农村学校也是数学和语文加课时、科学和品德与社会减课时的行为较多。

表 3 – 19　每周实际上课节数比课程表多还是少（%）

	数学	语文	科学	品德与社会
少	3.19	2.31	40.19	41.77
相同	60.93	57.03	57.95	56.36
多	35.87	40.66	1.86	1.87
总计	100.00	100.00	100.00	100.00

表 3 – 20　每周实际上课节数比课程表多还是少——分地区分城乡（%）

		地　区			学校所在地	
		东部	中部	西部	城市	农村
		百分比	百分比	百分比	百分比	百分比
数学每周上的节数实际比课表	少	1.90	3.64	4.77	2.28	4.60
	相同	71.50	52.38	66.21	63.85	58.86
	多	26.60	43.98	29.03	33.86	36.53
语文每周上的节数实际比课表	少	1.75	2.95	1.34	1.76	3.47
	相同	68.36	49.04	58.29	59.21	54.76
	多	29.89	48.01	40.38	39.03	41.77
科学每周上的节数实际比课表	少	31.47	47.56	34.76	36.37	44.82
	相同	67.30	49.91	64.32	62.04	52.81
	多	1.23	2.53	0.92	1.58	2.37
品德与社会每周上的节数实际比课表	少	31.62	49.48	38.55	40.21	42.75
	相同	66.98	48.33	59.57	58.11	54.94
	多	1.40	2.19	1.88	1.68	2.30

（3）校风

大部分学生在学校里有安全感，但仍有10%的学生觉得学校不安全，12%的学生认为自己在学校没有得到公平对待，36.35%的学生认为同学间有相互欺侮现象。而这些负面感受在成绩较低的学生群体中表现较突出。理论上讲负面感受与成绩的不理想互为因果，但是，这个现象提示我们，学校在抓成绩的同时，应该注意后进生群体的负面感受，尤其是同学之间相互欺侮现象应该作为校风治理的重点。

关于师生关系，大部分学生与教师的关系比较积极，仅有少部分学生给予负面评价，11%的学生认为老师不能够平等地与学生谈心，6%的学生认为老师不能够及时地给予学生帮助，3%的学生认为老师不关心学生，5%的学生认为老师不能给予学生适当地表扬和鼓励。

表3–21　学生对学校的看法（%）

	非常同意	同意	不同意	完全不同意
在学校，我很容易交朋友	61.90	30.92	5.68	1.49
同学似乎都很喜欢我	36.64	47.47	13.30	2.59
同学中没有相互欺侮的现象	33.07	30.57	26.63	9.72
在学校里我能够得到公平对待	53.67	34.19	8.99	3.15
在学校我感觉很安全	58.60	30.90	7.86	2.64
我感觉自己在学校像个局外人	5.29	6.11	24.34	64.26
我喜欢我们的学校	64.51	32.26	2.31	0.93
总体来说，老师们很关心学生	65.21	31.66	2.33	0.80
总体来说，老师们能平等地跟学生谈心	51.56	37.51	8.96	1.97
我有困难的时候，老师能及时给我帮助	60.09	33.87	4.96	1.08
老师给予我适当的表扬和鼓励	62.27	33.23	3.62	0.88

校风从另一个侧面反映学生的人际关系，学生的人际关系越紧张各科成绩也越差，呈显著负相关，阅读、数学、科学和品德与社会成绩与师生关系的相关系数分别为 –0.16、–0.21、–0.14、–0.19，显著性水平为0.001。阅读、数学、科学和品德与社会成绩与同学关系的相关系数分别为 –0.03、

-0.03、-0.04、-0.05，显著性水平为 0.001。

表 3-22　学生成绩与学生感受（%）

		总成绩等级				
		1	2	3	4	5
在学校里我能够得到公平对待	非常同意	14.51	17.51	19.84	23.49	24.65
	同意	21.80	22.50	20.68	18.00	17.02
	不同意	27.76	24.00	19.71	15.49	13.04
	完全不同意	32.21	24.55	20.05	12.16	11.04
在学校我感觉很安全	非常同意	14.99	18.49	19.79	23.20	23.53
	同意	22.50	21.44	20.88	17.84	17.33
	不同意	26.73	24.51	20.07	15.03	13.66
	完全不同意	34.39	24.07	17.72	11.38	12.43
同学中没有相互欺侮的现象	非常同意	15.92	18.68	19.31	22.77	23.31
	同意	18.85	19.79	20.00	19.77	21.60
	不同意	21.21	21.67	20.75	19.43	16.94
	完全不同意	22.39	21.39	21.54	17.27	17.41

表 3-23　学生成绩与人际关系

		阅读成绩	数学成绩	科学成绩	品德与社会成绩
同学关系紧张因子分	积差相关	-0.028**	-0.029**	-0.038**	-0.046**
	P 值（双尾）	0.000	0.000	0.000	0.000
	学生数	15,165	16,274	14,797	16,337
师生关系紧张因子分	积差相关	-0.160**	-0.210**	-0.143**	-0.193**
	P 值（双尾）	0.000	0.000	0.000	0.000
	学生数	15,165	16,274	14,797	16,337

注：** 表示达到 0.01 的显著性水平

3. 学生家庭社会文化经济地位

以往的大量研究证明：学生家庭的社会经济文化地位对学生的学习结果有显著影响。因此，本次调查参考国际大型研究项目如 PISA、TIMSS 对于学生家庭社会文化经济地位的调查，结合中国实际，设计了家庭文化资源、物质资源以及父母教育程度和职业等问题。

（1）家庭物质条件

家庭藏书册数与学生成绩呈正比，家庭的物质条件越高学生成绩越高。将学生家庭是否拥有专门用于学习的书桌、安静的学习地方、与学习有关的参考书、字典、古典文学书籍、艺术作品、杂志报纸、计算机、上网条件、音频播放机和家用汽车等变量，合成为学生家庭教育支持的物质条件指标进行分析，发现家庭教育支持物质条件与学生成绩呈显著正相关，条件越好成绩越高。

表 3 – 24　家庭物质条件等级与学生成绩——阅读（%）

	阅读成绩等级（5 为最高等级）				
	1	2	3	4	5
低	14.45	35.72	30.98	17.63	1.21
较低	9.77	31.14	36.00	21.60	1.49
中	7.51	29.84	37.20	23.69	1.76
较高	5.01	25.12	38.27	29.50	2.09
高	3.18	21.60	37.69	34.16	3.37

表 3 – 25　家庭物质条件等级与学生成绩——数学（%）

	数学成绩等级（5 为最高等级）				
	1	2	3	4	5
低	3.99	29.34	48.68	11.94	6.05
较低	2.03	23.23	50.99	15.42	8.33
中	1.51	18.77	53.35	17.81	8.56
较高	0.78	14.29	50.16	22.96	11.80
高	0.73	8.18	47.34	29.84	13.90

表 3 – 26　家庭物质条件等级与学生成绩——科学（%）

	科学成绩等级（5 为最高等级）				
	1	2	3	4	5
低	6.30	32.64	41.42	15.14	4.50
较低	4.94	28.03	41.67	18.58	6.79
中	3.26	24.64	43.71	20.85	7.54
较高	2.12	20.99	42.45	26.47	7.96
高	1.72	15.55	42.97	32.03	7.73

表 3 – 27　家庭物质条件等级与学生成绩——品德与社会（%）

	品德与社会成绩等级（5 为最高等级）				
	1	2	3	4	5
低	8.44	41.44	36.04	10.56	3.52
较低	6.06	33.37	39.43	15.82	5.33
中	3.84	29.38	43.06	17.86	5.87
较高	2.78	21.99	45.32	23.32	7.58
高	1.17	15.41	43.35	30.42	9.65

表 3 – 28　家庭物质条件与各科成绩的相关系数

		阅读成绩	数学成绩	科学成绩	社会成绩
家庭教育支持物质条件	皮尔逊相关系数	0.231**	0.276**	0.201**	0.299**
	P 值（双尾）	0.000	0.000	0.000	0.000
	学生数	15985	17152	15637	17215

注：**表示 P < 0.01

（2）父母教育程度

总体来说，学生父母教育程度越高，学生各科成绩越好。经非参数差异显著性检验，父母教育程度不同等级的学生群体之间，学业等级水平差异显著（阅读 χ^2 = 542.40，P < 0.05；数学 χ^2 = 827.26，P < 0.05；科学 χ^2 = 524.05，P < 0.05；品德与社会 χ^2 = 1065.00，P < 0.05）。

表 3－29　父母教育程度与学生成绩——阅读（％）

父母最高教育程度	阅读成绩等级（5 为最高等级）				
	1	2	3	4	5
小学以下	19.53	35.94	22.66	21.09	0.78
小学	13.40	37.47	32.35	15.58	1.20
初中	10.15	31.84	34.99	21.51	1.51
高中或中专	6.78	27.90	36.79	26.38	2.15
大专、职业专科学校	4.31	22.11	38.98	30.97	3.63
大学本科	2.71	21.56	38.14	35.18	2.41
研究生	1.58	18.91	38.53	37.48	3.50

表 3－30　父母教育程度与学生成绩——数学（％）

父母最高教育程度	数学成绩等级（5 为最高等级）				
	1	2	3	4	5
小学以下	6.80	33.33	44.22	10.20	5.44
小学	4.18	31.18	48.31	10.66	5.68
初中	2.41	23.43	50.47	15.35	8.34
高中或中专	1.42	16.49	51.41	20.60	10.09
大专、职业专科学校	0.80	10.51	51.78	25.43	11.48
大学本科	0.34	7.73	47.95	29.87	14.11
研究生	0.85	5.60	46.01	32.26	15.28

表 3－31　父母教育程度与学生成绩——科学（％）

父母最高教育程度	科学成绩等级（5 为最高等级）				
	1	2	3	4	5
小学以下	10.34	32.41	42.76	9.66	4.83
小学	7.14	36.08	40.20	12.66	3.92
初中	4.69	27.94	41.83	18.45	7.09
高中或中专	2.78	23.70	43.03	23.46	7.04

续表

父母最高教育程度	科学成绩等级（5为最高等级）				
	1	2	3	4	5
大专、职业专科学校	1.76	15.47	45.41	29.05	8.31
大学本科	1.13	14.41	43.18	33.87	7.41
研究生	2.02	12.78	42.83	34.08	8.30

表3-32　父母教育程度与学生成绩——品德与社会（%）

父母最高教育程度	品德与社会成绩等级（5为最高等级）				
	1	2	3	4	5
小学以下	15.65	42.18	28.57	10.88	2.72
小学	8.37	45.86	32.20	9.67	3.89
初中	6.38	33.79	39.50	15.06	5.28
高中或中专	2.73	26.95	42.62	20.92	6.78
大专、职业专科学校	1.42	17.46	47.45	25.91	7.77
大学本科	1.42	14.18	45.26	30.31	8.82
研究生	1.16	9.60	42.72	35.26	11.26

（3）流动人口子女

被调查群体中有6.31%的学生为留守儿童，12.28%的学生为进城务工子女。非参数检验发现，阅读成绩留守儿童与农民工随迁子女、父母未外出的农村儿童之间没有显著差异，但是三者与城市学校学生成绩之间存在显著差异，显著低于后者。

表3-33　流动人口子女成绩分布——阅读（%）

学生类型	阅读成绩等级（5为最高等级）				
	1	2	3	4	5
留守儿童	12.16	29.01	35.65	21.45	1.74
进城务工人员子女	8.93	32.87	34.78	21.93	1.50
城市学校未流动人口子女	6.45	27.09	37.51	26.56	2.38
农村学校未流动人口子女	10.61	29.87	31.65	26.19	1.68

留守儿童与农民工随迁子女的数学成绩没有显著差异，但是二者与父母未外出的农村学生、城市学校学生的成绩之间存在显著差异，其成绩显著低于后者。同时父母未外出的农村学生数学成绩也显著低于城市学校学生成绩。

表 3 – 34　流动人口子女成绩分布——数学（%）

学生类型	数学成绩等级（5 为最高等级）				
	1	2	3	4	5
留守儿童	2.95	23.87	48.76	14.93	9.49
进城务工人员子女	3.09	24.41	48.62	16.10	7.79
城市学校未流动人口子女	1.38	15.55	51.32	22.21	9.54
农村学校未流动人口子女	2.66	22.62	46.32	16.63	11.77

留守儿童与父母未外出的农村学生的科学成绩之间没有显著差异，二者与其他两组学生差异显著，成绩低于后者；农民工随迁子女科学成绩显著低于城市学校学生成绩。

表 3 – 35　流动人口子女成绩分布——科学（%）

学生类型	科学成绩等级（5 为最高等级）				
	1	2	3	4	5
留守儿童	4.01	24.70	45.11	20.69	5.50
进城务工人员子女	4.87	30.27	42.82	16.43	5.60
城市学校未流动人口子女	3.46	22.88	41.70	24.60	7.36
农村学校未流动人口子女	4.05	26.60	43.50	19.69	6.16

留守儿童与农民工随迁子女之间的品德与社会成绩没有显著差异，二者与其他两组学生差异显著，成绩低于后者；父母未外出的农村学生品德与社会成绩显著低于城市学校学生成绩。

表 3 - 36 流动人口子女成绩分布——品德与社会（%）

学生类型	品德与社会成绩等级（5 为最高等级）				
	1	2	3	4	5
留守儿童	5.73	34.29	41.13	14.60	4.25
进城务工人员子女	6.32	34.76	35.57	16.07	7.28
城市学校未流动人口子女	3.55	24.76	43.00	22.02	6.67
农村学校未流动人口子女	5.52	31.76	39.36	17.46	5.89

（4）上学路上花费时间

91.5%的被调查学生上学路上用时在半小时以内。42.5%的学生上学路上用时不超过 10 分钟。分城乡看，农村学生上学路上花费时间较多；分地区看，西部学生上学路上花费时间较多。总体来说，上学路上花费时间越多，学生成绩越差，路上需要 1 小时及以上的学生，在第 4、第 5 等级的比例各科均低于上学路上花费时间较少的学生。

表 3 - 37 上学路上所需时间分布（%）

	地 区			学校所在地	
	东部	中部	西部	城市	农村
10 分钟以下	41.55	43.99	39.13	44.40	40.32
10 ~ 30 分钟	49.86	48.69	47.93	47.77	49.98
30 分钟至 1 小时	7.71	6.38	10.71	7.00	8.02
1 小时以上	0.89	0.93	2.24	0.83	1.68

表 3 - 38 上学路上所需时间与成绩分布——阅读（%）

上学路上所需时间	阅读成绩等级（5 为最高等级）				
	1	2	3	4	5
10 分钟以下	8.48	28.88	35.95	24.50	2.19
10 ~ 30 分钟	6.93	27.43	36.38	27.10	2.16
30 分钟至 1 小时	10.01	32.57	33.16	23.07	1.19
1 小时以上	15.38	34.91	32.54	15.98	1.18

表 3 – 39 上学路上所需时间与成绩分布——数学（％）

上学路上所需时间	数学成绩等级（5 为最高等级）				
	1	2	3	4	5
10 分钟以下	2.23	19.11	49.49	20.12	9.05
10～30 分钟	1.58	17.27	50.10	20.48	10.58
30 分钟至 1 小时	1.89	21.62	51.81	16.12	8.57
1 小时以上	9.52	28.57	43.39	11.64	6.88

表 3 – 40 上学路上所需时间与成绩分布——科学（％）

上学路上所需时间	科学成绩等级（5 为最高等级）				
	1	2	3	4	5
10 分钟以下	4.03	24.76	42.92	22.12	6.17
10～30 分钟	3.34	23.66	42.47	22.92	7.61
30 分钟至 1 小时	4.25	28.83	40.82	20.75	5.36
1 小时以上	13.89	37.22	33.33	12.22	3.33

表 3 – 41 上学路上所需时间与成绩分布——品德与社会（％）

上学路上所需时间	品德与社会成绩等级（5 为最高等级）				
	1	2	3	4	5
10 分钟以下	4.67	27.79	41.77	19.76	6.01
10～30 分钟	3.82	26.89	41.35	20.86	7.08
30 分钟至 1 小时	5.23	33.26	39.66	16.55	5.31
1 小时以上	15.34	43.39	30.16	8.99	2.12

（5）亲子互动

跟随父母居住、跟随母亲居住、跟随父亲或者祖辈及其他人居住的学生在阅读、数学、科学、品德与社会学科成绩差异显著。差异主要体现在：跟随父母居住、跟随母亲居住两种类型的学生成绩好于跟随父亲或者祖辈生活的学生，数学、科学、品德与社会学科成绩获得第 4 和第 5 等级的比例为

30%左右，均高于后者10个百分点左右。

在家长与学生互动性方面，随着对投入程度要求的提高，互动频率逐渐下降，70.06%的学生报告家人经常鼓励其在学校好好表现，而报告家人经常与其讨论学校发生的事情的学生比例42.01%，家长跟学生讨论国内外社会发生的事的比例仅为26.8%，家长经常辅导功课的比例为11.22%。经非参数检验，发现除了数学成绩在家人是否经常辅导功课问题上没有显著差异，各科成绩在家人与学生之间的各类型互动上不同程度间存在显著差异。

表 3-42　亲子互动类型（%）

	从不	很少	有时	经常
我家人、亲朋好友辅导我的功课	24.47	34.75	29.56	11.22
我家人鼓励我在学校好好表现	2.99	7.20	19.75	70.06
我家人跟我讨论学校发生的事	8.30	18.38	31.32	42.01
我家人跟我讨论国内外社会发生的事	18.32	27.40	27.49	26.80

表 3-43　亲子互动类型与学生成绩

		阅读成绩等级	数学成绩等级	科学成绩等级	社会成绩等级
我家人、亲朋好友辅导我的功课	卡方	14.65	5.61	20.76	15.02
	自由度	3	3	3	3
	P 值	0.00	0.13	0.00	0.00
我家人鼓励我在学校好好表现	卡方	166.31	201.02	125.20	195.22
	自由度	3	3	3	3
	P 值	0.00	0.00	0.00	0.00
我家人跟我讨论学校发生的事	卡方	357.33	427.98	294.77	575.02
	自由度	3	3	3	3
	P 值	0.00	0.00	0.00	0.00
我家人跟我讨论国内外社会发生的事	卡方	370.86	524.54	367.49	777.49
	自由度	3	3	3	3
	P 值	0.00	0.00	0.00	0.00

4．学生的学习：态度、投入和效能

（1）最喜欢的学科与花费时间最多的学科

在数学、语文、科学和品德与社会四科中，选择最喜欢学科的，44.42%的学生为数学，43.64%的学生喜欢语文，喜欢科学和品德与社会的学生比例分别为7.38%、4.56%。

对于喜欢的学科，学生愿意读这门学科的书，喜欢上这个学科的课，对在这个学科中学到的东西很感兴趣，喜欢做这门学科的题，认为在这个学科课上能学到生活中用得上的知识。

对于喜欢的学科，学生大多喜欢这门课的教师。教师具有以下特点：对学生学习很负责，能根据学生的特点来教学，讲课有趣，同学们上课时很活跃，及时肯定学生的进步，增加了学生的自信心，关心每个学生的学习，只要学生需要，这位老师总是额外地给学生帮助，老师有耐心，很少冲学生发脾气。

只有38.13%的学生花费时间最多的学科同时也是自己最喜欢的学科。因此，学生最喜欢的学科与花费时间最多的学科并不完全一致。

表3-44　最喜欢的学科与花费时间最多的学科（%）

		你花费时间最多的学科			
		数学	语文	科学	品德与社会
你最喜欢的学科	数学	44.58	45.94	6.50	2.98
	语文	51.01	39.76	6.66	2.57
	科学	45.74	42.65	9.18	2.42
	品德与社会	47.86	39.54	6.17	6.43

表3-45　学生对花费时间最多的学科态度（%）

	很符合	比较符合	不太符合	很不符合	总计
我喜欢读一些关于这个学科的书	48.95	36.40	11.99	2.66	100
我喜欢上这个学科的课	54.78	34.53	8.67	2.02	100
我对这个学科里学到的东西很感兴趣	60.47	29.60	8.09	1.84	100
我喜欢做这个学科的题	45.96	36.10	13.28	4.67	100

（2）自主学习

学生自主学习能力与学习成绩成显著正相关，阅读、数学、科学和品德与社会成绩与自主学习的相关系数分别为 0.18、0.24、0.17、0.22，显著性水平为 0.001。但整体来讲学生的自主学习能力水平有待提高。大部分学生（73.59%）能够主动查找作业或者试卷的错误原因并改正，而新课程比较强调将知识与生活结合，在生活中找所学知识的例子或证明，在家自己动手操作一下课堂上老师讲的内容，分别只有 43% 和 34.98% 的学生能够做到。

表 3 - 46　自主学习能力与学生成绩

		阅读成绩	数学成绩	科学成绩	品德与社会成绩
自主学习能力	积差相关	0.176**	0.237**	0.174**	0.224**
	P 值（双尾）	0.000	0.000	0.000	0.000
	学生数	15332	16469	14975	16522

注:** 表示 P<0.01

表 3 - 47　自主学习能力（%）

	从不	很少	有时	经常
遇到不懂的问题先查书，自己思考，实在不会再去问老师和同学	1.53	7.30	30.47	60.69
对要学的内容，即使老师不要求也会提前预习	2.25	15.13	38.15	44.47
学习新内容时会联想起学过的内容，并从新知识的角度理解已学过的内容	1.70	11.60	35.83	50.88
试卷和作业发下来后认真分析出错原因，并改正错误	0.71	5.21	20.48	73.59
在家自己动手操作一下课堂上老师讲的内容	7.81	22.12	35.09	34.98
常用列提纲的方式帮自己复习	6.72	22.77	34.93	35.59
主动查找、学习相关文章或书籍来帮助自己更好地理解某些问题	2.60	13.72	33.11	50.57
在生活中找所学知识的例子或证明	4.06	16.97	35.25	43.73
主动与同学或其他人讨论问题	3.02	14.88	32.37	49.73
与同学合作完成学习任务时配合得很好	3.69	12.63	31.14	52.54

分城乡来看，城市学生的自主学习能力显著高于农村学生（T = 8.12，自由度 = 14299，P = 0.00）；分地区来看，东部学生自主学习能力显著高于中西部，中部学生自主学习能力最低，显著低于西部。

表 3 - 48　自主学习能力——分城乡

	学生数	平均数	标准差	标准误均方
城市	9917	0.05	0.99	—
农村	4384	- 0.09	0.99	0.12 **

注：** 表示 P < 0.01

表 3 - 49　自主学习能力——区域差异显著性检验

	均方和	自由度	均方	F	Sig.
组间	503.470	2	251.735	259.586	0.000
组内	16078.530	16580	0.970		
总计	16582.000	16582			

表 3 - 50　自主学习能力——区域差异显著性事后检验

		均值差 (I - J)	标准误	Sig.	95% 置信区间	
					下限	上限
东部	中部	0.378 *	0.017	0.000	0.345	0.411
	西部	0.299 *	0.0242	0.000	0.252	0.346
中部	东部	- 0.378 *	0.017	0.000	- 0.411	- 0.345
	西部	- 0.079 *	0.023	0.001	- 0.124	- 0.034
西部	东部	- 0.299 *	0.024	0.000	- 0.346	- 0.252
	中部	0.079 *	0.023	0.001	0.034	0.124

（3）自我效能感

自我效能感满分为 12 分，最低分为 0 分，各科平均自我效能感为 9 分。总体来说，六年级学生的自我效能感比较好，多数学生认为所学学科不算难，有信心学好。说明我们的教师在树立学生自信心方面做得比较成功。学科间进行比较，品德与社会的自我效能感最高，科学学科最低。

表3-51 各学科学习效能感（%）

	很符合	比较符合	不太符合	很不符合
我能很快地学会数学课内容	55.46	35.80	7.92	0.82
与同学相比，我觉得学好数学很难	9.39	16.74	28.72	45.15
数学课上，即使最难的题我也能够理解	25.51	46.69	23.80	4.01
我对学好数学充满信心	67.64	23.72	6.73	1.92
我能很快地理解作者所表达的喜怒哀乐或者思想	48.03	42.93	8.00	1.04
我能读懂很难的课文	28.60	47.89	20.04	3.48
与同学相比，我觉得学好语文很难	6.86	13.79	29.76	49.59
我对学好语文充满信心	69.62	23.42	5.80	1.16
我能很快地学会科学课内容	44.39	39.21	12.93	3.47
上科学课时，我能充分理解老师所教授的知识	44.75	38.86	13.04	3.35
与同学相比，我觉得学好科学很难	8.24	16.67	34.05	41.03
我对学好科学充满信心	55.57	29.54	10.59	4.30
我能很快地学会品德与社会课所教的内容	62.53	29.37	6.21	1.88
上了品德与社会课后，我更关心社会和周围发生的事情了	59.33	30.86	7.66	2.15
与同学相比，我觉得学好品德与社会课很难	6.14	11.24	29.96	52.66
我对学好品德与社会课充满信心	64.43	26.23	6.97	2.37

表3-52 各学科学习效能感均数

	学生数	平均数	标准差
数学学习自我效能感	17233	9.01	2.50
语文学习自我效能感	17224	9.16	2.27
科学学习自我效能感	17195	8.87	2.64
品德与社会学习自我效能感	17205	9.76	2.25

（4）学习负担

课外时间分配

66.61% 的学生作业量每日超过 1 小时，中部地区作业量最大，每日作业超过 2 小时的比例为 29.34%，分别高于东部和西部 15.63 个和 7.95 个百分点；城乡作业量相近。

12.59% 的学生不做家务，59.95% 的学生每日课外不运动或者运动时间不到 1 小时。13.92% 的学生每日上网时间超过 1 小时，农村学生上网时间较少，这与家庭经济条件有关。5.18% 的学生不读课外书，中部和西部的比例均为 6%，高于西部 3 个百分点，农村不读课外书的比例和读书少于 1 小时的比例也高于城市 3 个和 11 个百分点。

表 3-53 学生课外时间分配（%）

	没有	不到 1 小时	1~2 小时	2~4 小时	4 小时以上
做家务事	12.59	60.26	22.87	3.06	1.22
运动	14.20	45.75	32.19	6.03	1.82
读课外书	5.18	33.59	44.44	13.22	3.57
上网	63.70	22.39	9.80	2.67	1.45
做作业	0.61	32.78	43.77	17.57	5.27

表 3-54 城乡学生课外时间分配（%）

		没有	不到 1 小时	1~2 小时	2~4 小时	4 小时以上
做家务事	城市	14.15	60.14	22.28	2.34	1.10
	农村	9.81	60.45	23.71	4.47	1.56
运动	城市	12.21	43.34	35.72	6.73	2.00
	农村	18.05	50.92	25.26	4.43	1.35
读课外书	城市	4.20	29.82	47.42	14.70	3.86
	农村	6.98	40.71	39.40	10.06	2.86
上网	城市	57.47	26.39	11.39	3.12	1.63
	农村	75.96	14.64	6.64	1.83	0.93
做作业	城市	0.58	32.42	44.13	17.42	5.44
	农村	0.64	35.87	43.19	16.10	4.20

表 3-55　区域学生课外时间分配

		没有	不到 1 小时	1~2 小时	2~4 小时	4 小时以上
做家务事	东部	8.62	64.74	22.99	2.72	0.93
	中部	15.64	57.85	22.31	2.91	1.29
	西部	11.30	57.95	24.60	4.48	1.67
运动	东部	9.81	48.55	34.26	5.72	1.66
	中部	17.35	45.02	29.71	5.98	1.95
	西部	13.58	41.53	36.17	7.00	1.72
读课外书	东部	3.11	33.01	48.03	12.92	2.94
	中部	6.34	33.62	41.91	13.92	4.20
	西部	6.10	34.90	44.79	11.40	2.82
上网	东部	55.35	29.39	11.70	2.42	1.13
	中部	67.53	19.67	8.46	2.80	1.55
	西部	70.37	15.01	9.96	2.82	1.85
做作业	东部	0.46	43.83	41.99	11.52	2.19
	中部	0.72	25.47	44.47	21.78	7.56
	西部	0.58	32.14	45.62	17.15	4.51

校外培训与辅导

在被调查学生中，只有 34% 的学生没有参加任何培训班和课外辅导。城市学生中有 71.14% 的学生参加培训班和课外辅导，高于农村学生 20 个百分点；中部西部学生参加课外辅导和培训的比例达到 70%，超过东部 15 个百分点左右。

表 3-56　是否参加课外辅导和培训（%）

	地　区			学校所在地	
	东部	中部	西部	城市	农村
否	44.89	28.33	30.86	28.86	48.24
是	55.11	71.67	69.14	71.14	51.76

表 3-57　培训和课外辅导时间长度（%）

	没有	不到 1 小时	1~2 小时	2~4 小时	4 小时以上
与数学有关的	62.50	8.67	16.78	8.31	3.73
与语文有关的	65.10	10.84	15.79	6.10	2.17
与科学有关的	83.08	9.77	5.12	1.49	0.54
其他	46.57	12.00	21.61	12.80	7.01

睡眠时间

45% 的学生每天睡眠达到 9 小时及以上，42% 的学生每天睡眠时间为 8 小时，13% 左右的学生每天睡眠时间不足 8 小时。东部学生睡眠时间 9 小时及以上的比例高于中部和西部 15 个和 5 个百分点，这与中部学生作业量过大有关。作业量在 2~4 小时以上的学生中有 16% 的学生睡眠时间达到 7 小时及以下，作业量在 2~4 小时以上的学生中睡眠不足 8 小时的比例达到 25.3%；作业量在 2 小时以下的学生，睡眠时间不足 8 小时的比例不到 10%；城乡学生睡眠时间没有显著差异。

表 3-58　睡眠时间分布

		学生数	百分比 （%）	有效百分比 （%）	累积百分比 （%）
有效数据	6 小时及以下	406	2.2	2.4	2.4
	7 小时	1481	8.1	8.7	11.1
	8 小时	7214	39.6	42.3	53.4
	9 小时及以上	7953	43.6	46.6	100.0
	小计	17054	93.6	100.0	
	缺失值	1172	6.4		
总计		18226	100.0		

表 3 – 59　区域和城乡学生睡眠时间分布（％）

	地　　区			学校所在地	
	东部	中部	西部	城市	农村
6 小时及以下	1.20	3.25	2.13	2.14	2.77
7 小时	6.26	10.72	7.23	8.73	8.51
8 小时	38.38	45.27	41.14	41.43	42.37
9 小时及以上	54.16	40.77	49.50	47.69	46.35

表 3 – 60　睡眠时间与作业量（％）

	没有	不到 1 小时	1～2 小时	2～4 小时	4 小时以上
6 小时及以下	8.80	1.90	1.90	2.90	6.70
7 小时	12.70	6.00	7.70	13.00	18.60
8 小时	31.40	36.30	45.00	48.00	39.60
9 小时及以上	47.10	55.80	45.40	36.10	35.00

（三）影响学生成绩的因素——基于多水平模型的分析

1. 方法

在此，本文采用多水平回归模型对影响学生成绩的因素进行检验。一般线性回归模型对于层级结构的数据通常采用两种方式，一是将学校水平的数据在学生个体水平进行运算，学校水平变量的运算结果受到学生数量的影响，二是将学生个体水平的数据计算为学校水平的平均数进行分析，这样就损失了个体水平的特征。多水平回归模型对于具有层级结构的教育调查数据而言，能够解决学生水平的方差在学校内不独立的问题，分离学校水平和学生水平的变异。

本部分以四科成绩的总和为因变量，引入学生个体和家庭背景变量，学生投入、态度和自我效能感，学校教育教学和管理等变量等 4 组变量，分析分别产生 5 个模型。多水平模型分析首先将变量按照预设的分组结构，进行组内比较，选择与学生成绩显著相关的变量，同时，考查该组变量构成的模

中国小学生学业成就测评报告与测试工具

型对学生和学校成绩变异的解释程度，比较各组变量的解释力以及对总方差的贡献等。

零模型：零模型中仅加入一个常数项，计算学生、学校和区域水平的初始方差。

模型2：在零模型的基础上，加入个体背景、家庭背景变量以及亲子关系等变量。

模型3：在零模型的基础上，加入学生个体对学习的投入、自我效能感、态度等变量。

模型4：在零模型的基础上，加入学校教育教学及管理等变量。

模型5：各组变量中显著的变量同时进入模型参与运算，称为完全模型。

2. 结果

零模型

（1）模型比较

跨级相关是指学生成绩方差可以归因于学校或者地区差异的比例。通过表3-61我们可以看到，在零模型中，38.73%的学生成绩方差可以归因于学校水平的方差，21.53%的学生成绩方差可以归因于学校所在县区的差异，而学生水平的跨级相关达到了39.75%，说明学生成绩的差异更多是由于个体和家庭方面的差异引起的。

个体人口学背景及家庭支持解释了学校间差异的13.76%、区域差异的30.22%、总方差的15.28%；个体的投入、态度以及自我效能感解释了学校间差异的17.29%、区域差异的34.21%、总方差的21.00%；学校水平变量相比个体水平变量对学校方差的解释力更高一些，到达21.12%；但是对区县水平的方差解释力则低一些，为10.89%，说明学生家庭以及个体的投入等变量解释了更多的地区差异。

个体水平的方差，个体背景及家庭支持以及学校教育有关的变量均解释了8%，个体参与、投入以及态度解释的比例达到了17.47%，说明个体水平的差异更多是个体自身因素引起的。

表 3-61 多水平模型解释力（%）

	零模型	模型2：个体背景及家庭支持	模型3：个体参与、投入及态度	模型4：学校教育	完全模型
个体水平跨级相关	39.75	42.85	41.53	42.28	43.27
学校水平跨级相关	38.73	39.42	40.55	35.46	36.40
地区水平跨级相关	21.53	17.73	17.93	22.27	20.33
个体水平方差被解释的比例		8.66	17.47	8.36	22.67
学校水平方差被解释的比例		13.76	17.29	21.12	33.24
地区水平方差被解释的比例		30.22	34.21	10.89	32.93
总方差被解释的比例		15.28	21.00	13.84	28.98

完全模型综合了学生家庭背景变量、个体参与投入等变量以及学校教育教学有关变量，个体水平、学校水平以及地区水平方差分别被解释了22.67%、33.24%和32.93%；总方差被解释的比例达到28.98%。

（2）完全模型中保留的变量（详见表 3-62）

模型2：个体背景及家庭支持

个体背景及家庭支持等变量在完全模型中保留下来的有：家庭拥有图书册数，家庭的经济文化资源支持，父母文化程度，家校距离，亲子互动变量如"我家人亲朋辅导功课"、"我家人跟我讨论学校发生的事"、"我家人跟我讨论国内外社会发生的事"等。

家里拥有图书在 10 册以下的学生，与只有 11~25 册书的学生成绩没有显著差异，但分析结果表明家里拥有图书越多，学生成绩越好。家庭文化财产和物质财产构成了经济文化支持这个合成变量，该变量每增加 1 分，学生的成绩增加 0.07 分（标准化分数）；家长为初中文化程度的学生比例最高，被选为参照指标，其成绩均显著低于家长学历为高中、大专、本科以及研究生的学生，家长文化程度越高，学生成绩越好。

家校距离仍旧是一个显著的变量，上学路上花费时间越多，学生成绩越差。

表 3-62 多水平模型分析结果

固定部分	零模型 系数	零模型 标准误	模型2: 个体背景和家庭支持 系数	模型2: 个体背景和家庭支持 标准误	模型3: 个体参与、投入及态度 系数	模型3: 个体参与、投入及态度 标准误	模型4: 学校教育和管理 系数	模型4: 学校教育和管理 标准误	完全模型 系数	完全模型 标准误
常数	3.40	0.33	3.52	0.30	3.85	0.31	4.61	0.46	4.38	0.43
年龄			-0.12	0.03					-0.02	0.08
家庭拥有图书册数（以没有图书作为参照）										
11~25 册图书			-0.03	0.07					0.17	0.08
26~100 册图书			0.22	0.08					0.22	0.09
101~200 册图书			0.36	0.09					0.41	0.10
多于 200 册图书			0.45	0.10						
家庭社会经济支持			0.08	0.01					0.07	0.01
父母文化程度（初中为参照）										
小学及以下			-0.63	0.20					-0.30	0.21
小学			-0.25	0.08					-0.10	0.09
高中			0.06	0.05					0.11	0.05
专科			0.37	0.08					0.26	0.08
大学			0.64	0.08					0.54	0.08
研究生			0.72	0.13					0.64	0.13
不知道			-0.26	0.08					-0.15	0.08

续表

	零模型		模型2：个体背景和家庭支持		模型3：个体参与及投入及态度		模型4：学校教育和管理		完全模型	
	系数	标准误	系数	标准误	系数	标准误	系数	标准误	系数	标准误
家校距离（30分钟以下为参照）										
30分钟到1小时左右			-0.05	0.08					-0.12	0.08
1小时以上			-0.59	0.19					-0.52	0.19
我家人亲朋辅导功课（经常为参照）										
从来不			0.29	0.07					0.17	0.07
很少			0.33	0.07					0.22	0.07
有时			0.15	0.07					0.07	0.07
我家人跟我讨论学校发生的事（经常为参照）										
从来不			-0.50	0.08					-0.35	0.08
很少			-0.32	0.06					-0.10	0.06
有时			-0.24	0.05					-0.12	0.05
我家人跟我讨论国内外社会发生的事（经常为参照）										
从来不			-0.39	0.07					-0.19	0.07
很少			-0.06	0.06					0.03	0.06
有时			-0.06	0.06					-0.01	0.06

续表

	零模型		模型2: 个体背景和家庭支持		模型3: 个体参与、投入及态度		模型4: 学校教育和管理		完全模型	
	系数	标准误	系数	标准误	系数	标准误	系数	标准误	系数	标准误
与谁住在一起（父母双方为参照）										
母亲			0.22	0.07						
父亲			-0.18	0.15						
祖辈及其他人			-0.09	0.07						
睡眠时间（以9小时及以上为参照）										
6小时及以下					-0.71	0.12			-0.66	0.14
7小时左右					-0.13	0.06			-0.08	0.07
8小时左右					0.08	0.04			0.06	0.04
数学学习效能					0.25	0.01			0.23	0.01
科学学习效能					0.06	0.01			0.03	0.01
独立完成作业（以经常为参照）										
从来不					-0.56	0.18			-0.39	0.23
很少					-0.71	0.11			-0.49	0.13
有时					-0.40	0.06			-0.34	0.07

续表

	零模型		模型2：个体背景和家庭支持		模型3：个体参与、投入及态度		模型4：学校教育和管理		完全模型	
	系数	标准误	系数	标准误	系数	标准误	系数	标准误	系数	标准误
与数学有关的课外辅导（以没有为参照）										
小于1小时					-0.23	0.08			-0.37	0.08
1~2小时					0.13	0.09			-0.12	0.06
2~4小时					0.53	0.13			0.14	0.08
4小时以上					0.77	0.18			0.29	0.12
与语文有关的课外辅导（以没有为参照）										
小于1小时					-0.19	0.08			-0.37	0.07
1~2小时					0.10	0.09			-0.22	0.07
2~4小时					0.04	0.14			-0.34	0.09
4小时以上					0.04	0.20			-0.51	0.16
其他课外辅导（以没有为参照）										
小于1小时					0.04	0.07			-0.11	0.07
1~2小时					0.24	0.08			-0.17	0.06
2~4小时					0.66	0.11			0.09	0.07
4小时以上					0.81	0.15			0.09	0.09

续表

	零模型		模型2：个体背景和家庭支持		模型3：个体参与、投入及态度		模型4：学校教育和管理		完全模型	
	系数	标准误	系数	标准误	系数	标准误	系数	标准误	系数	标准误
做家务事的时间（以不做为参照）										
小于1小时					0.11	0.06			0.08	0.06
1～2小时					-0.01	0.06			0.02	0.07
2～4小时					-0.27	0.11			-0.35	0.13
4小时以上					-0.52	0.17			-0.48	0.20
运动时间（以不做为参照）										
小于1小时					0.02	0.05			-0.09	0.06
1～2小时					-0.07	0.06			-0.18	0.07
2～4小时					-0.30	0.09			-0.43	0.10
4小时以上					-0.61	0.15			-0.80	0.18
读课外书时间（以不做为参照）										
小于1小时					0.29	0.08			0.30	0.10
1～2小时					0.38	0.08			0.38	0.10
2～4小时					0.49	0.10			0.42	0.11
4小时以上					0.44	0.12			0.37	0.14

续表

	零模型		模型2：个体背景和家庭支持		模型3：个体参与、投入及态度		模型4：学校教育和管理		完全模型	
	系数	标准误	系数	标准误	系数	标准误	系数	标准误	系数	标准误
上网时间（以不上网为参照）										
小于1小时					0.01	0.05			-0.10	0.05
1～2小时					0.03	0.06			-0.10	0.07
2～4小时					-0.28	0.11			-0.26	0.12
4小时以上					-0.48	0.15			-0.55	0.17
参加课外辅导和培训时间					-0.12	0.03				
数学教学方式							0.09	0.01	0.03	0.01
阅读教学方式							0.04	0.01	0.02	0.01
在本校担任校长年数							0.07	0.04	0.09	0.04
科学平均每学期听课课时							0.05	0.02	0.04	0.02
学科组教研活动（以每周至少1次为参照）										
每个月1～2次							0.23	0.31	0.28	0.28
每学期2～3次							1.36	0.56	1.40	0.51
从来没有									0.00	0.00

续表

	零模型		模型2: 个体背景和家庭支持		模型3: 个体参与、投入及态度		模型4: 学校教育和管理		完全模型	
	系数	标准误	系数	标准误	系数	标准误	系数	标准误	系数	标准误
全校教师教研活动（以每周至少1次为参照）										
每个月1~2次							-0.87	0.39	-0.75	0.36
每学期2~3次							-1.34	0.41	-1.22	0.38
从来没有							0.27	2.10	0.61	1.93
课时与计划课时比较（以一样多为参照）										
数学每周上的节数实际比课表少							-0.76	0.12	-0.50	0.12
数学每周上的节数实际比课表多							0.16	0.05	0.05	0.05
科学每周上的节数实际比课表少							-0.41	0.06	-0.33	0.06
科学每周上的节数实际比课表多							-0.58	0.18	-0.50	0.18
品德与社会每周上的节数实际比课表少							-0.14	0.06	-0.06	0.06
品德与社会每周上的节数实际比课表多							-0.70	0.18	-0.50	0.18

续表

	零模型		模型2:个体背景和家庭支持		模型3:个体参与、投入及态度		模型4:学校教育和管理		完全模型	
	系数	标准误	系数	标准误	系数	标准误	系数	标准误	系数	标准误
随机部分										
地区水平										
常数	2.51	0.79	1.75	0.59	1.65	0.55	2.24	0.73	1.68	0.56
学校水平										
常数	4.51	0.40	3.89	0.36	3.73	0.34	3.56	0.36	3.01	0.30
学生水平										
常数	4.63	0.05	4.23	0.06	3.82	0.05	4.24	0.06	3.58	0.05
逻辑似然函数	66722.52		53206.98		57838.28		47965.10		42948.44	
样本量:地区	28		27		27		27		27	
样本量:学校	296		285		285		242		242	
样本量:学生	15001		12187		13580		10990		10229	

中国小学生学业成就测评报告——具工工试题与报告

亲子互动的程度显著影响学生成绩。亲子间谈论学校发生的事情、谈论国内外社会上发生的事情，频率为"经常"的学生成绩显著高于"从不"、"很少"或者"有时"的学生。"家人鼓励我在学校好好表现"这类缺乏互动的家庭支持则不显著。家人辅导功课频率高的学生成绩显著低于其他学生，可能是因为学生成绩差才导致对家长辅导的需求。所以，在模型三中越是能够独立完成作业的学生成绩越高。

学生是否留守儿童或者进城务工随迁子女，城乡以及地区等变量对成绩的影响，被其他因素的效应解释。"与谁住在一起"，在模型二中显著。以与父母同住的学生作为参照，显著低于与母亲住在一起的学生成绩，低于 0.22 个标准分（标准误为 0.07），与父亲居住和与祖辈等其他人居住的学生间差异没有显著差异。但是该变量在加入学生个体态度以及学校水平变量后不再显著，说明其对学生成绩的影响可以被其他因素所解释。

模型 3：个体参与、投入及态度

个体参与、投入及态度等变量在完全模型中保留下来的有：学生的时间分配，如做家务事的时间、运动时间、读课外书时间、上网时间、做作业时间；参与课外辅导的情况，如与数学、语文有关的课外辅导以及其他课外辅导；睡眠时间；学习的自我效能感（数学、阅读学、科学）；独立完成作业；等。

睡眠时间仍旧是一个显著的变量，睡眠时间越少，成绩越低。每日睡眠时间 6 小时及以下的学生，其成绩显著低于睡眠 9 小时及以上的学生 0.66 个标准分。

数学和科学学科的学习效能与学生成绩显著相关，学习效能每提高一个因子分，学生成绩分别提高 0.23 和 0.03 个标准分。

参与课外辅导和培训的情况，没有参加数学有关的课外辅导和培训的学生，成绩显著好于参加 1 小时以下的学生，显著低于 4 小时以上的学生，但是与其他长度培训的学生成绩没有显著差异。语文有关的辅导则起到负面作用，参加了不同时间长度辅导的学生成绩都显著低于没有参加辅导和培训班的学生。科学有关的辅导没有显著差异。参与其他课外辅导的学生，除参加 1~2 小时辅导的学生成绩显著低于没有参加辅导的学生外，其他参加不同时间长度培训的学生成绩与没有参加培训的学生相比，差异不显著。

学生做家务的时间不超过 2 小时的，学生成绩与不做家务的学生之间没有显著差异，但是，做家务时间 2 小时以上的学生成绩，显著低于不做家务的学生。长时间运动的学生考试成绩显著低于不运动的学生。

每天读课外书的学生，其成绩显著高于不读课外书的学生。

每天上网超过 2 小时的学生，成绩显著低于不上网的学生，但是上网 2 小时以下的学生，成绩与不上网的学生相比，差异不显著。每天做作业的时间长度与学生成绩没有显著相关，即作业时间长，考试成绩未必高。

令人意外的是，学生学习自主性并不显著影响学生成绩，可能与小学阶段易受家长影响有关，或与学校给学生自由时间、独立学习机会较少有关。

模型 4：学校教育教学

学校水平变量对成绩显著影响的变量主要是学校教育教学方法和管理方面的因素，学校办学条件、教师学历、年龄、职称等队伍建设方面的变量没有产生显著影响。学校教育教学变量在完全模型中保留下来的有：校长在本校担任校长年数，教学方法（数学、阅读），科学平均每学期听课课时，学科组教研活动，全校教师教研活动，实际课时与课表课时比较（数学、科学、品德与社会）。

教学方式分数越高，越符合自主性学习的要求，为了降低计算误差，对教学方法进行以均数为中心的中心化。数学教学方式与均数差每高出一个单位，学生成绩的标准分高出 0.03 分，阅读教学方式与均数差每高出一个单位，学生成绩的标准分高出 0.02 分。

教研活动是提高教师业务水平和教学质量的重要途径。教师每学期听课课时数，只有科学学科的听课活动对总成绩产生了显著影响。学科组教研活动每周至少 1 次的学校，其学生成绩显著低于每学期 2~3 次的学校学生成绩，全校教师教研活动每周至少 1 次的学校，其学生成绩显著高于全校教师一起教研活动频次较少的学校学生成绩。

课时与学生成绩的关系统计结果显示，实际课时比课程表计划课时多并不能带来成绩的提高，严格按照课程表计划教学的学校成绩最高。数学课多上的总成绩没有显著提高，但是少上的学校，其学生成绩显著低于实际课时与课表课时相同的学校；科学课不论多上还是少上，其学生成绩都显著低于严格执行计划的学校；品德与社会课每周实际课时比课程表计划多的学校，学生平均成绩低于实际课时与计划课时相同的学校 0.5 个标准分，差异显著。

校长变量中，只有校长在本校担任校长的时间（0.09）对学生成绩有显著影响，担任校长的时间比平均时间每高出一年，学生成绩高出 0.09 个标准分。

三、结论

（一）学生个体和家庭对成绩的影响高于学校对学生成绩的影响

学生成绩总变异的 28% 由以下变量解释为：性别、家庭拥有图书册数，家庭的经济文化资源支持能力，父母文化程度，家校距离，亲子互动程度，学生的时间分配，参与课外辅导的情况，学习的自我效能感（数学、阅读、科学），独立完成作业；校长在本校担任校长年数，教学方法（数学、阅读），科学平均每学期听课课时，学科组教研活动，全校教师教研活动，实际课时与课表课时比较（数学、科学、品德与社会）等。

在完全模型中，成绩总变异被学生个体和家庭原因解释的比例为 43.27%，高于学校水平的解释比例 6.87 个百分点。说明学生成绩的差异主要是由个体和家庭原因引起的。个体投入、参与和态度等变量对学生成绩总变异的解释力最强，达到 21%，高于学生家庭和学校的解释力 6 至 7 个百分点。

（二）学生学习负担过重，学习时间与学生成绩不成正比

66.61% 的学生作业量每日超过 1 小时，59.95% 的学生每日课外不运动或者运动时间不到 1 小时。只有 34% 的学生没有参加任何培训班和课外辅导，城市学生中有 71.14% 的学生参加培训班和课外辅导。13% 左右的小学六年级学生每天睡眠时间不足 8 小时，42% 的学生每天睡眠 8 小时。

每天做作业时间不到1小时的学生成绩显著高于不做作业或者作业时间更长的学生；除数学课外，培训在每周一定时间长度限制下有利于数学成绩的提高外，参加课外培训班和接受家教的学生成绩，显著低于不参加课外培训的学生；睡眠时间越充足学生成绩越高。因此，提高课堂效率，限制学生课后学习时间，是提高教育质量的重要途径。有利于课堂效率也是提高学校效能的重要途径。

（三）中部和西部地区教育效率需要提高

中部和西部学生成绩显著低于东部，但学生负担却最重。中部和西部学校在语文和数学课上增加课时的行为严重。中部西部学生参加课外辅导和培训的比例达到70%，超过东部15个百分点左右。东部学生睡眠时间9小时及以上的比例高于中部和西部15个和5个百分点。中部地区作业量最大，每日作业超过2小时的比例为29.34%，分别高于东部和西部15.63个和7.95个百分点。

虽然自主学习能力没有进入完全模型中，对学生成绩没有显著影响，但自主学习能力的培养是教育教学目标之一，同样值得我们关注。东部学生自主学习能力显著高于中西部，中部学生自主学习能力最低，显著低于西部。

中部教师教学方法相比东部和西部较为不大支持学生的自主学习，鼓励学生提问的比例低于东部和西部，满堂灌的现象比较严重，也许是教学效率较低的原因之一。但是，造成教学效率不高的因素可能还有很多，因此，我们应进一步研究并找出对策。

四、调查中发现的问题

（一）部分教师不遵守课程计划，增减课时的地区学生成绩显著低于严格按照规定课时教学的地区

40%左右学生报告教师不能够遵守课程表，随意加课或者减课；加课集中在语文和数学课程，减课时集中在科学和品德与社会课程。

（二）科学和品德与社会学科的自主学习教学方式、教学规范方面需要加强管理

看老师做演示实验，在老师指导下制订科学实验或调查计划，自己独立进行科学实验或者调查，小组做科学实验或者调查等科学课程标准要求的内容没有落实，35%～46%的学生报告从不或者很少发生上述行为。

让学生报告品德与社会课通常怎样上，20%的学生报告老师经常让学生自己看书自学，14%的学生报告品德与社会课经常变为自习课，做其他科的作业。让学生查资料，然后在上课时汇报交流，组织小组讨论、做各种社会调查等课程标准要求的内容在一部分学校中没有实现。

科学和品德与社会课经常被减课时，尤其在西部和中部地区，需要加强对课时计划执行情况的管理。

（三）科学学科教师队伍质量需要加强

六年级教师任课教师中拥有本科及以上学历的教师比例，四个学科进行比较，语文学科的教师学历不论是农村还是城市都比较高，而科学学科的农村学校教师学历最低。语文本科学历教师比例总体为40.80%，城市和农村分别为42.59%、35.89%，科学总体为31.66%，城市和农村分别为37.55%、23.03%。

六年级任课教师中没有中级及以上职称教师的学校在样本学校中的比例，科学学科最高，城乡分别为32%、32.8%，分别高于最低的语文学科24（城市）个和13（农村）个百分点。

没有骨干教师的比例也是科学学科最高，城乡分别为77.65%、85.95%，分别高于语文学科26个和30个百分点。

（四）西部学校教师队伍有老龄化倾向

西部51岁及以上教师比例较高，均在15%以上，分别高于各科平均数，语文8.33个百分点，数学6.53个百分点，科学4.58个百分点，品德与社会7.32个百分点。

（五）西部和农村教师缺乏继续教育机会

农村学校的教师培训机会明显少于城市教师，各科参加培训的人次均低于城市，尤其是科学、品德与社会的培训机会少了一半左右。农村学校教研活动频率也明显低于城市学校，尤其是参加学区及以上教研活动每月 1～2 次的比例，城市高于农村 10 个百分点。

西部教师教研活动分别低于东部和中部 30 个和 20 个百分点。参加学区活动的比例，选择每月 1 次的学校在东部和中部都达到 30% 以上，而在西部只有 8%。

第四部分

学科测评工具①

一、语文学科样题

第一部分 积累与运用

请你仔细阅读下面每道小题，按照每一题的要求找出正确的答案。

每道题的下面有 A、B、C、D 四个选项，请选择一个你认为最恰当的答案，并把这个答案写在题后的括号中。

1. "举世闻名"一词中的"举"，字典中有四个意思，你认为对的是（   ）。

A. 向上抬、托   B. 推   C. 提出   D. 全

2. 在阅读中经常遇到"负荆请罪"、"卧薪尝胆"、"闻鸡起舞"、"鞠躬尽瘁"这些成语，它们所涉及的历史人物分别是：（   ）。

A. 荆轲、勾践、祖逖、诸葛亮   B. 荆轲、廉颇、勾践、周恩来

C. 廉颇、勾践、祖逖、诸葛亮   D. 廉颇、夫差、祖逖、周恩来

3. 填写古诗下一句，完全正确的是：（   ）。

（1）春潮带雨晚来急，_____。

---

① 注：这里呈现的语文、数学、科学、品德与社会 4 个学科的测评工具均为样题，不是完整的试卷，仅供参考。

（2）西塞山前白鹭飞，＿＿＿＿＿＿＿＿＿。

（3）劝君更进一杯酒，＿＿＿＿＿＿＿＿＿。

（4）停车坐爱枫林晚，＿＿＿＿＿＿＿＿。

A. 野渡无人舟自横　桃花流永鳜鱼肥　西出阳关无故人　霜叶红于二月花

B. 每逢佳节倍思亲　白云生处有人家　霜叶红于二月花　西出阳关无故人

C. 桃花流水鳜鱼肥　野渡无人舟自横　西出阳关无故人　轻烟散入五侯家

D. 西出阳关无故人　轻烟散入五侯家　每逢佳节倍思亲　白云生处有人家

4. 下面几句话的括号中，填入哪些关联词是合适的：（　　　）。

生命如同一块璞玉，自己就是那雕玉的工匠，（　　　）经过不断探寻，找出自己的优点与才能，不断用心细细琢磨，（　　　）可能呈现内在光彩。在这个过程中，信心是非常重要的，有了信心之后，（　　　）认真学习，勇敢尝试。在尝试中，我们能累积经验；在经验中，我们能增长智慧。（　　　），当我们随着岁月的足迹成长时，便能逐渐体会生命的价值，享受人生的丰美。

A. 因为　所以　更要　因此　　　B. 由于　就　同时　当然

C. 唯有　才有　还要　于是　　　D. 如果　那么　并且　从此

5. 下面的几句是被打乱的一段话，重组后排列正确的是：（　　　）。

① 当夜幕降临的时候，它像慈母用乳汁哺育婴儿一样滋润禾苗。

② 露珠的身体很小，生命也很短暂，但它却是不平凡的。

③ 它白天隐身在空气中，夜晚无声地在黑暗中工作。

④ 每当黎明到来的时候，它又最早睁开那不知疲倦的眼睛。

⑤ 它默默地工作，又默默地逝去。

A. ①　④　③　⑤　②　　　　　B. ③　①　④　②　⑤

C. ④　②　⑤　③　①　　　　　D. ②　⑤　③　①　④

7. 为下面的句子选择使用恰当的标点（　　　）。

盲人种下这些花　想让世界更美丽　他想　自己看不到没关系　只要周

围的人看了喜欢　看了高兴　他就心满意足了

A. ，！，，，。　　　　　　　　B. ，。，，，，。

C. 。！：。、、！　　　　　　　D. 。。：。；；！

第二部分　阅读

请你仔细阅读每一篇（段、首）文章（诗歌），回答后面的问题。每个问题后面有 A、B、C、D 四个选项，请选择一个你认为最恰当的答案，并把这个答案写在题后的括号中。

一　《松坊溪的冬天》（第三段）

下雪了。

雪降落在松坊村了。雪降落在松坊溪上了。雪降落下来了，像柳絮一般的雪，像芦花一般的雪。像蒲公英的带绒毛的种子在风中飞，雪降落下来了。雪降落在松坊溪上了。像芦花一般的雪降落在溪中的大溪石上和小溪石上。

那溪石上都覆盖着白雪了。好像有一群白色的小牛，在溪中饮水了，好像有几只白色的熊，正准备从溪中冒雪走到覆雪的溪岸上了。好像溪中生出许多白色的大蘑菇了。

雪降落在松坊溪的石桥上了。像柳絮一般的雪，像蒲公英的飞起来的种子般的雪，纷纷落在石桥上。桥上都覆盖着白雪了：好像松坊村有一座白玉雕出来的桥，搭在松坊溪上了。

10. 作者描写雪的轻盈时，写到了柳絮、芦花，还写到了（　　　）。

A. 大蘑菇　　　　　　　　　　B. 蒲公英的种子

C. 蒲公英的绒毛　　　　　　　D. 白牛　白熊

11. 这段文中共有多少句尾用了"了"的句子？仔细品味，句子后面用了"了"字，写出了什么。

_____

_____

二　唐诗一首

望洞庭①

[唐] 刘禹锡

湖光秋月两相和②，

潭③面无风镜未磨④。

遥望洞庭山⑤水翠，

白银盘里一青螺。

① 洞庭：即洞庭湖，在今湖南省境内。

② 相和：彼此交融，谐和。

③ 潭：指洞庭湖。

④ 镜未磨：古代的镜子一般用铜制成，经常磨才能够光亮照人，这里用未磨的铜镜比喻水面平静而迷蒙。

⑤ 指洞庭湖中的君山。

12. "潭面无风镜未磨"中"潭面"的意思是：（　　　）

A. 指深潭的表面。　　　　　　　　B. 指洞庭湖水。

C. 指洞庭湖面。　　　　　　　　　D. 指湖中的深潭。

14. "湖光秋月两相和"的意思是：（　　　）

A. 湖光和秋月彼此交融，十分和谐。

B. 洞庭湖水风景秀丽，完美和谐。

C. 月光明亮如银，使洞庭湖很美。

D. 湖光水色互相映衬，无比和美。

三　心田上的百合花

林清玄

在一个偏僻遥远的山谷里，有一个高达数千尺的断崖。不知道什么时候，断崖边上长出了一株小小的百合。百合刚刚诞生的时候，长得和杂草一模一样。但是，它心里知道自己并不是一株野草。它的内心深处，有一个内在的纯洁的念头:"我是一株百合,不是一株野草,唯一能证明我是百合的方法,就是开出美丽的花朵。"有了这个念头,百合努力地吸收水分和阳光,深深的扎根,直立地挺着胸膛。终于在一个春天的早晨,百合的顶部结出第一个花苞。

百合的心里很高兴,附近的杂草却很不屑。它们在私底下嘲笑着百合花:"这家伙明明是一株草,偏偏说自己是一株花,还真以为自己是一株花,我看它顶上结的不是花苞,而是头脑长瘤了。"公开的场合,它们则讥讽百合:"你不要做梦了,即使你真的会开花,在这荒郊野外,你的价值还不是跟我们一样!"

百合说:"我要开花,是因为我知道自己有美丽的花;我要开花,是为了完成作为一株花的庄严使命;我要开花,是由于自己喜欢以花来证明自己的存在。不管有没有人来欣赏,不管你们怎么看我,我都要开花!"

在野草的鄙夷下,野百合努力地释放内心的能量。有一天,它终于开花了,它那灵性的洁白和秀挺的风姿,成为断崖上最美丽的颜色。这时候,野草再也不敢嘲笑它了。

(选自《林清玄散文集》)

15. 百合觉得自己不是一株野草是因为:(　　)

A. 可以开出美丽的花朵。　　　　B. 可以直立的挺着胸膛。

C. 因为它长在断崖上。　　　　　D. 因为它顶部结出了第一个花苞。

17. 野草再也不敢嘲笑百合的原因是:(　　)

A. 野草觉得自己比不上百合。

B. 百合太骄傲了。

C. 野草觉得再嘲笑百合已经没有必要了。

D. 百合战胜了野草的嘲笑和讥讽。

18. 请你从表达方法和思想内容两方面概括本文大意。

_____

_____

_____

_____

四 学生也要防贫血（节选）

剑南

缺铁的人会得贫血症。在我国，绝大多数的贫血病人是因缺铁引起的。贫血的学生面色苍白，食欲不佳，容易疲倦，反应能力和记忆能力都会有所下降。贫血对学生的生长发育和身体健康都是不利的。国外专家报告说，缺铁的学生智力会受影响；而补铁后学生成绩就会有所提高。

贫血原因甚多。专家认为，有的与偏食及蔬菜、水果摄入量少有关；有的是多用油炸食品与碱性饮料引起；还有的是铁缺乏为"首犯"，铅过载（血铅含量高）是"帮凶"。

一般说，不严重的贫血不必用药，只要注意平衡饮食，适量多进些含铁较多的食物即可。此外宜常饮白开水，常用果蔬，少吃油炸类食品。

含铁多的食物有动物的肝、血，豆制品，芝麻酱，木耳，海带，紫菜，虾皮，瘦肉，桂圆，苋菜，芹菜，韭菜，大白菜等。有人曾试验给贫血的小学生进食猪血，两个月后，这些学生的贫血患病率就由吃猪血前的41.88%下降到5.13%了。

19. 第五自然段所使用的说明方法是：（　　）。

A. 举例子 　　　　　　　　　　B. 举例子和列数字

C. 打比方 　　　　　　　　　　D. 作比较

20. 造成缺铁性贫血的主要原因是：（　　）

A. 不经常参加体育锻炼。

B. 偏食及蔬菜、水果摄入量少。

C. 多用油炸食品与碱性饮料。

D. 饮食不平衡，铁缺乏，铅过载。

22. 患有贫血症的学生会影响学习成绩吗？说说理由。

A. 会影响学习成绩，理由是＿＿＿＿＿＿＿＿＿＿＿＿＿＿＿＿。

B. 不会影响学习成绩，理由是＿＿＿＿＿＿＿＿＿＿＿＿＿＿＿。

二、数学学科样题

试卷中每个问题后面都有四个选项，请选择一个你认为最恰当的答案，并把这个答案的序号填写在题中的括号里。解答过程可以写在卷子的空白处。

1. 6 个千万，2 个十万，8 个百，5 个十组成的数是（　　）。

　　A. 6000200850　　　　　　　　B. 60200850

　　C. 62000850　　　　　　　　　D. 600002850

2. 62870050789 省略亿后面的尾数后约是（　　）。

　　A. 6287 亿　　　　　　　　　　B. 628.7 亿

　　C. 629 亿　　　　　　　　　　 D. 628 亿

3. 一个数是由 1 个百、6 个十、9 个一、3 个百分之一组成的，这个数写作（　　）。

　　A. 169.003　　　　　　　　　　B. 169.03

　　C. 169.3　　　　　　　　　　　D. 169.300

4. 以明明家为起点，向东走为正，向西走为负。如果明明从家走了 +30 米，又走了 -30 米，这时明明（　　）。

　　A. 在东边离家 30 米的地方　　　B. 在西边离家 30 米的地方

　　C. 在一个离家 60 米的地方　　　D. 在自己的家

6. 与你一天中心跳的次数最接近的数是（　　）。

　　A. 100　　　　　　　　　　　　B. 100000

　　C. 1000　　　　　　　　　　　 D. 60

7. 下列各数不能化成有限小数的是（　　）。

　　A. $\dfrac{5}{12}$　　　　　　　　　　　　B. $\dfrac{4}{32}$

　　C. $\dfrac{3}{16}$　　　　　　　　　　　　D. $\dfrac{7}{35}$

8. 把 8.09 的小数点先向右移动三位，再向左移动四位，这个数就（　　）。

　　A. 扩大到原数的 10 倍　　　　　B. 缩小为原数的 $\dfrac{1}{10}$

C. 扩大到原数的 1000 倍   D. 缩小为原数的 $\frac{1}{1000}$

10. 如果按 2：4：5 的比例分 143 元，最多的钱数和最少的钱数之差是（   ）元。

A. 3   B. 39

C. 52   D. 13

11. 如果一所学校 $\frac{9}{16}$ 的学生是男孩，那么男孩女孩的比例是（   ）。

A. 9：16   B. 9：7

C. 16：7   D. 25：16

12. 李丽去买学习用品，一不小心购物小票（如下）被撕去一角。

购物小票		
物品名称	数量	单价（元）
铅笔	8	1.5
橡皮	5	
合计：16 元		

每块橡皮的价钱应该是（   ）元。

A. 12   B. 3.2

C. 4   D. 0.8

15. 两数 a×b 和 b×c，它们的最小公倍数是（   ）。

A. a×b×b×c   B. b

C. a×b×c   D. 1

16. 在比 10 小的自然数中，一个数既是合数又是奇数，另一个数既是质数又是偶数。用这两个数组成能被 2 整除的两位数是（   ）。

A. 22   B. 71

C. 38   D. 92

19. 在绿化祖国采集树种的活动中，某校四年级 5 个班，每班采集树种 20 千克。五年级 3 个班，每班采集 30 千克。平均每班采集树种（   ）

千克。

　　A. 25　　　　　　　　　　　　　　B. 16. 25

　　C. 23. 75　　　　　　　　　　　　D. 190

20. 某农户今年收小麦 2500 千克，比去年增产 500 千克，增产了（　　）。

　　A. 20%　　　　　　　　　　　　　B. 25%

　　C. 16%　　　　　　　　　　　　　D. 5%

23. 在学校开展的"节约一张纸"活动中，五（二）班的 40 名学生，平均每人回收废纸 1.5 千克。他们回收的废纸生产了 48 千克再生纸。回收 1 千克废纸可生产（　　）再生纸。

　　A. 0. 8 千克　　　　　　　　　　　B. 1. 2 千克

　　C. 1. 25 千克　　　　　　　　　　D. 60 千克

24. 在考试中如果能够得到 60% 的分数就可以及格。小红在一次满分为 40 分的考试中得了 23 分。（　　）。

　　A. 小红在这次考试中及格了

　　B. 她最少要得到 60 分才能及格

　　C. 她最少要得到 30 分才能及格

　　D. 她最少要得到 24 分才能及格

25. 如右图，三角形被分为面积相等的甲、乙两部分。阴影部分的面积是（　　）。

　　（图中单位为平方厘米）

　　A. 14 平方厘米

　　B. 26 平方厘米

　　C. 52 平方厘米

　　D. 20 平方厘米

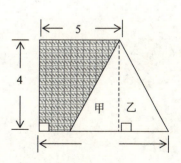

26. 如右图，长方形的周长是 80 厘米，它的长与宽分别是（　　）。

　　A. 长是 5 厘米，宽是 3 厘米

　　B. 长是 50 厘米，宽是 30 厘米

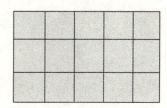

中国小学生学业成就测评报告与测试工具

C. 长是 $\dfrac{200}{7}$ 厘米，宽是 $\dfrac{120}{7}$ 厘米

D. 长是 25 厘米，宽是 15 厘米

27. 下表是 5 个运动员在某项比赛中获得的成绩。

姓名	第1局	第2局	第3局
王军	87	104	99
李伟	108	107	94
赵刚	94	83	100
冯军	116	92	119
周强	103	94	120

所有成绩的中位数与众数之差是（　　　）。

A. 100

B. 6

C. 37

D. 94

28. 已知市供电局位于和平广场南面 200 米，健康路在和平广场北约 120 米处，并与和平路平行，下图中（　　　）是正确的。注意，图中的虚线表示健康路。

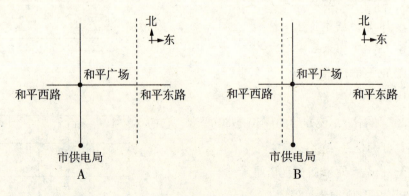

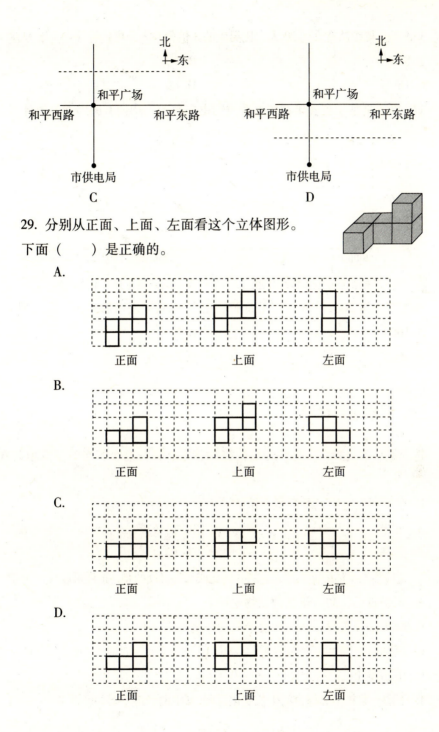

C　　　　　　　　　　　　D

29. 分别从正面、上面、左面看这个立体图形。

下面（　　）是正确的。

A.

正面　　　　　上面　　　　　左面

B.

正面　　　　　上面　　　　　左面

C.

正面　　　　　上面　　　　　左面

D.

正面　　　　　上面　　　　　左面

36. 学校舞蹈队有女生 30 人，比男生的 3 倍少 6 人，男生有（   ）人。

A. 8   B. 2

C. 16   D. 12

37. 以下是某学校各年在校人数与图书馆每年人均拥有图书量的统计图。

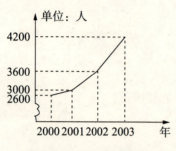

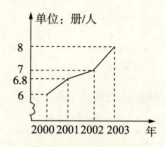

某校各年在校人数统计图   某校人均拥有图书量统计图

该校图书馆 2002 年年底图书总册数比 2000 年年底增加了（   ）册。

A. 1000   B. 1

C. 9600   D. 22600

三、科学学科样题

选择题：请选择一个你认为最恰当的答案，并把这个答案的字母填写在括号中。

1. 在下列生物中，既不属于植物又不属于动物的是（   ）。

A. 玉米   B. 蒲公英

C. 蘑菇   D. 蝗虫

2. 适应沙漠生活的仙人掌，它的叶特化成又尖又硬的刺，这样可以（   ）。

A. 保护自己，防止被其他动物吃掉

B. 减少水分蒸发，适应沙漠干旱的环境

C. 更加新颖独特，美观好看

D. 吸引昆虫

4. 下图是菜粉蝶和蝗虫的生长变化过程,其中两者最主要的区别是（   ）。

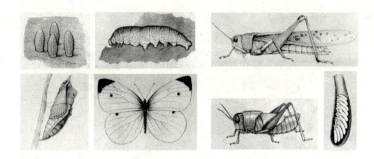

A. 菜粉蝶的卵比蝗虫的大

B. 菜粉蝶长大后飞得高，蝗虫长大后飞得低

C. 菜粉蝶的生长发育需要蛹化过程而蝗虫不需要

D. 菜粉蝶的成虫比蝗虫的成虫大

烟草中含有焦油、尼古丁等许多有害物质。吸烟时一些有害物质被沉积到肺里，从而妨碍了肺的正常工作。

5. 肺的主要功能是（　　）。

A. 把充满氧气的血液输送到身体的各个部位

B. 把吸入的一些氧输送到血液中

C. 将血液中二氧化碳含量减少至零，从而净化人的血液

D. 将二氧化碳分子转变成氧分子

6. 大量吸烟最有可能增加人患（　　）的风险。

A. 水痘　　　　　　　　　　　B. 鼻炎

C. 支气管炎　　　　　　　　　D. 胃炎

7. 人们尝试用各种办法帮助吸烟者戒烟。下列办法中（　　）是基于技术考虑的。

A. 禁止在公共场所吸烟　　　　B. 提高香烟的价格

C. 减少烟草种植面积　　　　　D. 研制并生产戒烟贴

8. 在下列选项中，（　　）是子女可以从其父母那里遗传来的。

A. 身高和体重　　　　　　　　B. 爱好和发际

C. 肤色和头发颜色　　　　　　D. 龋齿

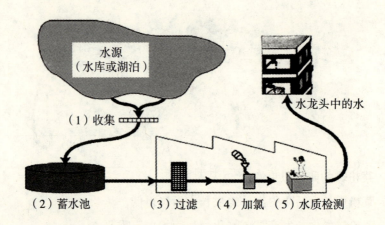

（1）收集

水源
（水库或湖泊）

水龙头中的水

（2）蓄水池　　　（3）过滤　（4）加氯（5）水质检测

上图呈现了水净化的过程和所需要的技术。

9. 在第二步中，水被收集在一个蓄水池中，是为了（　　　）。

A. 杀死水中细菌　　　　　　　B. 向水中加入氧

C. 让沙石沉到池底　　　　　　D. 分解有毒物质

10. 在水净化过程的第四步中加入了氯，是为了（　　　）。

A. 杀死水中的细菌　　　　　　B. 增加水中的气体

C. 让石子和沙子沉到池底　　　D. 分解有毒物质

11. 如果饮用了被污染的水，最有可能引起（　　　）。

A. 糖尿病　　　　　　　　　　B. 腹泻

C. 流感　　　　　　　　　　　D. 艾滋病

12. 土壤是由（　　　）构成的。

A. 水、砂、岩石、空气　　　　B. 水、空气、石头、土、腐殖质

C. 水、空气、砂、黏土　　　　D. 水、空气、砂、黏土、腐殖质

13. 光滑的鹅卵石是在（　　　）作用下形成的。

A. 风化、流水搬运、风吹滚动　　B. 风化、流水搬运、摩擦撞击

C. 风化、流水搬运、侵蚀　　　　D. 风化、摩擦撞击、滚动

16. 下列关于地球表面构成的描述中正确的是（　　　）。

A. 地球是由大部分陆地和小部分水域构成的

B. 地球是由小部分陆地和大部分水域构成的

C. 地球是由一半陆地和一半水域构成的

D. 地球是由一半冰山和一半陆地构成的

17. 观察下图，北斗星可能在星图（　　　）中。

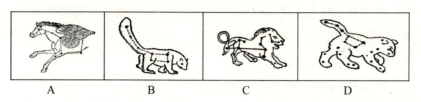

A　　　　　　　B　　　　　　　C　　　　　　　D

18. 在三个瓶中分别装入不同类型土壤和等量的水，大约 30 分钟后各瓶中渗出的水量如图所示。请根据土壤的渗水能力推测它们的保水能力，三种土壤按保水能力由大到小排列为（　　　）。

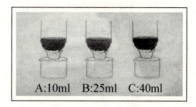

A:10ml　B:25ml　C:40ml

A. A－B－C　　　　　　　　　B. B－C－A

C. C－B－A　　　　　　　　　D. C－A－B

佳佳同学认为绿色植物健康生长需要土壤里混有沙子。她用两盆植物来证明自己的观点，其中一盆放置如下图：

阳光

沙子，土壤和水

19. 另一盆植物的处理应该是下列四项中的（　　　）。

A. 沙子和水　　B. 沙子，土壤和水　　C. 沙子和土壤　　D. 土壤和水

20. 宇航员携带一部仪器到月球去考察。在地球上称量这部仪器为 24 千克重，在月球上称量这部仪器为（　　　）。

A. 36 千克重 　　　　　　　　　　 B. 24 千克重

C. 6 千克重 　　　　　　　　　　　 D. 4 千克重

23. 将瘪乒乓球放入热水里烫一烫就会鼓起来。这主要是因为（　　　）。

A. 乒乓球壳受热后体积膨胀

B. 受到大气压力的影响

C. 乒乓球内的空气受热后体积膨胀

D. 热水流入乒乓球内使其体积膨胀

为了达到相同的隔热效果，下列物质必须达到的厚度是：

空气		8mm
羽毛		8.5mm
兔子的皮毛		9mm
羊毛		12mm

24. 不同材料的隔热效果不同，根据上表中的信息将四种材料按保温能力由强到弱排列为（　　　）。

A. 空气—羽毛—兔子的皮毛—羊毛

B. 羊毛—兔子的皮毛—羽毛—空气

C. 羽毛—兔子的皮毛—羊毛—空气

D. 兔子的皮毛—羊毛—空气—羽毛

25. 酒精的沸点是 78℃，水银的沸点是 357℃，煤油的沸点是 150℃。如果要测量饮用的温水的温度，最不适宜使用（　　　）。

A. 酒精温度计 　　　　　　　　　　 B. 水银温度计

C. 煤油温度计 　　　　　　　　　　 D. 体温计

26. 下列选项中，利用热空气上升原理制成的是（　　　）。

A. 水枪 　　　　　　　　　　　　　 B. 风筝

C. 孔明灯 　　　　　　　　　　　　 D. 竹蜻蜓

28. 在沙漠城市中看到雾的机会要比海边城市少，这是因为（　　　）。

A. 沙漠中很少有降雨 　　　　　　　 B. 沙漠的温度非常高

C. 沙漠中的植物很少 　　　　　　　 D. 沙漠的空气中水蒸气很少

给某种金属持续加热几分钟会熔化，继续加热一段时间会沸腾。下列曲线图表示的是不断地给金属加热以后，温度所产生的变化。

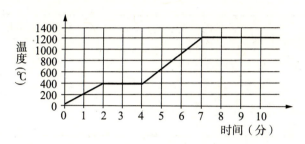

29. 从曲线图中可以分析出这种金属开始熔化时的温度是（　　）。

A. 200℃

B. 400℃

C. 800℃

D. 1200℃

30. 从曲线图中可分析出该金属从熔化状态结束到开始沸腾时所需要的时间是（　　）。

A. 3 分钟

B. 4 分钟

C. 6 分钟

D. 7 分钟

34. 下列工具中利用了杠杆原理的是（　　）。

A. 汽车方向盘

B. 天平

C. 辘轳

D. 螺丝钉

35. 四位同学分别用温度计测量杯中热水的温度，其中测量和读数方法正确的是（　　）。

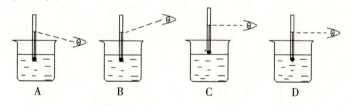

A　　　　　B　　　　　C　　　　　D

小洁在研究干沙土和湿泥土深度与温度的变化规律，实验装置如图：

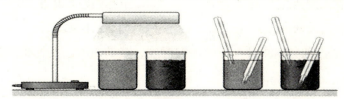

中国小学生学业成就测评报告与测试工具

　　她用台灯对干沙土和湿泥土同时加热，然后分别测量不同深度沙土和泥土的温度，一共做了两组实验，测量结果如下：

	干细沙的温度（℃）		湿泥土的温度（℃）	
表层	20	28	20	24
2厘米处	18	20	20	22
4厘米处	16	17	19.5	21
6厘米处	15	15	19	20.5

36. 从上表中可以得出的正确结果是（　　　）。

A. 在表层，干细沙的温度低于湿泥土的温度

B. 在2厘米处，干细沙的温度高于湿泥土的温度

C. 在4厘米处，干细沙的温度低于湿泥土的温度

D. 在6厘米处，干细沙的温度与湿泥土的温度相同

37. 小洁根据测量结果所做出的推断中错误的是（　　　）。

A. 干细沙随着深度的增加温度降低

B. 湿泥土随着深度的增加温度降低

C. 干沙表面的升温速度要快于湿泥土的升温速度

D. 随着深度的增加，湿泥土的降温速度要快于干沙土的降温速度

38. 观看下面的地图，以下说法中错误的是（　　　）。

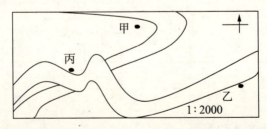

A. 甲在乙的西北方　　　　　　　　B. 甲在丙的东北方

C. 乙在丙的西南方　　　　　　　　D. 丙在乙的西北方

40. 用温度计分别测量4杯液体的温度，结果如图。按照液体温度从低到高的顺序，排列正确的是（　　　）。

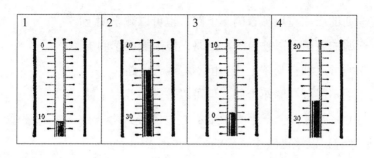

A. 2 3 1 4　　　　　　　　　B. 4 1 3 2

C. 2 4 3 1　　　　　　　　　D. 1 3 2 4

下面是由四种生物构成的一条食物链。

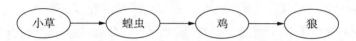

41. 如果这条食物链中的鸡大量死亡，那么狼的数量会（　　）。

A. 大量增加　　　　　　　　　B. 大量减少

C. 无明显变化　　　　　　　　D. 无法判断

42. 如果这条食物链中的鸡大量死亡，那么小草的数量会（　　）。

A. 大量增加　　　　　　　　　B. 大量减少

C. 无明显变化　　　　　　　　D. 无法判断

四、品德与社会学科样题

选择题：下面每个问题后面都有四个选项，请选择一个你认为最恰当的答案，并把这个答案的字母填写在题后的括号中。

1. 联合国的标志是（　　）。

A　　　　　　　B　　　　　　　C　　　　　　　D

2. 李明今年 9 岁，李明的表姐今年 13 岁，姐弟俩想骑自行车上道路行驶，正确的做法是（　　）。

A. 李明的表姐可以独自骑车上路，也可以载李明上路

B. 李明的表姐可以独自骑车上路，但不能载李明上路

C. 李明可以独自骑车上路，但不能载人上路

D. 李明不能独自骑车上路，但可以被表姐载着上路

3. 发生火灾时，会产生有毒烟雾，过多吸入会导致人窒息死亡。因此，在突发火灾时，以下做法中正确的是（　　）。

A. 一边大声呼救，一边想办法撤离

B. 以尽可能低的姿势尽快撤离火灾现场

C. 如果住在高层建筑，应尽量往楼层上面跑

D. 如果无法逃生，应趴在床下或钻到壁橱里，等待救援

4. 在日常生活中，我们经常会遇到雷雨天气。当电闪雷鸣时，应当（　　）。

A. 收起晾晒在铁丝上的衣服

B. 如果在家中，最好靠近门窗

C. 如果在野外空旷处，最好躲在高大树下

D. 如果在野外空旷处，最好在地势低洼处蹲下

5. 下图为矗立在北京天安门广场中的人民英雄纪念碑上的一幅浮雕，它所反映的是我国历史上曾发生的哪一个事件？（　　）。

A. 火烧圆明园　　　　　　　　B. 虎门销烟

C. 抗日战争　　　　　　　　　D. 南昌起义

7. 张华因为学习成绩不好，经常受到爸爸的虐待，不是打骂就是不给饭吃。到六年级时，他爸爸干脆让他到镇里的一家餐馆打工，不再上学了。他爸爸的这种行为触犯了（　　），应该受到相应的处罚。

①《民法通则》　　②《义务教育法》　　③《未成年人保护法》　　④《刑法》

A. ①②　　　　　　B. ②③　　　　C. ②④　　　　D. ③④

8. 右侧为一张贰角的人民币图样，上面的图案有布依族和（　　）的人物头像。

A. 蒙古族　　　　　B. 朝鲜族

C. 回族　　　　　　D. 高山族

10. 昨天放学后，刘畅路过一小商店，看到自己常买的一种饼干比平时便宜了 2 元钱，再看包装袋上印着：生产日期 2008 年 11 月 10 日，保质期 6 个月。刘畅应该买吗？（　　）

A. 没过保质期，又便宜，买回去吃。

B. 不买，因为已经过了保质期。

C. 刚过保质期，但便宜，买回去吃。

D. 不买，并建议售货员阿姨别再卖。

12. 下面图片中哪个反映了古罗马建筑的情形？（　　）。

A　　　　　　　　B　　　　　　　　C　　　　　　　　D

13. 根据下表给出的一支香烟燃烧时有害物质的分布情况，从中可以推断出（　　）。

被燃烧破坏	25%
扩散到空间	50%
残留在烟头里	5%
被吸烟者吸收	20%

A. 一半的有害物质扩散了，吸烟的危害主要是污染了空气

B. 只有 20% 的有害物质被吸收，吸烟对吸烟者的危害并不大

C. 吸烟对吸烟者有害，对不吸烟者无害

D. 被动吸烟者可能比吸烟者吸入的有害物质还要多

14. 假如地震突发时，我们正在楼房中，此时应当（　　）。

A. 赶快乘坐电梯下楼

B. 躲到客厅靠窗的位置

C. 顺着楼梯迅速跑到楼下空旷场地

D. 躲到卫生间或厨房里

15. 开学后，班上同学正在讨论今年回老家过年的情形——刘派："今年四个叔叔、伯伯都回来了，加上爷爷奶奶的红包，我有很多压岁钱。"郭瑞："对啊！只是叔叔、伯伯那么多，有时我都会搞混。"李欣："不过，我们这一代小孩的兄弟姐妹人数都比较少，下一代小孩就少了好多这样的麻烦，不过包红包给他们的人也会变少。"

根据上述对话，可以看出我国人口出现了下列何种现象？（　　）。

A. 家庭里出生率降低　　　　　　B. 整个国家的出生率降低

C. 农村人口正在向城市转移　　　D. 死亡率降低

17. 长期以来，我国生产的产品因价廉物美而走向世界各地，同时在我们的日常生活中，也可以便利地享用到美国的可口可乐饮料、日本的数码相机，这反映了下列哪一种现象？（　　）。

A. 中国经济实力增强　　　　　　B. 经济全球化

C. 分工不同　　　　　　　　　　D. 进出口平衡

18. 在一次考古发现中，有一批古代的文物被发现，每件文物被测定的年代如下所示。

甲　铜器——公元 1150 年　　　乙　钱币——公元前 221 年

丙　种子——公元 910 年　　　　丁　瓷器——公元前 900 年

如果将这些文物按照由近及远的年代顺序排列，排列正确的是（　　）。

A. 甲—丙—丁—乙　　　　　　　B. 丁—乙—丙—甲

C. 甲—丙—乙—丁　　　　　　　D. 乙—丁—丙—甲

22. 下列关于人类与自然环境二者之间的关系，表述正确的是（　　）。

图例：人类社会■　　　自然界□

　　A　　　　　　B　　　　　　C　　　　　　D

24. "……目前阿尔卑斯山在海拔高度 1200 米的地方就有滑雪场，但是再过数十年，想滑雪的人就得爬到 1500 米以上的地方，才会有足够的雪量滑雪……"发生这种情形可以用下列哪一项来解释？（　　）。

A. 降雨减少 　　　　　　　　B. 地层陷落

C. 全球气候变暖 　　　　　　D. 水土流失

25. 传说中的圣诞老人，每年圣诞夜（12 月 24 日）会到世界各地给小朋友分送礼物。请问：当他到达右图所示的下列哪一个地方时，最可能会因为当地气候炎热而脱下厚重的外套？（　　）。

A. 伦敦 　　　　　　　　　　B. 纽约

C. 悉尼 　　　　　　　　　　D. 南极

26. 我们常见的街头垃圾箱上一般贴着"可回收物"、"有毒/有害物""其他垃圾"三类标志。现在有以下各种废品需投放到相应的垃圾箱中，

① 塑料袋　② 旧皮鞋　③ 泡沫饭盒　④ 日光灯管　⑤ 废电池　⑥ 油漆桶　⑦ 废温度计　⑧ 过期药品

以上物品应投入到"有毒、有害物"箱内的是（　　）。

A. ①②③④⑤ 　　　　　　　B. ②③④⑤⑥

C. ③④⑤⑥⑦ 　　　　　　　D. ④⑤⑥⑦⑧

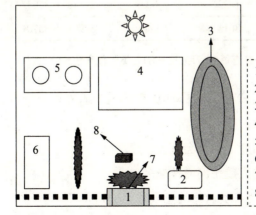

根据以上光明小学的校园平面图回答以下问题：

27. 假如图中所示太阳是早晨太阳升起的位置，那么，小明在篮球场，要去传达室接电话，他怎样走最近？（　　）

A. 先直接朝南走到食堂，再往东沿花坛方向走。

B. 先直接朝西走到食堂，再往南沿花坛方向走。

C. 沿东南方经升旗台方向走。

D. 沿西南方经升旗台方向走。

29. 中秋节、元宵节、端午节和春节是我国重要的传统节日，如果将这些传统节日的代表性食品，按一年中节日到来的先后顺序进行排序，排序正确的是（　　）。

A. 春节—元宵节—端午节—中秋节

B. 元宵节—端午节—春节—中秋节

C. 年夜饭—元宵（或汤圆）—粽子—月饼

D. 月饼—年夜饭—元宵（或汤圆）—粽子

30. 1998 年以后，国家对大学（大专及以上程度）进行了扩大招生，人们上大学的机会越来越多。

年份	大专及以上	高中和中专	初中	小学
1964	416	1319	4680	28330
1982	615	6779	17892	35237
1990	1422	8039	23344	37037
2000	3611	11146	33961	35701

中国历次普查每 10 万人拥有的各类受教育程度的人口

结合上图，预测下一次（约在 2010 年）人口普查时，受教育程度的人口情况将会是（　　）。

A. 所有程度的受教育人数都会有大幅度增加

B. 接受大学教育的人数比例增长最多

C. 每 10 万人中接受各类教育的总人数将达到 80%

D. 初中程度的人数将超过小学程度的人数，大学程度的人数将超过高中程度的人数

根据右侧开心岛地图回答下列问题。

31. 开心岛上流向东北方的河流是（　　）。

A. 长河

B. 蓝河

C. 黑河

D. 红河

32. 某人从乙城出发去下一个城市游玩，已知两城之间的实际距离约 750 千米。根据图上比例尺推算，这个城市应该是（　　）。

A. 甲城　　　B. 丙城

C. 丁城　　　D. 戊城

33. 开心岛上最繁忙的港口城市是（　　）。

A. 丁城　　　　　　　　　　B. 戊城

C. 甲城　　　　　　　　　　D. 丙城

开心岛地图

35. 小刚看到一张非洲的风景图片，高山顶上覆盖着冰雪，他很奇怪，位于热带地区的山上，怎么会有冰雪呢？你的解释是（　　）。

A. 可能与临近海洋有关　　　　B. 可能与海拔（高度）有关

C. 可能与非洲远离赤道有关　　D. 可能与风向有关

图1

图2

图3

根据上面图 1 至图 3 回答问题。

36. 不同地区人们的居住方式是不一样的。如上图 1 是蒙古包，图 2 是傣族竹楼，图 3 为北京四合院。人们采用这种不同的样式和结构建造房屋，反映了他们是如何依赖（　　）的。

A. 环境 　　　　　　　　　　　B. 风俗习惯

C. 地形 　　　　　　　　　　　D. 气候

41. 下图呈现的情形反映了 1989 年世界环境日的宣传主题——"地球出汗了"。下列哪一项因素与这种情形的发生有着最直接的关系（　　）。

A. 大气中的二氧化碳急剧增加 　　B. 生态环境日益遭到污染

C. 森林面积的快速减少 　　　　　D. 世界人口的迅速增长

五、学生问卷

姓名_____

编号	区县		学校		班级		学生	

亲爱的同学：

　　我们想了解你的一些情况和想法。如果有不理解的地方，可以询问老师，请一定要弄懂问题的要求再回答。有些问题需要直接填答，另一些问题的后面紧接着几个回答选项，请将代表你的实际情况、看法或做法的选项代码涂黑。

　　除特殊说明外，每个问题都只能选一个回答选项。

　　例如：以下描述在多大程度上符合你的情况（只选一个代码涂黑）

很符合　　比较符合　　不太符合　　很不符合

我喜欢上学 ……………………………●………②………③………④

　　请仔细阅读每一个问题，并根据你的实际情况回答。请务必答完所有问题。谢谢合作！

中央教育科学研究所

"中小学生学业成就调查"课题组

2009 年 5 月

一、关于你和你的家庭

Q1. 你的出生年月是 19 _____ 年 _____ 月（请按公历年出生日期填写）。

Q2. 你的性别是？

　　男………①　　　　　　　　　　女………②

Q3. 你的民族是？

　　汉族………①　　　　　　　　　少数民族………②

中国小学生学业成就测评报告与测试工具

Q4. 你家大概有多少本书？

书架通常每米可放置 40 本书（请不要把杂志、报纸或课本计算在内）。

0 ~ 10 册·············①　　　　　11 ~ 25 册·············②

26 ~ 100 册·········③　　　　　101 ~ 200 册·········④

多于 200 册·········⑤

Q5. 你家里是否有下面这些东西？（每行从"是"与"否"中选一项涂黑）

　　　　　　　　　　　　　　　　　　　　　　　　　　　　是　　否

5.1 专门用于学习的书桌 ···①·····②

5.2 安静的学习地方 ···①·····②

5.3 对在校学习有帮助的参考书 ·····································①·····②

5.4 字典 ···①·····②

5.5 古典文学书籍（如《三国演义》）·······························①·····②

5.6 艺术作品（如一幅画）···①·····②

5.7 诗词作品 ···①·····②

5.8 为你订的杂志或者报纸 ···①·····②

5.9 计算机（不含游戏机）···①·····②

5.10 能够上网的计算机 ···①·····②

5.11 录音机、单放机或 MP3 系列播放机 ····························①·····②

5.12 家用汽车 ··①·····②

Q6. 你的父亲和母亲中，学历最高达到？

小学以下·············①　　　　大专、职业专科学校···⑤

小学·················②　　　　大学本科·············⑥

初中·················③　　　　研究生·············⑦

高中或中专·········④　　　　不知道·············⑧

Q7. 你属于下列哪种情况？

我在家乡，父母双方或一方从农村进城务工去了 ·······················①

父母双方或一方从农村进城打工，我跟随来读书·······················②

都不属于 ·· ③

Q8. 你从家或者住处到学校需要多长时间？

10 分钟以下··············① 　　10～30 分钟···········②

30 分钟至 1 小时·······③ 　　1 小时以上············④

二、学校的学习

Q9. 你最喜欢的学科是？

数学·····················① 　　语文·······················②

科学·····················③ 　　品德与社会···············④

Q10. 对于上题中你最喜欢的学科，以下描述在多大程度上符合你的情况？

	很符合	比较符合	不太符合	很不符合
11.1 我喜欢读一些关于这个学科的书 ········	①	②	③	④
11.2 我喜欢上这个学科的课 ······	①	②	③	④
11.3 我对在这个学科里学到的东西很感兴趣 ···	①	②	③	④
11.4 我喜欢做这个学科的题 ···············	①	②	③	④

Q11. 你花费时间最多的学科是？

数学·····················① 　　语文·······················②

科学·····················③ 　　品德与社会···············④

Q12. 以下描述在多大程度上符合你的情况？

	很符合	比较符合	不太符合	很不符合
数学				
15.1 我能很快地学会数学课内容 ·········	①	②	③	④
15.2 数学课上，即使最难的题我也能够理解 ··········	①	②	③	④
15.3 与同学相比，我觉得学好数学很难 ·····	①	②	③	④
15.4 我对学好数学充满信心 ········	①	②	③	④

中国小学生学业成就测评报告与测试工具

语文

15.5 我能很快地理解作者所表达的喜怒哀乐
或者思想 ……………………… ①……②……③……④

15.6 我能读懂很难的课文 …………… ①……②……③……④

15.7 与同学相比，我觉得学好语文很难 …… ①……②……③……④

15.8 我对学好语文充满信心 ………… ①……②……③……④

科学

15.9 我能很快地学会科学课内容 ……… ①……②……③……④

15.10 上科学课时，我能充分理解老师所教授
的知识 …………………………… ①……②……③……④

15.11 与同学相比，我觉得学好科学很难 …… ①……②……③……④

15.12 我对学好科学充满信心 ………… ①……②……③……④

品德与社会

15.13 我能很快地学会品德与社会课所教的
内容 ……………………………… ①……②……③……④

15.14 上了品德与社会课以后，我更关心社会
和周围发生的事情了 …………… ①……②……③……④

15.15 与同学相比，我觉得学好品德与社会
很难 ……………………………… ①……②……③……④

15.16 我对学好品德与社会充满自信心 …… ①……②……③……④

Q13. 你们通常是怎样上数学课的？　　　　从不　很少　有时　经常

16.1 老师鼓励我们提问题 ……………… ①……②……③……④

16.2 老师鼓励我们采用多种方法解决问题 … ①……②……③……④

16.3 老师喜欢我们大胆说出自己的想法，说
错了也不要紧 …………………… ①……②……③……④

16.4 老师能够从我们熟悉的生活和学习环境
中提出数学问题 ………………… ①……②……③……④

16.5 老师让我们组成小组讨论问题 …… ①……②……③……④

16.6 老师总是急着把答案告诉我们 ……… ①……②……③……④

16.7 老师讲新知识的时候，让我们从生活中

找例子 …………………………………… ①……②……③……④

16.8 课堂上，大部分时间听老师讲 ………… ①……②……③……④

Q14. 你们通常是怎样上语文课的？　　　　　　从不　很少　有时　经常

17.1 老师鼓励我们提问题 ………………… ①……②……③……④

17.2 老师引导我们用多种方式朗读课文 …… ①……②……③……④

17.3 老师要求我们独立默读课文 ………… ①……②……③……④

17.4 老师引导我们抓住关键词句领会文章

内容 …………………………………… ①……②……③……④

17.5 老师让我们组成小组讨论问题 ……… ①……②……③……④

17.6 老师允许我们对课文所表达的思想情感

有不同的理解 ………………………… ①……②……③……④

17.7 老师指导我们阅读课外读物 ………… ①……②……③……④

17.8 课堂上，大部分时间听老师讲 ……… ①……②……③……④

Q15. 你们通常是怎样上科学课的？　　　　　　从不　很少　有时　经常

18.1 老师鼓励我们提问题 ………………… ①……②……③……④

18.2 看老师演示的科学实验 ……………… ①……②……③……④

18.3 在老师指导下，制订科学实验或调查

计划 …………………………………… ①……②……③……④

18.4 自己独立进行科学的实验或调查 …… ①……②……③……④

18.5 与同学组成小组做科学实验或调查 … ①……②……③……④

18.6 自己记录实验调查过程和结果 ……… ①……②……③……④

18.7 课上汇报并与同学分享自己的成果 … ①……②……③……④

18.8 课堂上，大部分时间听老师讲 ……… ①……②……③……④

Q16. 你们通常是怎样上品德与社会课的？　　　从不　很少　有时　经常

19.1 老师鼓励我们提问题 ………………… ①……②……③……④

19.2 我们看书自学 ……………………… ①……②……③……④

19.3 一般是上自习，做其他科的作业 ……… ①……②……③……④

19.4 老师让我们自己查找资料，然后在上课
时汇报交流 ……………………………… ①……②……③……④

19.5 与同学组成小组讨论问题、做各种社会
调查 ……………………………………… ①……②……③……④

19.6 全班同学一起外出参观或开展社会实践
活动 ……………………………………… ①……②……③……④

19.7 根据学习内容，老师组织同学表演或者
演练 ……………………………………… ①……②……③……④

19.8 课堂上，大部分时间听老师讲 ……… ①……②……③……④

Q17. 在通常情况下，以下学科每周上的节数实际比课表多还是少？

	少	相同	多
21.1 数学	①	②	③
21.2 语文	①	②	③
21.3 科学	①	②	③
21.4 品德与社会	①	②	③

三、你的学校

Q18. 你认为你的学校怎么样？

	非常同意	同意	不同意	完全不同意
22.1 我喜欢我们的学校	①	②	③	④
22.2 总体来说，老师们很关心学生	①	②	③	④
22.3 总体来说，老师们能平等地跟学生谈心	①	②	③	④
22.4 我有困难的时候，老师能及时给我帮助	①	②	③	④

22.5 老师给予我适当的表扬和鼓励 ………… ①……②……③……④

22.6 在学校，我很容易交朋友 ………… ①……②……③……④

22.7 同学之间能够互相帮助 ………… ①……②……③……④

22.8 同学们似乎都很喜欢我 ………… ①……②……③……④

22.9 同学中没有互相欺侮的现象 ………… ①……②……③……④

22.10 在学校里我能够得到公平对待 ………… ①……②……③……④

22.11 在学校，我感觉很安全 ………… ①……②……③……④

22.12 我感觉自己在学校像个局外人 ………… ①……②……③……④

四、课外

Q19. 每天放学后，下列事情你一般做多长时间？

	没有	不到 1小时	1~2 小时	2~4 小时	4小时 以上
23.1 做家务事	①	②	③	④	⑤
23.2 运动	①	②	③	④	⑤
23.3 读课外书	①	②	③	④	⑤
23.4 上网	①	②	③	④	⑤
23.5 做作业	①	②	③	④	⑤

Q20. 你平常是怎样完成作业的？

	从不	很少	有时	经常
25.1 独立完成	①	②	③	④
25.2 需要督促	①	②	③	④
25.3 需要家人辅导	①	②	③	④
25.4 需要同学帮忙	①	②	③	④

Q21. 你的家人与你一起做下列事情吗？

	从不	很少	有时	经常
26.1 我的家人、亲朋好友辅导我的功课	①	②	③	④
26.2 我家人鼓励我在校要好好表现	①	②	③	④

26.3 我家人跟我讨论学校发生的事情 ············ ①······②······③······④

26.4 我家人跟我讨论国内外社会发生的事情 ··· ①······②······③······④

Q22. 你每天的睡眠时间大约有几小时？

6 小时及以下·············① 　　7 小时·····························②

8 小时·······················③ 　　9 小时及以上··············④

六、学校问卷

学校全名：＿＿＿＿＿＿＿＿＿

校长姓名：＿＿＿＿＿＿＿＿＿

区县	学校

尊敬的校长：

您好！本次调查想了解影响学生学习质量的一些因素，作为全国教育科学规划"十一五"国家级重点课题"中小学生学业成就调查"的参考。您和贵校的参与非常重要。我们承诺对您的回答严格保密。

谢谢您的合作！

中央教育科学研究所

"中小学生学业成就调查"课题组

2009 年 5 月

除特殊说明外，每个问题都只能选一个回答选项。

将代表本校实际情况的选项代码涂黑或者在相应空格上填写数字。

一、学校基本情况

Q1. 学校所在地

① 城市　　② 县城　　③镇　　④乡　　⑤村

Q2. 本校的类别是：

①完全小学　②不完全小学　③一贯制学校　④独立初中　⑤完全中学

Q3. 本学年初，学校规模：

Q3.1 年级数＿＿＿＿个　　Q3.2 班数＿＿＿＿个　　Q3.3 学生数＿＿＿＿人

Q3.4 寄宿学生数＿＿＿＿人　　　　Q3.5 少数民族学生数＿＿＿＿人

Q4. 本学年初，六年级情况：

Q4.1 班数＿＿＿＿个　　　　Q4.2 学生数＿＿＿＿人

Q4.3 寄宿学生数_____人　　　　Q4.3 少数民族学生数_____人

二、校长基本情况

Q5. 您的性别　　　　①男　　　　②女

Q6. 您的年龄_____周岁

Q7. 您的最高学历
　　①高中及以下　　②中专　　③大专　　④大学本科　　⑤研究生及以上

Q8. 您在本校担任了多少年校长_____年

Q9. 您至今一共担任了多少年校长（包括在本校）_____年

Q10. 您的教龄_____年

Q11. 您一学期平均听多少本校教师的课_____课时

三、教师队伍情况（含不在编教师）

Q12. 全校任课教师数_____人

Q13. 全校任课教师学历情况：
　　Q15.1 学历达标教师数_____人
　　Q15.2 具有本科或以上学历教师数_____人

Q14. 本学年截至目前，六年级任课教师基本情况

	语文	数学	科学	品德与社会
任课教师总人数				
平均工作量（周课时）				
中级及以上职称教师人数				
县级及以上骨干教师人数				
代课教师人数				
本年度参加县级及以上培训人次				

Q15. 截至目前，六年级任课教师最高学历情况　　　单位：人

	高中及以下	中师	大专	本科	研究生
语文					
数学					
科学					
品德与社会					

四、学校办学条件

Q16. 全校计算机情况

　　Q21.1 全校大约有多少台计算机（如果没有，请填写0）：_____台

　　Q21.2 其中有多少台用于教学：_____台

　　Q21.3 其中有多少台可以上网：_____台

　　Q21.4 其中有多少台专门用于教师备课：_____台

Q17. 本校生均功能教室面积（如果没有请填写0）？_____平方米

Q18. 本校实验设备是否能满足教材规定的分组实验教学要求？

　　①完全不能满足　　②不太能满足　　③基本能满足　　④完全能满足

五、教育教学

Q19. 本校实施新课程标准已经几年_____年

Q20. 任课教师一学期平均要听多少课时其他人的课？

　　Q26.1 数学_____课时

　　Q26.2 语文_____课时

　　Q26.3 科学_____课时

　　Q26.4 品德与社会_____课时

中国小学生学业成就测评报告与测试工具

Q21. 本校教研制度情况（每行选一项涂黑）

	一周至 少1次	每月 1~2次	每学期 2~3次	1次 没有
Q27.1 学科组教研活动	①	②	③	④
Q27.2 年级组教研活动	①	②	③	④
Q27.3 全校教师教研活动	①	②	③	④
Q27.4 参加学区（或乡镇级别） 　　　教研活动	①	②	③	④

Q22. 六年级学生各学科一周课时数

Q28.1 数学_____

Q28.2 语文_____

Q28.3 科学①_____　②没有固定课时

Q28.4 品德与社会①_____　②没有固定课时　③没有单独课时

Q23. 贵校的学制是?

①六三制　　　　　　　　②五四制